Verfassungspolitik in Bundesländern

Werner Reutter

Verfassungspolitik in Bundesländern

Vielfalt in der Einheit

 Springer VS

Werner Reutter
Humboldt-Universität zu Berlin
Berlin, Deutschland

ISBN 978-3-658-21860-7   ISBN 978-3-658-21861-4   (eBook)
https://doi.org/10.1007/978-3-658-21861-4

Die Deutsche Nationalbibliothek verzeichnet diese Publikation in der Deutschen Nationalbibliografie; detaillierte bibliografische Daten sind im Internet über http://dnb.d-nb.de abrufbar.

Springer VS
© Springer Fachmedien Wiesbaden GmbH, ein Teil von Springer Nature 2018

Gedruckt auf säurefreiem und chlorfrei gebleichtem Papier

Springer VS ist ein Imprint der eingetragenen Gesellschaft Springer Fachmedien Wiesbaden GmbH und ist ein Teil von Springer Nature
Die Anschrift der Gesellschaft ist: Abraham-Lincoln-Str. 46, 65189 Wiesbaden, Germany

Vorwort

Landesverfassungspolitik ist aus politikwissenschaftlicher Perspektive ein wenig beachteter Untersuchungsgegenstand. Zwar hat in den letzten Jahrzehnten die politikwissenschaftliche Forschung zu den Ländern und zur Landespolitik einen enormen Aufschwung erfahren. Inzwischen liegt auch eine ganze Reihe von politikwissenschaftlichen Untersuchungen zu den Landesregierungssystemen und der Politik in Bundesländern vor. Einzelne Politikfelder wurden ebenso analysiert wie Landesparlamente, Parteien und Parteiensysteme in den Bundesländern, Landesverfassungsgerichte oder die Entstehung und die Stabilität von Landesregierungen. Doch Verfassung als Ziel landespolitischer Gestaltung ist ein blinder Fleck geblieben. Dieser blinde Fleck soll mit dieser Studie ausgeleuchtet werden.

Mit der vorliegenden Untersuchung wird ein von der DFG gefördertes Forschungsvorhaben abgeschlossen, dessen offizieller Titel lautete: „Muster und Determinanten der Verfassungspolitik in den Bundesländern". Zwischenergebnisse des Projektes wurden bereits an anderer Stelle veröffentlicht. Auf diese Beiträge wird in dieser Untersuchung immer wieder Bezug genommen, manche der weiteren Abschnitte schließen an die Schlussfolgerungen an, die in diesen Vorstudien gezogen wurden, oder führen diese fort.

Angesiedelt war das Projekt an der Universität Leipzig; Projektleiterin war: Professorin Dr. Astrid Lorenz. Aufgrund einer einmaligen Verlängerung und einer zweimaligen Unterbrechung erstreckte sich das Projekt über einen Zeitraum von viereinhalb Jahren, konkret: von Oktober 2013 bis März 2018. Bei der Datenbeschaffung mitgewirkt haben Helene Bührig und Maria Geußer. Die im fünften Kapitel vorgestellte Regressionsanalyse wurde von Christin Engel durchgeführt. Christin Engel und Lisa Anders haben auch Teile des Manuskriptes gelesen und kritisch kommentiert. Nele Scholz und Julian Pietzko halfen bei der Endredaktion des Textes und der Erstellung der Literaturverzeichnisse. Ihnen allen gilt mein

Dank ebenso wie den Mitarbeiterinnen und Mitarbeitern der Landtagsarchive. Für Fehler oder Unzulänglichkeiten in der weiteren Darstellung bleibe selbstredend alleine ich verantwortlich.

Werner Reutter

Inhaltsverzeichnis

1 Einleitung 1
  1.1 Verfassungsänderungen als Gegenstand politischer
       und theoretischer Diskurse 1
  1.2 Verfassungspolitik in Bundesländern 6
  1.3 Ziele und Aufbau der Untersuchung 8
  Literatur 11

2 Was – wie – warum: Forschungsdesigns zur
Untersuchung von Verfassungsänderungen 17
  2.1 Verfassungsänderungen als politikwissenschaftliches
       „Rätsel": die Forschungsfrage(n) 18
  2.2 Verfassungsänderungen: Theorien 21
  2.3 Untersuchungsperspektiven: vorwärts-
       und rückwärtsblickend 26
  2.4 Daten: Erhebung und Auswertung 33
       2.4.1 Dokumentenanalyse: Erhebung und
             „Fallstricke" bei der Auswertung von
             Daten aus Parlamentsdokumentationen 33
       2.4.2 Experteninterviews als Datenquellen und als
             Grundlage zur Theoriebildung 40
  2.5 Verfassungsänderungen und empirische Sozialforschung:
       zusammenfassende Schlussfolgerungen 43
  Literatur 44

3 Entstehung und Änderungen von Landesverfassungen:
ein Überblick 53
  3.1 Entstehung der Landesverfassungen 53

3.2 Verfassungsänderungen in den Bundesländern 59
3.3 Zusammenfassung 65
Literatur. 66

4 Verfassungsänderungspolitik in Bundesländern: Analysen 71
4.1 Verfassungspolitik: prozessorientierte Fallstudien. 72
   4.1.1 Verfassungspolitische Profile ausgewählter
      Bundesländer 76
   4.1.2 Verfassungsändernde Gesetzgeber: „Volk"
      und Landesparlamente 77
   4.1.3 Verfassungsändernde Gesetzgebungsverfahren 82
   4.1.4 Verfassungsändernde Gesetzgebung:
      zusammenfassende Betrachtung 101
4.2 Die Verfassungspolitik in den Bundesländern
   und der „Schatten des Grundgesetzes": csQCA und
   Mehrebenenanalyse 103
4.3 Bedingungskonfigurationen und „unscharfe Mengen":
   fsQCA und Verfassungsänderungspolitik 115
4.4 Verfassungsänderungen als Gegenstand
   von Regressionsanalysen 130
Literatur. 150

5 Verfassungspolitik in Bundesländern: Ergebnisse und
Schlussfolgerungen 159
5.1 Triangulation und Analysen von Verfassungspolitik 161
5.2 Verfassungspolitik in den Bundesländern: Befunde,
   Schlussfolgerungen und Forschungsperspektiven 164
Literatur. 169

Bibliografie. 173

Abkürzungsverzeichnis

a. F.	alte Fassung
AfD	Alternative für Deutschland
Amtsbl.	Amtsblatt
B90/Gr	Bündnis 90/Die Grünen
BayVerf	Bayerische Verfassung
BB	Brandenburg
BbgVerf	Verfassung des Landes Brandenburg
BCSV	Badische Christlich-Soziale Volkspartei
BDVP	Bremer Demokratische Volkspartei
BE	Berlin
BHE	Bund der Heimatvertriebenen und Entrechteten
BlnVerf	Berliner Verfassung (seit 1995)
BremVerf	Bremische Verfassung – Verfassung der Freien Hansestadt Bremen
BVerfG	Bundesverfassungsgericht
BVerfGE	Entscheidungen des Bundesverfassungsgerichts
BW	Baden-Württemberg
BY	Freistaat Bayern
CDP	Christlich Demokratische Partei
CDU	Christlich Demokratische Union Deutschlands
CSU	Christlich-Soziale Union in Bayern
csQCA	crisp-set Qualitative Comparative Analysis
CVP	Christliche Volkspartei
DDR	Deutsche Demokratische Republik
DIP	Dokumentations- und Informationssystem für Parlamentarische Vorgänge

DKP	Deutsche Kommunistische Partei
DLVH	Deutsche Liga für Volk und Heimat
DP	Deutsche Partei
DPS	Demokratische Partei Saar
Drs.	Drucksache
DVP	Deutsche Volkspartei
DVU	Deutsche Volksunion
EU	Europäische Union
EuGH	Europäischer Gerichtshof/Gerichtshof der Europäischen Union
f./ff.	folgende/fortfolgende
FDP	Freie Demokratische Partei
FDP/DVP	Freie Demokratische Partei/Deutsche Volkspartei
FL	Freie Liste
fsQCA	fuzzy-set Qualitative Comparative Analysis
FW	Freie Wähler
GB/BHE	Gesamtdeutscher Block/Bund der Heimatvertriebenen und Entrechteten
GBl.	Gesetzblatt
GESTA	Stand der Gesetzgebung des Bundes (bis 2007)
GG	Grundgesetz
GO	Geschäftsordnung
GRÜNE	Bündnis 90/Die Grünen
GVBl./GVOBl.	Gesetz- und Verordnungsblatt
HB	Freie Hansestadt Bremen
HE	Hessen
HessVerf.	Hessische Verfassung
HH	Freie und Hansestadt Hamburg
HmbVerf	Verfassung der Freien und Hansestadt Hamburg
i. d. F.	in der Fassung
i. V. m.	in Verbindung mit
KPD	Kommunistische Partei Deutschlands
KPS	Kommunistische Partei Saar
LDP	Liberaldemokratische Partei
LSAVerf	Verfassung des Landes Sachsen-Anhalt
LT	Landtag
MdA	Mitglied des Abgeordnetenhauses
MdL	Mitglied des Landtages
MV	Mecklenburg-Vorpommern

n. F./N. F.	neue Fassung/neue Folge
NBL	Neue Bundesländer
NdsVerf	Niedersächsische Verfassung
NI	Niedersachsen
NLP/DP	Niedersächsische Landespartei/Deutsche Partei
NPD	Nationaldemokratische Partei Deutschlands
NRW	Nordrhein-Westfalen
NRWVerf	Verfassung für das Land Nordrhein-Westfalen
PDS	Partei des Demokratischen Sozialismus
PlPr	Plenarprotokoll
QCA	Qualitative Comparative Analysis
RP	Rheinland-Pfalz
S.	Seite
SächsVerf	Verfassung des Freistaates Sachsen
SED	Sozialistische Einheitspartei
SH	Schleswig-Holstein
SL	Saarland
SN	Freistaat Sachsen
SP	Sozialdemokratische Partei (Rheinland-Pfalz)
SPD	Sozialdemokratische Partei Deutschlands
SPS	Sozialdemokratische Partei Saar
SSW	Südschleswigscher Wählerverband
ST	Sachsen-Anhalt
TH	Thüringen
ThürVerf	Thüringer Verfassung
Verf.	Verfassung
VvB	Verfassung von Berlin
WAV	Wirtschaftliche Aufbauvereinigung
WP	Wahlperiode
Z	Zentrum
zit.	zitiert

Abbildungsverzeichnis

Abb. 2.1   Vergleichende Verfassungsstudien: Untersuchungstypen   27

Abb. 2.2   „Verfassungspolitischer ‚Kausalitätstrichter'"
(nach A. Lorenz).   29

Abb. 3.1   Verfassungsändernde Gesetze in den Bundesländern
(pro Jahr und Parlament; 1946 bis 2016).   62

Abb. 3.2   Verfassungsändernde Gesetze (nach Jahrzehnten).   62

Abb. 3.3   Unterschiede in der Änderungsreichweite in den
alten Bundesländern vor und nach der Vereinigung
(Stand: Dezember 2016)   65

Abb. 4.1   Länge von Landesverfassungen: Anzahl der
Worte und Anzahl der Artikel (Stand: 31. März 2014)   138

Abb. 4.2   Anzahl der verfassungsändernden Gesetze
und Anzahl der geänderten Artikel
(Stand: 31. Dezember 2017)   143

Abb. 4.3   Gesetzesrate und Artikelrate: Anzahl der
verfassungsändernden Gesetze und Anzahl der
geänderten Artikel (jeweils pro Jahr; Stand: 12/2017).   144

Tabellenverzeichnis

Tab. 2.1   Grundtypen von Forschungsdesigns (nach Gschwend
           und Schimmelfennig)   31
Tab. 2.2   Fallverständnis und Fallkonzeption (nach C.C. Ragin)........   32
Tab. 2.3   Experteninterviews: ausgewählte Merkmale................   42
Tab. 3.1   Zusammensetzung verfassunggebender
           Landesversammlungen (Sitzanteile von Parteien)   57
Tab. 3.2   Annahme der Landesverfassungen......................   58
Tab. 3.3   Änderungshäufigkeit von Landesverfassungen
           (Stand: 31. Dezember 2017)...........................   61
Tab. 3.4   Ausgewählte landesverfassungsrechtliche
           Änderungen (Jahr der Annahme)   64
Tab. 4.1   Verfassungspolitische Profile von acht Bundesländern........   73
Tab. 4.2   Verfassungsändernde Gesetzgebung in acht
           Bundesländern: Quoren bei Volksbegehren und
           Volksentscheiden (Stand: 31. Dezember 2016)..............   78
Tab. 4.3   Verfassungsändernde Gesetzesinitiativen in
           acht Bundesländern.................................   79
Tab. 4.4   Parlamentarisches Regierungssystem und Initiatoren
           von Gesetzentwürfen: Antrags- und Erfolgsquoten   84
Tab. 4.5   Gesetzgebung in acht Bundesländern: Antrags-
           und Erfolgsquoten.................................   85

Tab. 4.6   Einbringung von verfassungsändernden Gesetzentwürfen
            in acht Landesparlamenten: formale Bestimmungen   87
Tab. 4.7   Verfassungsändernde Gesetzentwürfe in acht
            Bundesländern: Antrags- und Erfolgsquoten
            nach Initiatoren   89
Tab. 4.8   Verfassungsändernde Gesetzentwürfe:
            Antragsverhalten der Fraktionen in acht
            Landesparlamenten   92
Tab. 4.9   Verfassungsändernde Gesetzentwürfe in acht
            Landesparlamenten: formale Regeln für die Beratung   94
Tab. 4.10   Parlamentarische Behandlung von verfassungsändernden
            Gesetzentwürfen   96
Tab. 4.11   Parlamentarische Behandlung von verfassungsändernden
            Gesetzentwürfen: die Entscheidung   98
Tab. 4.12   Mehreneneinfluss: Auswahl der Fälle und
            Untersuchungszeiträume 100
Tab. 4.13   Verfassungspolitische Profile nach Perioden: Anzahl
            der verfassungsändernden Initiativen und Gesetze 101
Tab. 4.14   Verfassungsändernde Gesetzentwürfe zur Einführung
            einer Schuldenbremse in sieben Landesparlamenten 107
Tab. 4.15   Schuldenbremse: Bedingungskonfigurationen für
            Verfassungsänderungen 111
Tab. 4.16   Schuldenbremse: Wahrheitstafel für 22 Entscheidungen 113
Tab. 4.17   Lösungswege zur Annahme/Ablehnung einer
            Schuldenbremse. 113
Tab. 4.18   Verfassungsänderungen: konfigurative Bedingungen 117
Tab. 4.19   fsQCA: Schwellenwerte und Ankerpunkte 118
Tab. 4.20   Fuzzy-Werte: konfigurative Bedingungen für
            Verfassungsänderungen. 122
Tab. 4.21   Verfassungsänderungen: notwendige Bedingungen 125
Tab. 4.22   Verfassungsänderungsindex: Wahrheitstafel 126
Tab. 4.23   Komplexe Lösung: hinreichende Bedingungen
            für Verfassungsänderungen 127
Tab. 4.24   Intermediäre Lösung: hinreichende Bedingungen
            für Verfassungsänderungen 128
Tab. 4.25   Sparsame Lösung: hinreichende Bedingungen
            für Verfassungsänderungen 129

Tab. 4.26   Verfassungspolitik in den Bundesländern: zentrale
             Merkmale (Stand: 31. Dezember 2017) 132
Tab. 4.27   Unabhängige und abhängige Variablen:
             deskriptive Statistik................................ 145
Tab. 4.28   Häufigkeit und Reichweite von Verfassungsänderungen
             (OLS-Regression).................................... 147
Tab. 5.1   Forschungsdesign, Untersuchungseinheit, Falltyp
             und Datengrundlagen 160

Einleitung 1

Einheit und Vielfalt. Mit diesem Begriffspaar werden gemeinhin bundesstaatliche Funktionszusammenhänge und Ordnungssysteme beschrieben. Der deutsche kooperative Föderalismus weist, so die ganz überwiegende Auffassung, einen Hang zur Einheit auf. Er ist „unitarischer Bundesstaat" (Hesse 1962) oder „verkappter Einheitsstaat" (Abromeit 1992), in jedem Fall besitzt er eine ausgeprägte Tendenz zur Vereinheitlichung und Zentralisierung. Das hier untersuchte Politikfeld weicht von diesem generellen Muster ab. Wie gezeigt wird, zeichnet sich Verfassungspolitik in den Bundesländern durch eine Vielfalt in der Einheit aus. In diesem einleitenden Kapitel wird herausgearbeitet, inwiefern und in welcher Form Verfassungsänderungen Gegenstand politischer und theoretischer Diskurse waren. Sodann wird das Politikfeld skizziert, und es werden Ziele und Aufbau der Studie vorgestellt.

1.1 Verfassungsänderungen als Gegenstand politischer und theoretischer Diskurse

Vor über 200 Jahren gingen Tom Paine (1989) und Thomas Jefferson (1884, 1993) noch davon aus, dass eine Verfassung sich nur auf die Zustimmung der Lebenden berufen könne. Paine und Jefferson glaubten, für noch nicht Geborene könne eine verfassunggebende Versammlung weder Rechte gewähren noch Pflichten begründen. So postulierte Tom Paine in dem 1791 erschienen ersten Teil seines *Rights of Man,* also nach der Amerikanischen Revolution: „Every age and generation must be as free to act for itself, *in all cases,* as the ages and generations that preceded it" (Paine 1989, S. 55). Für Tom Paine, so fasst Stephen Holmes dessen Auffassung zusammen, „ist Demokratie die Herrschaft der Lebenden" (Holmes 1994, S. 138). Jede Generation brauche gleichsam ihre eigene Verfassung. Thomas Jefferson ging

© Springer Fachmedien Wiesbaden GmbH, ein Teil von Springer Nature 2018
W. Reutter, *Verfassungspolitik in Bundesländern,*
https://doi.org/10.1007/978-3-658-21861-4_1

sogar noch weiter als Paine. In einem Brief an James Madison vom 6. September 1789 hat Jefferson auf Grundlage europäischer Sterbetafeln das Durchschnittsalter von Generationen ausgerechnet. Er glaubte, dass diejenigen, die zu einem gegebenen Zeitpunkt mindestens 21 Jahre alt seien, in knapp 19 Jahren tot sein würden. Und mit ihrem Tod sterbe auch die Verfassung, die sie sich gegeben hätten. „The constitution and the laws of their predecessors extinguished them, in their natural course, with those whose will gave them being. This could preserve that being till it ceased to be itself, and no longer. Every constitution, then, and every law, naturally expires at the end of 19. years. If it be enforced longer, it is an act of force and not of right" (Jefferson 1884, Bd. VI, S. 454).[1] Folgt man Jefferson, ist alle 20 bis 30 Jahre eine neue Verfassung zu verabschieden (Holmes 1994, S. 145 f.).

Paine und Jefferson klingen mit ihren Überlegungen wie ein Echo auf John Locke (1992, 2. Buch, 8. Kapitel, par. 116), der in seinem *Second Treatise of Government* postulierte, dass „'tis true, that whatever Engagements or Promises any one has made for himself, he is under the Obligation of them, but *cannot* by any Compact whatsoever, bind *his Children* or Posterity" (Hervorhebung im Original). Auch für Locke galt: Jeder Generation ihre Verfassung! Verfassungsänderung – oder in dieser Perspektive genauer: sich zyklisch wiederholende Verfassungsgebung – ist mithin Folge vertragstheoretischer Prinzipien und demografischer Gesetzmäßigkeiten. Es mag kein Zufall sein, dass all diese Überlegungen sich als postrevolutionäre Rechtfertigungsversuche verstehen lassen. Jefferson und Paine wollten die Amerikanische Revolution und John Locke die Glorious Revolution legitimieren und begründen, dass ein Verfassungsbruch – und viele halten eine Revolution für nichts anderes – gerechtfertigt sein kann.

In ähnlicher Weise ist die französische Conventsverfassung von 1793 zu verstehen. Sie legte als Verfassung der Ersten Französischen Republik in Art. 28 fest, dass ein „Volk"[2] stets das Recht habe, „seine Verfassung zu revidieren, zu

---

[1]Jefferson hat die Überlegung, dass die „Erde den Lebenden" gehöre, immer wieder aufgenommen; sie taucht neben dem oben zitierten Brief an James Madison vom 6. September 1789, in weiteren Briefen auf etwa an John W. Eppes vom 24. Juni 1813 und vom 11. September 1813 sowie an Thomas Earle vom 24. September 1823; vgl. dazu: Jefferson (1884 sowie 1955, S. 125 ff.).

[2]Der Volksbegriff hat in den letzten Jahren erneut eine ethnisch aufgeladene Umdeutung erfahren, die an unselige historische Traditionen anknüpft. Als politikwissenschaftlicher Begriff ist er unbrauchbar. Er bezeichnet weder eine politische Gemeinschaft noch ein historisches Subjekt noch einen handlungsfähigen Akteur. Gleichwohl besteht „Volk" als staats- und verfassungsrechtliche Fiktion fort. Auch in den Landesverfassungen ist das „Volk" als Souverän Ausgangspunkt und letzter Grund demokratischer Herrschaftsorganisation, unbeschadet des unpräzisen Bedeutungsgehaltes des Begriffes. Ich werde daher den

verbessern und zu ändern."[3] Aber in der Conventsverfassung stand auch: „Eine Generation kann ihren Gesetzen nicht die künftigen Generationen unterwerfen." Auch die Conventsverfassung reklamierte somit Legitimität, weil es generationsübergreifende Herrschafts- oder Gesellschaftsverträge nicht geben könne. Die Bestimmungen der Conventsverfassung erlangten ebenso wenig wie Jeffersons Überlegungen praktische Bedeutung. Bekanntlich wurde der Ursprungstext der amerikanischen Verfassung nie geändert, geschweige denn durch eine neue Verfassung ersetzt. Vielmehr erfuhr sie seit 1787/1788 in 27 Amendments lediglich Ergänzungen, aber, so die Fiktion, keine Änderungen. So wurde 1791 im 2. Amendment dem „Volk" das Recht eingeräumt, Waffen zu besitzen und zu tragen, im 18. Amendment von 1913 wurde der Alkoholhandel verboten, der im 21. Amendment 1933 aber wieder erlaubt wurde. Die letzte Ergänzung, das 27. Amendment, trat 1992 in Kraft und regelte, dass eine Erhöhung von Diäten nur Abgeordneten zukommen darf, die noch zu wählen sind, also bei Verabschiedung der Erhöhung noch kein Mandat besitzen.

Die Verfassung der 1. Französischen Republik von 1793 ist zwar in einer Volksabstimmung mit großer Mehrheit angenommen worden, aber nie in Kraft getreten. Sie wurde 1795 von der Direktorialverfassung ersetzt, die wiederum in ihrem dreizehnten Teil (Art. 336 bis 350) umfangreiche und detaillierte Bestimmungen zu ihrer Änderung enthielt. Danach konnte – unter der Voraussetzung, dass „Erfahrung die Nachteile einiger Artikel der Verfassung zeigen sollte" – ein aus 250 Mitgliedern bestehender „Rat der Alten" eine Verfassungsrevision vorschlagen; ein solcher Vorschlag bedurfte einer Genehmigung durch den „Rat der 500". Das reichte den Verfassungsgebern aber immer noch nicht: Denn nach Art. 338 der Direktorialverfassung musste der Vorschlag des Rates der Alten „in einem Zeitraum von 9 Jahren […], zu drei verschiedenen Zeitpunkten […] gemacht worden" sein. Alle drei Vorschläge mussten zudem „einer von dem anderen wenigstens drei Jahre entfernt sein". Sollte ein solcher Vorschlag trotz all dieser Hindernisse zustande kommen, hätte eine Revisionsversammlung einberufen werden müssen, die unter anderem „20 Myriameter" (=200 km) von dem Ort

---

Begriff nur ausnahmsweise benützen und ihn mit Anführungszeichen versehen, um deutlich zu machen, dass damit allein die staatsrechtliche Figur gemeint ist.

[3]Im französischen Original lautet der Artikel: „Un peuple a toujours le droit de revoir, de réformer et de changer sa Constitution. Une génération ne peut assujettir à ses lois les générations futures." Zit. nach: http://www.verfassungen.eu/f/fverf93-i.htm. Zugegriffen: 4. Dezember 2017. Dort findet sich auch die übernommene deutsche Übersetzung.

hätte tagen müssen, an dem die gesetzgebende Körperschaft ihren Sitz hatte.[4] Eine Verfassungsänderung war auf dieser Grundlage selbstredend nicht möglich und wurde auch nie beschlossen. Denn das französische „peuple"[5] verabschiedete – zumindest in dieser Periode – lieber eine neue Verfassung, als eine bestehende zu ändern.

Carl Schmitt hat die Beziehung zwischen Flexibilität und Rigidität, das in einer Verfassung ein Spannungsverhältnis bildet (Benz 2013), überraschend modern aufgelöst. Er hat in seiner Verfassungslehre ausgeführt, „daß einzelne oder mehrere verfassungsgesetzliche Regelungen durch andere verfassungsgesetzliche Regelungen ersetzt werden können, aber nur unter der Voraussetzung, dass Identität und Kontinuität der Verfassung als ein Ganzes gewahrt bleiben" (Schmitt 1993, S. 103). Verfassungsänderung kann nach Schmitt also nicht Verfassungsvernichtung sein, und der verfassungsändernde Gesetzgeber kann sich nie an die Stelle des verfassunggebenden „Volkes" setzen. Interessanterweise nimmt Schmitt mit dieser Formulierung die spätere Identitätslehre des Bundesverfassungsgerichtes vorweg – das es nach Schmitt (1996) gar nicht hätte geben dürfen. Doch in Schmitts Perspektive gilt: Die *pouvoirs constitués* unterscheiden sich zwingend von der *pouvoir constituant* (Böckenförde 1992, S. 90 ff.). Verfassungsgebung ist im Schmitt'schen Sinne gleichsam plebiszitäre Dezision, Verfassungsänderung „bloß" Gesetzgebung.

Diese ideengeschichtlichen Überlegungen und verfassungsrechtlichen Arabesken mögen aus heutiger Sicht leicht bizarr erscheinen, sie bringen aber eine doppelte Anforderung an Verfassungsänderungen zutage: den – latenten – Konflikt zwischen Demokratie und Verfassung einerseits und den Anspruch andererseits, dass zwischen der Verabschiedung eines einfachen und eines verfassungsändernden Gesetzes ein qualitativer Unterschied bestehen sollte. Robert F. Williams (1999, S. 639) hat diese Frage, bezogen auf die amerikanischen Bundesstaatsverfassungen, ebenso gestellt,

---

[4]Artikel 340 lautet im Original: „Le Conseil des Anciens désigne, pour la réunion de l'Assemblée de révision, un lieu distant de 20 myriamètres au moins de celui où siège le Corps législatif." Zit. nach: http://www.verfassungen.eu/f/fverf93-i.htm. Zugegriffen: 17. Dezember 2017. Ähnliche Bestimmungen finden sich in der französischen Verfassung von 1791, mit der eine konstitutionelle Monarchie errichtet wurde und die ebenfalls ein langwieriges und überaus kompliziertes Verfahren für eine Verfassungsänderung vorsah.

[5]Am Rande sei erwähnt: Der Begriff „Volk" und seine Übersetzungen bedeuten im englischen und französischen Sprachgebrauch Unterschiedliches. Der amerikanische Begriff „people" ist individualistisch konnotiert, das deutsche „Volk" ethnisch begründet und das französische Wort „peuple" meint die republikanische Gemeinschaft der „citoyens", also der Bürgerinnen und Bürger.

wie Dieter Grimm in seiner Abschiedsvorlesung an der Humboldt-Universität zu Berlin. Grimm hat bei diesem Anlass kritisiert, dass bei Grundgesetzänderungen inzwischen die „Differenz zwischen Verfassung einerseits, Gesetz und Verordnung andererseits [...] eingeebnet" worden sei (Grimm 2007, S. 4). Verfassungsgesetzgebung sei folglich nichts anderes als normale Politik, und Politikwechsel könnten nicht mehr ohne Verfassungsänderung stattfinden, weil immer mehr Politikbereiche konstitutionalisiert würden (Grimm 2007, S. 4). Solche Tendenzen könnten nicht nur zu einer nachlassenden Akzeptanz der Verfassung beitragen, sondern würden auch genuin politische Themen in Rechtsfragen transformieren.

Ebenso haben Roland Lhotta (1998) und Rainer-Olaf Schultze im Nachgang zu den Verfassungsdiskussionen im Zuge der deutschen Vereinigung gefordert, Verfassungsreformprozesse in speziell eingerichteten Verfahren zu beraten und zu beschließen. Rainer-Olaf Schutze (1997, S. 514) wollte Verfassungsreformprozesse „den Institutionen des normalen Politikprozesses [...] entziehen." Er plädierte dafür, „gesonderte Versammlungen einzuberufen sowie im Beratungsprozess soweit wie möglich Transparenz und Öffentlichkeit herzustellen". Schultze bezog sich dabei auf Ausführungen von Jon Elster (1994, S. 44), für den eine Verfassung „viel eher den Anspruch erheben [kann], den Volkswillen zu verkörpern", wenn die verfassunggebende Versammlung legitim zustande gekommen ist, wenn das Entscheidungsverfahren in der Versammlung demokratischen Grundsätzen entspricht und wenn sie vom Volk ratifiziert wird. Absetzen soll sich verfassungsändernde Gesetzgebung mithin von „normaler Politik", in der vor allem partikulare Interessen durchgesetzt würden und die „Hybris eingegrabener Parlamentsmehrheiten und ihrer parteibeflissenen Drahtzieher" (Loewenstein 1961, S. 63) eine „vernünftige Diskussion über das Gemeinwohl" (Elster 1994, S. 44) unmöglich machten (Schultze 1997, S. 514; Benz 1993; Lhotta 1998; Loewenstein 1961, S. 64).

In dieser Perspektive sollten Verfassungsreformen in gewählten Kommissionen beraten werden sowie unter größtmöglicher Transparenz und maximaler Beteiligung der Öffentlichkeit stattfinden. Es versteht sich fast von selbst, dass in einem solchen Verständnis dem Souverän eine tragende Rolle zugewiesen wird und jede Verfassungsnovelle per Referendum zu sanktionieren ist. Denn die „vox populi" sei, so Loewenstein, immer noch „sympathischer als die authentische Interpretation des göttlichen Willens durch einen allmächtigen Regierungschef und seine Parteihäuptlinge" (Loewenstein 1961, S. 63; Hervorhebung im Original). In einem solchen Verständnis sollen Verfassungsänderungen Ergebnis sein von anspruchsvollen deliberativen Verfahren (Habermas 1994, 1996, S. 277 ff.) und Resultat „herrschaftsfreier Diskurse", in denen der „zwanglos[e] Zwang des besseren Argumentes" (Habermas 1991, S. 123) dominiert. Wie im Weiteren

gezeigt wird, entsprechen die Prozesse der Verfassungsänderungen in den Bundesländern in keiner Weise diesen Anforderungen. Weder die ideengeschichtlichen Überlegungen noch die theoretisch begründeten Vorschläge finden in der
Verfassungswirklichkeit der Bundesländer empirische Anknüpfungspunkte.

Die Studien, die sich mit Änderungen des Grundgesetzes befassen, repräsentieren ein breites Spektrum von Erklärungsansätzen (Busch 1999): Wolfgang
Abendroth (1974, S. 47 ff., 1966, S. 143 ff.) sah in den Änderungen des Grundgesetzes lediglich verfassungsrevisionistische Bestrebungen, die eine für ihn
für möglich gehaltene sozialistische Umgestaltung des Wirtschafts- und Sozial-
systems auf Grundlage des Grundgesetzes ausschließen sollten. Jürgen Seifert
glaubte 1977 sogar, es würde eine Nebenverfassung entstehen. Karl Loewenstein,
der Anfang der 1960er Jahre „Wesen, Technik und Grenzen der Verfassungsänderung" in vergleichender Perspektive analysierte, verstand die Novellierung einer
rechtlichen Grundordnung als Instrument, um den Verfassungstext der sich wan-
delnden Verfassungswirklichkeit anzupassen. Für Loewenstein addierte sich die
„Summe der Verfassungsänderungen" sogar zum Beleg dafür, dass eine Verfassung anpassungsfähig ist (Loewenstein 1961, S. 21).

1.2   Verfassungspolitik in Bundesländern

Landesverfassungen und Landesverfassungspolitik spielen in den oben zitierten
Konzepten und Analysen keine Rolle. Für Landesverfassungen und Landesverfassungspolitik scheinen diese Überlegungen folglich nicht gelten zu können. Denn
sie stehen im „Schatten des Grundgesetzes". So die ganz überwiegende Auffassung in der einschlägigen politik- und rechtswissenschaftlichen Literatur. Die
Schlussfolgerung, die aus dieser Auffassung zu ziehen ist, kann daher nur sein:
Die Landesverfassungsgeber gestalten das Staatsorganisationsrecht der Länder
ebenso wenig wie die Beziehungen zwischen Staat und Gesellschaft, jedenfalls
nicht in einer politisch relevanten Weise und nicht so, dass eine wissenschaftliche
Analyse lohnen könnte.

Diese Schlussfolgerung mag übertrieben klingen und zugespitzt formuliert
sein. Dennoch kann man sich des Eindrucks kaum erwehren, dass die politikwissenschaftliche Beschäftigung mit landespolitischen Themen im Allgemeinen und
mit der Landesverfassungspolitik im Besonderen immer noch begründungsbe-
dürftig scheint (Reutter 2008a, S. 19 ff.). Während Änderungen des Grundgesetzes auch politikwissenschaftlich breites Interesse hervorgerufen haben – erinnert
sei nur an die beiden Föderalismusreformen –, werden Verfassungsnovellen in
den Bundesländern, wenn sie denn überhaupt zur Kenntnis genommen werden,

stets zuerst auf bundespolitische Folgen oder Voraussetzungen hin beleuchtet oder sie werden aufgrund des Homogenitätsgebotes als von bestenfalls sekundärer Bedeutung qualifiziert. Der „Schatten des Grundgesetzes", der in diesem Zusammenhang häufig metaphorisch bemüht wird, wird dann so undurchdringlich, dass verfassungspolitische Initiativen auf Landesebene unentdeckt bleiben. Jedenfalls wird ihnen keine Strahlkraft zugeschrieben.

Illustrieren lässt sich diese Auffassung anhand der Regelungen zur Schuldenbremse im Grundgesetz (Abschn. 4.2). Die Länder müssen danach ab 2020 ihre Haushalte ohne die Aufnahme von Krediten ausgleichen. Grundsätzlich ist den Ländern zwar erlaubt, eine verfassungsrechtliche Konkretisierung der grundgesetzlichen Vorgaben in Art. 109. Abs. 3 vorzunehmen, was inzwischen auch in acht Bundesländern vollzogen wurde. Doch ändert dies nichts an den Vorgaben des Grundgesetzes. Wichtig und wissenschaftlich interessant scheinen daher lediglich Verabschiedung und Folgen der Schuldenbremse im Grundgesetz, während die einschlägigen verfassungspolitischen Initiativen auf Landesebene kaum Aufmerksamkeit hergerufen haben. Allein Roland Sturm (2011a, b) hat sich mit dem Thema in politikwissenschaftlicher Perspektive beschäftigt, allerdings vor allem aus haushalts- und nicht aus verfassungspolitischer Perspektive.[6] Es mag daher nur folgerichtig sein, dass sich in einschlägigen Sammelbänden kein Beitrag zur Landesverfassungspolitik findet (Hildebrandt und Wolf 2008a; Schneider und Wehling 2006). Allerdings ist auffällig, dass das Thema inzwischen in einer ganzen Reihe von Lehrbüchern Eingang gefunden hat, die sich der Politik in Bundesländern widmen (Jesse et al. 2014, S. 53 ff.; Lorenz 2016; Priebus 2017).

Die Qualifizierung von Landesverfassungspolitik als von sekundärer oder gar vernachlässigbarer Bedeutung ist keine deutsche Besonderheit. So glauben auch Tom Ginsburg und Eric A. Posner (2010), dass subnationale Verfassungen kaum mehr sind als funktionale Ergänzungen nationaler Grundordnungen. Subnationale Verfassungen mögen Regelungslücken einer Bundesverfassung füllen oder das politische Leben in den gliedstaatlichen Einheiten strukturieren, sie bleiben aber ohne greifbare Folgen für die gesellschaftliche Integration oder die Ausübung staatlicher Herrschaft. Daraus folgern Ginsburg und Posner (2010, S. 1583) im Übrigen, dass subnationale Verfassungen leichter zu ändern seien als nationale. Aber auch der normative Gehalt subnationaler Verfassungen wird bestritten. So gibt es für James Gardner (2007, S. 3) keinen subnationalen Konstitutionalismus.

---

[6]Selbstredend gibt es eine Reihe von Untersuchungen, die sich mit den finanz- und haushaltsrechtlichen Auswirkungen der Schuldenbremse in den Bundesländern auseinandersetzen; vgl. z. B. Berlitt (2011); Ciagla und Heinemann (2012).

Denn subnationale Verfassungen seien keine „charters of living", in denen sich
die Vorstellungen des „Volkes" über „the nature of a good life" manifestieren
könnten.

1.3   Ziele und Aufbau der Untersuchung

Der verbreiteten Auffassung, dass Landesverfassungspolitik bestenfalls von
sekundärer Bedeutung sei, stehen allerdings gewichtige Argumente entgegen.
Mehrere Gründe lassen sich dafür anführen, dass subnationale Verfassungspolitik
sowohl politisch relevant ist als auch einen wissenschaftlich Erkenntnis fördern-
den Untersuchungsgegenstand darstellt: Zuerst zu nennen ist, dass subnationale
Regionen in Europa an Bedeutung gewonnen haben. Überraschend häufig münde-
ten diese Entwicklungen in Sezessionsbestrebungen (wie in Spanien, in Belgien,
im Vereinigten Königreich oder auch in Italien), die stets begleitet waren von
Konstitutionalisierungsprozessen. Doch auch wenn Regionalisierungstendenzen
nicht in Autonomieüberlegungen überführt wurden, haben subnationale Verfassungen offenbar an Gewicht gewonnen. Sie sind eben nicht nur „Vereinssatzung"
(Kelsen) oder „content-neutral" und bloße „procedures designed to ensure a
controlled exercise of power" (Sartori 1997, S. 200; Hervorhebung im Original
nicht berücksichtigt), sondern können auch zur gesellschaftlichen Integration
beitragen (Lorenz 2011; Vorländer 2011).

Zum zweiten gilt, was Achim Hildebrandt und Frieder Wolf (2008b, S. 14)
für den Bundesländervergleich allgemein als „besonders interessant" bezeichnet
haben, auch für die Landesverfassungspolitik. Denn mit einer vergleichenden
Analyse der Landesverfassungsänderungspolitiken lassen sich in der einschlägigen Literatur gängige Theorien, mit denen Verfassungsänderungen erklärt
werden, prüfen und testen. Wie in anderen landespolitischen Feldern ist auch
bei der Verfassungspolitik die „Datenlage [...] vergleichbar sowie von hoher
Qualität"; gleichzeitig fallen „die institutionellen und kulturellen Kontextbedingungen relativ homogen" aus (Hildebrandt und Wolf 2008b, S. 14). Insoweit
bietet der Vergleich der Landesverfassungspolitiken ein „wertvolles Laboratorium
zum Theorientest und zur Theorienweiterentwicklung" (Hildebrandt und Wolf
2008b, S. 14 f.). Dieser methodische Vorteil schließt ein, dass – wie auch in der
hier vorgestellten Untersuchung – die notwendigen Quellen zugänglich und
Experteninterviews durchführbar sind.

Zum dritten, die Anzahl der hier betrachteten Verfassungspolitiken ist klein
genug für rekonstruierende Untersuchungen und Fallstudien mittels qualitativer Methoden, aber auch groß genug für quantitative Analyseverfahren oder für

eine *Qualitative Comparative Analysis*. Anders gesagt: Dieselbe Fragestellung kann auf Grundlage variierender Theorien mit unterschiedlichen Methoden und divergierenden Forschungsdesigns überprüft und beantwortet werden. Damit sind ideale Voraussetzungen für einen Methodenmix und ein trianguläres Vorgehen gegeben, das als besonders erkenntnisfördernd gilt und robuste Ergebnisse erwarten lässt.

Schließlich leistet eine Analyse der Verfassungspolitik in den Bundesländern einen Beitrag zum besseren Verständnis der Funktionsweise des Bundesstaates (Benz 2011; Benz und Colino 2011). Bundesstaatlichkeit genießt im Grundgesetz Ewigkeitsgarantie und ist somit Teil der Verfassungsidentität, wie sie das Bundesverfassungsgericht in seinem Urteil vom 30. Juni 2009 entwickelt hat (BVerfGE 123, 267; Lepsius 2015). Die Gliederung des Bundes in Länder ist ebenso einer verfassungsrechtlichen Revision entzogen wie deren Mitwirkung bei der Gesetzgebung des Bundes. Föderalismus besitzt verfassungsrechtlich also eine überragende Bedeutung. Als „politisches Grundprinzip" umfasst es „die freie Einung von differenzierten, grundsätzlich gleichberechtigten, in der Regel regionalen politischen Gesamtheiten, die auf diese Weise zu gemeinschaftlichem Zusammenwirken verbunden werden sollen" (Hesse 1993, S. 90). Es geht mithin um „Einheit in der Vielfalt", um die Integration gliedstaatlicher Einheiten in den Gesamtstaat. Dies schließt ein, dass nicht nur dem Bund, sondern auch den Ländern Staatsqualität zukommt und dadurch Vielfalt in der Einheit grundsätzlich möglich wird.

Wohlgemerkt, hier geht es um Staatlichkeit und Staatsqualität, nicht um Souveränität, verstanden als das Recht zur exklusiven politischen und rechtlichen Selbstbestimmung. Das kann es in einem föderalen Staat für subnationale Einheiten nicht geben. Eigenstaatlichkeit schließt jedoch zwingend ein: Länder können sich eine Verfassung geben und diese ändern. Landesverfassungen sind damit Ausdruck einer doppelten Anforderung: Sie müssen einerseits dem Homogenitätsgebot des Art. 28 Abs. 1 GG entsprechen, d. h. den „Grundsätzen des republikanischen, demokratischen und sozialen Rechtsstaates" genügen und zwar so, wie sie im Grundgesetz niedergelegt sind. Andererseits müssen sie die Staatlichkeit der Länder legitimierend begründen, d. h. sie müssen die politische Ordnung der Bundesländer gestalten und sich auf einen Willensakt des jeweiligen Landesvolkes zurückführen lassen. Verfassungsautonomie der Länder begründet sich folglich nicht auf einer Ermächtigung des Bundes oder des Grundgesetzes, sondern auf der den Ländern zustehenden Staatsqualität. Deswegen sind die Länder autonom in der Gestaltung ihrer Grundordnungen (Pestalozza 2014; Reutter 2008a, b, S. 37 ff.; Stiens 1997). Eine vergleichende Untersuchung von Landesverfassungspolitiken kann somit nicht nur politische Relevanz beanspruchen.

Vielmehr lässt sie auch einen wissenschaftlichen Mehrwert erwarten. Sie erlaubt zudem, unser verfassungsrechtliches Verständnis des Bundesstaates zu vertiefen. Sie wird zeigen, dass der Bundesstaat eben nicht nur darauf zielt, eine „Einheit in der Vielfalt" zu schaffen. Vielmehr geht es gerade in der Verfassungspolitik um „Vielfalt in der Einheit", also darum, dass im Rahmen des Homogenitätsgebotes nach Art. 28 Abs. 1 GG autonome Entscheidungen der Landesverfassungsgeber möglich sind und damit grundsätzlich die Chance besteht zur verfassungspolitischen Heterogenität.

Die weitere Untersuchung erfolgt in vier Schritten. Im zweiten Kapitel werden die herangezogenen Forschungsdesigns vorgestellt; das heißt, die Fragestellung der Untersuchung wird entwickelt und begründet. Darüber hinaus werden die wichtigsten Theorien zur Erklärung von Verfassungsänderungen vorgestellt und kritisch diskutiert. Schließlich wird erläutert, welche Daten wie erhoben und ausgewertet wurden. Im dritten Kapitel erfolgt eine empirische Bestandsaufnahme der Verfassungsänderungspolitiken in den Bundesländern. Im vierten Kapitel werden die Gründe für die divergierenden Verfassungsänderungspolitiken in ausgewählten Bundesländern untersucht. Im abschließenden fünften Kapitel werden die Ergebnisse der Studie zusammengefasst und mögliche Forschungsperspektiven entwickelt.

Die vorliegende Analyse, die aus einem von der Deutschen Forschungsgemeinschaft finanzierten Forschungsprojekt zur Verfassungspolitik in den Bundesländern (Gz: LO 1424/3-1 und LO 1424/3-2) hervorgegangen ist, schließt an publizierte Einzelfallstudien sowie vergleichende Analysen an, die ich in den letzten Jahren – teilweise zusammen mit Astrid Lorenz oder Paul Blokker – verfasst habe. Einzelfallstudien habe ich veröffentlicht zur Verfassungspolitik in Baden-Württemberg, Bayern, Brandenburg, Niedersachsen, Nordrhein-Westfalen, Sachsen und Schleswig-Holstein. Vergleichend untersucht habe ich die Verfassungspolitiken der ostdeutschen sowie aller Bundesländer und dabei auch die in dieser abschließenden Studie herangezogenen Methoden angewandt (Reutter 2014a, b, 2015a, b, 2016a, b, 2017a, b, c, 2018a, b, c; Lorenz und Reutter 2012; Reutter und Lorenz 2016; Blokker und Reutter 2015a, b).[7] Im Weiteren werde ich mich auf diese Vorstudien immer wieder beziehen; teilweise lehne ich mich

---

[7]Zur Veröffentlichung angenommen sind von den oben genannten Aufsätzen: Reutter (2018b, c). Anzumerken ist zudem, dass am Schluss jedes Kapitels ein Verzeichnis der in dem jeweiligen Kapitel zitierten Quellen angefügt wurde; die diese Untersuchung abschließende Bibliografie umfasst darüber hinaus weitere einschlägige Quellen.

an dort angestellte Überlegungen und Schlussfolgerungen an oder führe diese in geänderter Weise fort.

Abschließend ist zu erwähnen, dass ich auf eine einheitliche genderneutrale Sprache verzichtet habe. Ich verwende alle gebräuchlichen Varianten, d. h. bisweilen führe ich beide Geschlechter an (z. B. Politikwissenschaftlerinnen und Politikwissenschaftler), bisweilen beschränke ich mich auf die eine oder die andere Variante. Es kann aber auch sein, dass ich von „Politikwissenschaftler/innen" oder von „Politikwissenschaftler*innen" – bzw. anderen Gruppen – berichte. Welche Form auch immer ich gewählt habe, stets sind alle Vertreterinnen, alle Vertreter, alle Vertreter/innen und alle Vertreter*innen der angesprochenen Gruppen gemeint.

Literatur

Abendroth, W. (1966). *Das Grundgesetz. Eine Einführung in seine politischen Probleme.* Pfullingen: Neske.

Abendroth, W. (1974). 1849–1919–1949: Drei Kapitel deutscher Verfassungsgeschichte. In Vereinigung Demokratischer Juristen (Hrsg.), *Das Grundgesetz. Verfassungsentwicklung und demokratische Bewegung in der BRD* (S. 139–145). Köln: Pahl-Rugenstein.

Abromeit, H. (1992). *Der verkappte Einheitsstaat.* Opladen: Westdeutscher Verlag.

Benz, A. (1993). Verfassungsreform als politischer Prozeß. Politikwissenschaftliche Anmerkungen zur aktuellen Reform des Grundgesetzes. *Die öffentliche Verwaltung, 46*(20), 881–889.

Benz, A. (2011). Das Zusammenspiel der Ebenen beim expliziten und impliziten Verfassungswandel. In C. Hönnige, S. Kneip, & A. Lorenz (Hrsg.), *Verfassungswandel im Mehrebenensystem* (S. 21–40). Wiesbaden: VS Verlag.

Benz, A. (2013). Balancing rigidity and flexibility: Constitutional dynamics in federal systems. *West European Politics, 26*(4), 726–749.

Benz, A., & Colino, C. (2011). Constitutional change in federations – A framework for analysis. *Regional & Federal Studies, 21*(4–5), 381–406.

Berlitt, U. (2011). Die Umsetzung der Schuldenbremse in den Ländern – Erste Ansätze und erste Probleme. In M. Junkernheinrich, S. Korioth, T. Lenk, H. Scheller, & M. Woisin (Hrsg.), *Jahrbuch für öffentliche Finanzen 2011* (S. 311–342). Berlin: Berliner Wissenschaftsverlag.

Blokker, P., & Reutter, W. (Hrsg.). (2015a). Sub-national constitutional politics: Contesting or complementing, replicating or innovating traditional constitutionalism? *Perspectives on Federalism, 7*(1). http://www.on-federalism.eu/index.php/archives. Zugegriffen: 10. Mai 2015.

Blokker, P., & Reutter, W. (2015b). Sub-national constitutional politics: Contesting or complementing, replicating or innovating traditional constitutionalism? *Perspectives on Federalism, 7*(1), I–IX. http://www.on-federalism.eu/index.php/archives. Zugegriffen: 10. Mai 2015.

Böckenförde, E.-W. (1992). *Staat, Verfassung. Demokratie. Studien zur Verfassungstheorie und zum Verfassungsrecht*. Frankfurt a. M.: Suhrkamp.

Busch, A. (1999). Das oft geänderte Grundgesetz. In A. Busch & W. Merkel (Hrsg.), *Demokratie in Ost und West. Festschrift für Klaus von Beyme* (S. 549–574). Frankfurt a. M.: Suhrkamp.

BVerfGE 123, 267–437. Urteil des Zweiten Senats vom 30. Juni 2009 – 2 BvE 2/08 – Rn. (1–421). http://www.bverfg.de/e/es20090630_2bve000208.html. (=BVerfGE 123, 267–437). Zugegriffen: 15. Mai 2015.

Ciagla, S., & Heinemann, F. (2012). Debt rule federalism: The case of Germany. Centre for European economic research. Discussion Paper No. 12–067, Mannheim. http://www.ftp-zew.de/pub/zew-docs/dp/dp-12067.pdf. Zugegriffen: 10. Aug. 2014.

Elster, J. (1994). Die Schaffung von Verfassungen: Analyse der allgemeinen Grundlagen. In U. K. Preuß (Hrsg.), *Zum Begriff der Verfassung. Die Ordnung des Politischen* (S. 37–57). Frankfurt a. M.: Fischer.

Gardner, J. A. (2007). In search of sub-national constitutionalism. Paper prepared for the Seventh World Congress of the International Association of Constitutional Law. Athens, Greece, June 11–15, 2007. University at Buffalo Law School. Baldy Center for Law & Social Policy. Legal Studies Research Paper Series. Paper No. 2007-016. http://ssrn.com/abstract=1017239. Zugegriffen: 10. Juli 2014.

Ginsburg, T., & Posner, E. A. (2010). Subconstitutionalism. *Stanford Law Review, 62*(6), 1583–1628.

Grimm, D. (2007). Ist das Verfahren der Verfassungsänderung selbst änderungsbedürftig? (Interview). *Humboldt-Forum Recht, 20*, 1–8. https://www.humboldt-forum-recht.de/media/Druckansicht/pdf/2007-20.pdf. Zugegriffen: 15. März 2015.

Habermas, J. (1991). *Erläuterungen zur Diskurstheorie*. Frankfurt a. M.: Suhrkamp.

Habermas, J. (1994). *Faktizität und Geltung. Beiträge zur Diskurstheorie des Rechts und des demokratischen Rechtsstaats* (2. Aufl.). Frankfurt a. M.: Suhrkamp.

Habermas, J. (1996). *Die Einbeziehung des Anderen. Studien zur politischen Theorie*. Frankfurt a. M.: Suhrkamp.

Hesse, K. (1962). *Der unitarische Bundesstaat*. Heidelberg: C.F. Müller.

Hesse, K. (1993). *Grundzüge des Verfassungsrechts der Bundesrepublik Deutschland* (19. Aufl.). Heidelberg: C.F. Müller.

Hildebrandt, A., & Wolf, F. (Hrsg.). (2008a). *Die Politik der Bundesländer. Staatstätigkeit im Vergleich*. Wiesbaden: VS Verlag.

Hildebrandt, A., & Wolf, F. (2008b). Die Potenziale des Bundesländervergleichs. In A. Hildebrandt & F. Wolf (Hrsg.), *Die Politik der Bundesländer. Staatstätigkeit im Vergleich* (S. 11–20). Wiesbaden: VS Verlag.

Holmes, S. (1994). Verfassungsförmige Vorentscheidungen und das Paradox der Demokratie. In U. K. Preuß (Hrsg.), *Zum Begriff der Verfassung. Die Ordnung des Politischen* (S. 133–170). Frankfurt a. M.: Fischer.

Jefferson, T. (1884). *The works of Thomas Jefferson* (9 Bde). New York: MacCoun.

Jefferson, T. (1955). *The political writings of Thomas Jefferson. Representative selection*. Edited by Edward Dumbauld. New York: The Liberal Arts.

Jefferson, T. (1993). *The political writings of Thomas Jefferson*. Edited by Merrill D. Peterson. Charlottesville: Thomas-Jefferson-Memorial-Foundation.

Jesse, E., Schubert, T., & Thieme, T. (2014). *Politik in Sachsen.* Wiesbaden: Springer VS.

Lepsius, O. (2015). Souveränität und Identität als Frage des Institutionen-Settings. In S. Baer, O. Lepsius, C. Schönberger, C. Waldhoff, & C. Walter (Hrsg.), *Jahrbuch des öffentlichen Rechts der Gegenwart (N.F.), (63,* S. 63–90). Tübingen: Mohr Siebeck.

Lhotta, R. (1998). Verfassungsreform und Verfassungstheorie: Ein Diskurs unter Abwesenden? *Zeitschrift für Parlamentsfragen, 29*(1), 159–179.

Locke, J. (1992). *Two treatises of government.* Edited with an introduction and notes by Peter Laslett. Cambridge: Cambridge University Press (Erstveröffentlichung 1690).

Loewenstein, K. (1961). *Über Wesen, Technik und Grenzen der Verfassungsänderung.* Berlin: De Gruyter.

Lorenz, A. (2011). Die ostdeutschen Landesverfassungen als dynamische Integrationsstifter. In A. Lorenz (Hrsg.), *Ostdeutschland und die Sozialwissenschaften. Bilanz und Perspektiven 20 Jahre nach der Wiedervereinigung* (S. 75–98). Leverkusen: Budrich.

Lorenz, A. (2016). Entstehung und Inhalt der brandenburgischen Verfassung. In A. Lorenz, A. Anter, & W. Reutter (Hrsg.), *Politik und Regieren in Brandenburg* (S. 43–48). Wiesbaden: Springer VS.

Lorenz, A., & Reutter, W. (2012). Subconstitutionalism in a multilayered system. A comparative analysis of constitutional politics in the German Länder. *Perspectives on Federalism, 4*(2), 141–170. http://www.on-federalism.eu/attachments/141_download.pdf. Zugegriffen: 10. Jan. 2013.

Paine, T. (1989). The rights of man. Part I. In T. Paine, *Political writings* (S. 49–143). Edited by Bruce Kucklick. Cambridge: Cambridge University Press (Erstveröffentlichung 1791).

Pestalozza, C. (Hrsg.). (2014). *Verfassungen der deutschen Bundesländer mit dem Grundgesetz* (10. Aufl.). München: Beck.

Priebus, S. (2017). Verfassungspolitik in Sachsen-Anhalt: Verfassungspolitische Kompromisse als Leitprinzip. In H. Träger & S. Priebus (Hrsg.), *Politik und Regieren in Sachsen-Anhalt* (S. 73–88). Wiesbaden: Springer VS.

Reutter, W. (2008a). *Föderalismus, Parlamentarismus und Demokratie. Landesparlamente im Bundesstaat.* Opladen: Budrich.

Reutter, W. (2008b). Verfassungsgebung und Verfassungsänderungen in den Ländern. In Europäisches Zentrum für Föderalismusforschung (Hrsg.), *Jahrbuch des Föderalismus 2008. Föderalismus, Subsidiarität und Regionen in Europa* (S. 239–253). Baden-Baden: Nomos.

Reutter, W. (2014a). Multilevel systems and sub-national constitutional politics in Germany: A qualitative comparative analysis. *Perspectives on Federalism, 6*(2), 215–243. http:// www.on-federalism.eu/attachments/186_download.pdf. Zugegriffen: 1. Okt. 2016.

Reutter, W. (2014b). Sächsische Verfassungspolitik. In Europäisches Zentrum für Föderalismusforschung (Hrsg.), *Jahrbuch des Föderalismus 2014. Föderalismus, Subsidiarität und Regionen in Europa* (S. 255–268). Baden-Baden: Nomos.

Reutter, W. (2015a). Bayerische Verfassungspolitik. In Europäisches Zentrum für Föderalismusforschung (Hrsg.), *Jahrbuch des Föderalismus 2015. Föderalismus, Subsidiarität und Regionen in Europa* (S. 215–227). Baden-Baden: Nomos.

Reutter, W. (2015b). Verfassungsgesetzgebung in Brandenburg. *Zeitschrift für Parlamentsfragen, 46*(1), 116–135.

Reutter, W. (2016a). Constitutional politics in East Germany and the grand coalition state. *Perspectives on Federalism, 8*(3), E23–E44. http://on-federalism.eu/attachments/245_download.pdf. Zugegriffen: 10. Jan. 2017.

Reutter, W. (2016b). Verfassungspolitik in Baden-Württemberg. Ergebnis konsensdemokratischer Zwänge oder normale Politik mit anderen Mitteln? *Zeitschrift für Politikwissenschaft, 26*(2), 131–151. https://doi.org/10.1007/s41358-016-0030-7.

Reutter, W. (2017a). The changeableness of subnational constitutions: A qualitative comparative analysis. *Government and Opposition.* https://doi.org/10.1017/gov.2016.45.

Reutter, W. (2017b). Landesparlamente im unitarischen Bundesstaat: „Machtlosigkeit" und „unheilige Allianz". *Österreichische Zeitschrift für Politikwissenschaft, 46*(4), 1–15. https://doi.org/10.15203/ozp.2390.vol46iss4.

Reutter, W. (2017c). Verfassungspolitik in Niedersachsen. In Europäisches Zentrum für Föderalismusforschung (Hrsg.), *Jahrbuch des Föderalismus 2017. Föderalismus, Subsidiarität und Regionen in Europa* (S. 310–322). Baden-Baden: Nomos.

Reutter, W. (2018a). Politik und Verfassung in Schleswig-Holstein. In S. Baer, O. Lepsius, C. Schönberger, C. Waldhoff, & C. Walter (Hrsg.), *Jahrbuch des öffentlichen Rechts der Gegenwart (N.F.), (66*, S. 617–638). Tübingen: Mohr Siebeck.

Reutter, W. (2018b). Parlamentarische Opposition und Verfassungspolitik in den Bundesländern. Politische Minderheiten in einem konsensdemokratischen Politikfeld. In S. Bröcher, M. Glaab, & H. Schöne (Hrsg.), *Kritik, Kontrolle, Alternative. Was leistet die Opposition?* Wiesbaden: Springer (im Erscheinen).

Reutter, W. (2018c). Verfassungsändernde Gesetzgebung in Nordrhein-Westfalen. *Zeitschrift für Gesetzgebung, 33*(2) (im Erscheinen).

Reutter, W., & Lorenz, A. (2016). Explaining the frequency of constitutional change in the German Länder: Institutional and party factors. *Publius: The Journal of Federalism, 46*(1), 103–127. https://doi.org/10.1093/publius/pjv041.

Sartori, G. (1997). *Comparative constitutional engineering. An inquiry into structures, incentives and outcomes.* Houndmills: Palgrave Macmillan.

Schmitt, C. (1993). *Verfassungslehre* (8. Aufl.). Berlin: Duncker & Humblot (Erstveröffentlichung 1928).

Schmitt, C. (1996). *Der Hüter der Verfassung* (4. Aufl.). Berlin: Duncker & Humblot (Erstveröffentlichung 1931).

Schneider, H., & Wehling, H.-G. (Hrsg.). (2006). *Landespolitik in Deutschland. Grundlagen – Strukturen – Arbeitsfelder.* Wiesbaden: VS Verlag.

Schultze, R.-O. (1997). Verfassungsreform als Prozeß. *Zeitschrift für Parlamentsfragen, 28*(3), 502–520.

Seifert, J. (1977). *Grundgesetz und Restauration. Verfassungsrechtliche Analyse und dokumentarische Darstellung des Textes des Grundgesetzes vom 23. Mai 1949 mit sämtlichen Änderungen einschließlich des 34. Änderungsgesetzes.* Darmstadt: Luchterhand.

Stiens, A. (1997). *Chancen und Grenzen der Landesverfassungen im deutschen Bundesstaat der Gegenwart.* Berlin: Duncker & Humblot.

Sturm, R. (2011a). Regeln die Länder ihre Haushaltspolitik neu? Reaktionen auf den Zwang zum Haushaltsausgleich durch die Föderalismusreform II. *Gesellschaft – Wirtschaft – Politik, 60*(2), 165–170.

Sturm, R. (2011b). Die Schuldenbremse in den deutschen Ländern. In P. Biwald, P. Bußjäger, H. Pitlik, & M. Schratzenstaller (Hrsg.), *Koordinierung der Finanzpolitik im Bundesstaat. Stabilitätspolitik, Finanzausgleich, Schuldengrenze* (S. 176–186). Wien: NWV.

Vorländer, H. (2011). Verfassungstheorie und demokratischer Transitionsprozess. Der (ost-) deutsche Konstitutionalismus. In A. Lorenz (Hrsg.), *Ostdeutschland und die Sozialwissenschaften. Bilanz und Perspektiven 20 Jahre nach der Wiedervereinigung* (S. 245–250). Leverkusen: Budrich.

Williams, R. F. (1999). Comparative subnational constitutional law: South Africa's provincial constitutional experiments. *South Texas Law Review, 40*(3), 625–660.

Was – wie – warum: Forschungsdesigns zur Untersuchung von Verfassungsänderungen

2

Nach Barbara Geddes (2010) können politikwissenschaftliche Untersuchungen nur gelingen, wenn der Entwicklung eines Forschungsdesigns ausreichend Aufmerksamkeit geschenkt wird, wenn also – in den Worten von Peter Atteslander (2009, S. 4) – dargelegt wird, was wie und warum untersucht wird.[1] Ein solches Design dient nicht nur dazu, dem Weber'schen Objektivitätspostulat zu genügen (Weber 1988), sondern soll wissenschaftlichen Fortschritt erlauben – vorausgesetzt, ein solcher ist in den Sozial- und Geisteswissenschaften überhaupt möglich, was nicht Wenige bezweifeln.

Mit einem solchen, vom kritischen Rationalismus inspirierten Wissenschaftsverständnis nicht ohne Weiteres in Einklang zu bringen ist, dass keineswegs eindeutig klar zu sein scheint, was zu einem sozialwissenschaftlichen Forschungsdesign zwingend gehört. Für Bettina Westle (2009c, S. 133) umfasst ein Forschungsdesign – in einem weiten Sinne – eine „Vielfalt von Fragen, nämlich: Wie, wo, wie häufig und wann soll die empirische Beobachtung an welchem Ort erfolgen?" Von diesem sich auf die Datenerhebung konzentrierenden Verständnis unterscheidet sich Uwe Flicks (2009a, S. 253) Herangehensweise. Nach Flick sind in der qualitativen Sozialforschung eine ganze Reihe von „Komponenten" bei der „Konstruktion eines Forschungsdesigns" zu berücksichtigen. Ein Forschungsdesign sei, so Flick, ein „Mittel", mit dem sich „Theorierahmen, Fragestellung, Forschungs-, Generalisierungs- und Darstellungsziele mit den verwendeten Methoden und verfügbaren Ressourcen unter dem Fokus der Zielerreichung" verknüpfen lassen (U. Flick 2009a, S. 264). Er unterscheidet zwischen

---

[1]Zum ersten Mal habe ich entsprechende Überlegungen auf dem 9. Weltkongress der International Association of Constitutional Law in Oslo im Dezember 2010 vorgestellt. Die weiteren Ausführungen beruhen auf diesem Vortrag.

© Springer Fachmedien Wiesbaden GmbH, ein Teil von Springer Nature 2018
W. Reutter, *Verfassungspolitik in Bundesländern*,
https://doi.org/10.1007/978-3-658-21861-4_2

fünf „Basisdesigns der qualitativen Forschung": Fallstudien, Vergleichsstudien, retrospektive Studien, Zustands- und Prozessanalysen sowie Längsschnittstudien. Für Thomas Gschwend und Frank Schimmelfennig (2007, S. 14 f.) beruht jede Forschung auf einem Dialog zwischen Theorie und Daten; insoweit muss jede – empirische – Forschung dieselben „Kernprobleme" lösen: „die Definition der Forschungsfrage; die Spezifikation von Konzepten und Theorien; Operationalisierung und Messung; die Auswahl der Fälle und Beobachtungen; die Kontrolle von alternativen Erklärungen; und theoretische Schlussfolgerungen."

Auf die methodischen und epistemologischen Voraussetzungen dieser unterschiedlichen Forschungsdesigns kann nicht eingegangen werden, zumal die weitere Untersuchung qualitative und quantitative, rekonstruierende und statistische Analyseverfahren kombiniert und mehrere Forschungsdesigns nutzt. Dieser trianguläre Ansatz, bei dem Daten, Theorien, Methoden und Analyseverfahren kombiniert werden (U. Flick 2009b, S. 310; Creswell 2014, S. 215 ff.), soll im Weiteren erläutert werden. Im Anschluss an King et al. (1994) wird daher, erstens, die Forschungsfrage entwickelt und begründet (Abschn. 2.1), zweitens werden einschlägige theoretische Ansätze vorgestellt (Abschn. 2.2), drittens wird diskutiert, welche grundlegenden Perspektiven zur Untersuchung von Verfassungsänderungen eingenommen werden (können) (Abschn. 2.3), und schließlich wird die Datengrundlage erläutert (Abschn. 2.4).

2.1 Verfassungsänderungen als politikwissenschaftliches „Rätsel": die Forschungsfrage(n)

Eine politikwissenschaftliche Untersuchung sollte nicht nur ein Thema oder einen Gegenstand aufweisen, also darlegen, „was" analysiert wird. Vielmehr sollte sie eine relevante Frage beantworten, d. h. ein oder mehrere „Rätsel" lösen (wollen) und angeben, wie das „Rätsel" gelöst oder die Antwort gefunden wurde. Das ist kaum mehr als eine Binsenweisheit empirischer Sozialforschung. Jedes Lehrbuch zu sozialwissenschaftlichen Methoden verlangt von seinen Leserinnen oder Lesern, eine Fragestellung zu entwickeln, wenn sie oder er eine Abschlussarbeit schreiben muss – besser: darf – oder Geld für ein Forschungsprojekt beantragen will. So klar mithin der Anspruch an eine wissenschaftliche Untersuchung formuliert werden kann, so schwierig scheint es zu sein, diesem Anspruch gerecht zu werden. Und die Schwierigkeiten fangen nicht selten bei der Frage oder den Fragen an, die eine Untersuchung beantworten soll. Denn: Was überhaupt ist eine politikwissenschaftlich relevante Frage? Das lässt sich kaum allgemeingültig beantworten

(Westle 2009a, b; Alemann und Tönnesmann 1995, S. 74 ff.). Im Anschluss an King et al. (1994, S. 12 ff.) sowie an Gschwend und Schimmelfennig (2007) lassen sich immerhin zwei Kriterien anführen, mit denen sich eine Forschungsfrage auf ihre Tauglichkeit hin prüfen lässt: wissenschaftliche Relevanz und/oder praktische Bedeutung.

Nach King et al. (1994, S. 14 ff.) ist eine Untersuchung wissenschaftlich relevant, wenn sie eine in der einschlägigen Forschung thematisierte Frage adressiert, wenn für ihre Beantwortung neue Daten zu erheben sind oder wenn mit ihr eine Theorie getestet werden kann. Mit Thomas Gschwend und Frank Schimmelfennig (2007, S. 15) kann man auch sagen: wenn sie den „Dialog zwischen Theorie und Daten über den aktuellen Forschungsstand hinaus vorantreibt". Ein solcher Anspruch ist auch der vorliegenden Studie unterlegt: Sie will den Forschungsstand zur Erklärung von Verfassungsänderungen „vorantreiben". Denn sie behandelt eine zentrale Frage der Forschung zu subnationaler Verfassungspolitik, sie beruht auf neuen Daten und wendet bisher in der einschlägigen Forschung zur Verfassungsänderungspolitik nicht angewandte Analyseverfahren an. G. Alan Tarr, einer der führenden amerikanischen Forscher zu diesem Thema, formuliert die Frage so: „the really interesting inquiry is explaining the reasons for the differences among subnational constitutions, i.e. why subnational units have made more or less use of the constitutional space available to them" (Tarr 2007, S. 15; vgl. auch Williams 2011; Williams und Tarr 2004). Das ist eine empirisch induzierte Frage, die sich keineswegs nur auf die Verfassungsentwicklungen der amerikanischen Bundesstaaten beziehen lässt, auf die Tarr rekurriert. Vielmehr lässt sie sich umstandslos auf die Verfassungspolitik in den deutschen Bundesländern anwenden. Gleichzeitig wurden für die Untersuchung neue Daten erhoben, um Theorien zu testen, mit denen Verfassungsänderungen erklärt werden.

Eine erste Analyse, die im dritten Kapitel vertieft und erweitert wird, bestätigt das wissenschaftliche Potenzial der Fragestellung. Werden alle Änderungen von Verfassungen einbezogen, die im Dezember 2017 in Kraft waren, wurden Landesverfassungen durchschnittlich alle drei Jahre geändert, also mehr als einmal in jeder Wahlperiode (Kap. 3). Allerdings: Die Änderungsfrequenz zwischen den Bundesländern streut zwischen 1,5 Jahren (Berlin) und knapp 25 Jahren (Sachsen). Hinzu kommt, dass im Zeitablauf ein Wandel stattgefunden hat. So hat sich die Häufigkeit von Verfassungsänderungen vor und nach der deutschen Vereinigung um knapp ein Jahr verkürzt, was überrascht. Denn es lässt sich plausibel vermuten, dass die jungen Verfassungen der neuen Bundesländer einen geringeren Änderungsbedarf aufweisen sollten als die deutlich betagteren der alten Bundesländer. Auf Grundlage dieser Vermutung müsste sich die Änderungsfrequenz erhöht haben. Damit lässt sich die zitierte Frage umformulieren und auf die Verfassungspolitik(en) in den Bundesländern anwenden: Die „wirklich interessante" Frage ist also: „Warum haben die Bundesländer ihren Spielraum zur Ausgestaltung ihrer Landesverfassungen unterschiedlich genutzt?"

Die Untersuchung verspricht aber nicht nur einen wissenschaftlichen Mehrwert, sondern besitzt zudem politische Bedeutung, erfüllt also auch das zweite von King et al. (1994, S. 14 ff.) genannte Kriterium. Denn, anders als vielfach angenommen, verweisen Häufigkeit, Formen und Themen der Verfassungsänderungen in den Bundesländern darauf, dass subnationale Verfassungspolitik in der Bundesrepublik Deutschland wichtiger geworden ist (Reutter und Lorenz 2016, S. 109 ff.; Reutter 2017). Dafür spricht, dass, wie erwähnt, die Häufigkeit von Verfassungsänderungen nach der Vereinigung zugenommen hat. Hinzu kommt, dass nach 1990 in einer ganzen Reihe von Bundesländern große Verfassungsreformen durchgeführt wurden. Während die Verfassungsrevisionen im Saarland (1956) und in Schleswig-Holstein (1990) noch vor der Wiedervereinigung initiiert und verabschiedet wurden, beschlossen Rheinland-Pfalz (1991 und 2000), Bremen (1994), Berlin (1995), Niedersachsen (1993) Hamburg (1996 und 2001) sowie Nordrhein-Westfalen (2016) nach dem Beitritt der fünf neuen Länder zum Geltungsbereich des Grundgesetzes umfassende Verfassungsänderungen.

Schließlich ist zu erwähnen, dass mit Verfassungsänderungen versucht wurde, Fachpolitiken zu konstitutionalisieren (Kap. 3), sie also zu verstetigen und unabhängig zu machen von kurzfristigen parteipolitischen Kalkülen. Änderungen von Landesverfassungen bezogen sich daher zunehmend auf übergreifende Themen wie das Staatsorganisationsrecht, spezifische Politikfelder oder das Mehrebenensystem. Verfassungsnovellen zum Staatsorganisationsrecht betrafen etwa die Stellung der Opposition in Landesparlamenten oder Informationsrechte der Abgeordneten insbesondere in Angelegenheiten der Europäischen Union. Policy-orientierte Regelungen in Form von Staatszielen oder sozialen Grundrechten wie die Schuldenbremse (Sturm 2011a, b), die Aufnahme von Kinderrechten (Lorenz 2015) oder Umweltschutz fanden ebenfalls Eingang in Landesverfassungen. Schließlich wurde die Europäische Union als Thema erkannt, das auch in Landesverfassungen seinen Ausdruck finden sollte (Abels 2013, 2015). Die europäische Integration wurde in mehreren Bundesländern zum Staatsziel aufgewertet; in Bayern und Baden-Württemberg wurden Landesparlamente darüber hinaus mit dem Recht ausgestattet, den Landesregierungen in ausgewählten Fällen mit einem verbindlichen Mandat auszustatten. Insgesamt zeigt dies, dass Verfassungspolitik in den Bundesländern an Bedeutung gewonnen hat und zwar sowohl politisch wie substanziell. Politisch, weil inzwischen jede in einem Bundesland gewählte Volksvertretung im Durchschnitt rund zwei Verfassungsänderungen verabschiedet, substanziell, weil sich Änderungen auf saliente Politikbereiche beziehen.

Abschließend lässt sich auf dieser Grundlage die übergreifende erkenntnisleitende Frage, warum die Änderungsfrequenzen der Landesverfassungen sich
unterscheiden, in zweierlei Hinsicht differenzieren. Die Fragen, die im Laufe der
Untersuchung beantwortet werden sollen, sind folglich: Was sind die Ursachen
für Verfassungsänderungen? Und welche Rolle spielt der Bundesstaat, also das
Mehrebenensystem? Antworten auf diese Fragen können nur empirischer Natur
sein, aber nicht ohne theoretische Grundlagen gefunden werden.

2.2 Verfassungsänderungen: Theorien

Verfassungstheorien sollten erklären können, wie und unter welchen Voraussetzungen die Ordnungs- und Integrationsfunktion einer rechtlichen Grundordnung
gewährleistet werden kann. Um diese Funktion dauerhaft erfüllen zu können,
sind Verfassungen an gesellschaftlichen und politischen Wandel anzupassen. Verfassungsänderungen sind also Manifestationen der doppelten Anforderung nach
Stabilität und Flexibilität der rechtlichen Grundordnung (Behnke und Benz 2009;
Benz 1993, 2011, 2013; Benz und Colino 2011). Verfassungstheorien sollten –
vielleicht nicht primär, aber doch auch – darüber Auskunft geben können, warum,
wie und wie häufig Verfassungen geändert werden müssen oder sollen. Die gängigen Verfassungstheorien erfüllen, so Andreas Busch oder Astrid Lorenz, diese
Anforderung nicht. Zwar bieten Hans Kelsens „Reine Rechtslehre", Carl Schmitts
„Verfassungslehre" oder Rudolf Smends „Integrationslehre" (Kelsen 1960;
Schmitt 1993; Smend 2010) normative Maßstäbe für die Bewertung von Ver-
fassungsprozessen, aber theoretisch grundierte Erklärungen, wie oft und warum
Verfassungsänderungen vorgenommen werden sollten, sind nicht vorhanden. Für
die deutsche Staatsrechtslehre waren Verfassungsänderungen, so Andreas Busch
(1999, S. 557), „kein zentrales Thema"; deswegen gebe es auch „keine ausgefeil-
ten Theorien" (Busch 1999, S. 557) zur Erklärung von Grundgesetzänderungen.
    Nicht anders scheint dies in der Subdisziplin der vergleichenden Politik-
und Rechtswissenschaft: Jedenfalls konstatieren Ran Hirschl (2005), Christer
Karlsson (2015) und Astrid Lorenz (2008): dass die vergleichende Forschung zu
Verfassungsänderungen „under theorized" (Hirschl 2005, S. 125) sei, theoretisch
konzeptionslos (Karlsson 2015, S. 3) oder aus einem „Puzzle" bestehe von oft
„vage[n] Annahmen, Reflexionen über bestimmte Verfassungsfragen [...] oder
Behauptungen, die dem empirischen Vergleichstest entweder nicht standhalten
oder sich einem solchen Test [...] entziehen" (Lorenz 2008, S. 28).
    Dessen ungeachtet unterscheidet Busch drei Ansätze zur Erklärung von
Grundgesetzänderungen: einen historisch-strukturalistischen Ansatz, der die

Änderungen als „Verfassungsergänzung und Verfassungsvollendung eines
zu Beginn bewußt unvollständigen Grundgesetzes" verstehe (Robbers 1989,
S. 1325), einen verfassungsrevisionistischen Ansatz, nach dem die Änderungen
des Grundgesetzes einen autoritären Staat hervorgebracht hätten (Seifert 1977;
Abendroth 1974), sowie einen institutionentheoretischen Ansatz, in dem die
Änderungshäufigkeit von Verfassungen vor allem als Funktion verstanden wird
der Änderungsbedingungen, also der Rigidität (Busch 1999, S. 565).

Astrid Lorenz (2008, S. 28 ff.) macht in der vergleichenden Politikwissenschaft
sogar vier Erklärungsansätze aus: „institutionalistische", „kulturalistische", „historisch-
soziologische" sowie „Rational-Choice-Ansätze". „Institutionalistische" Ansätze
unterstellen, so Lorenz, einen formell-rechtlichen Verfassungsbegriff. In ihnen
gehe es darum herauszuarbeiten, wie und warum Änderungen des Verfassungstextes erfolgt seien. Im Vordergrund stehe *constitutional engineering,* die
technische Anpassung einer Verfassung an geänderte Rahmenbedingungen. Erklärt
werden die inkrementalen, formalen Änderungen durch Merkmale der Verfassung
selbst wie die Länge einer Verfassung oder deren Änderungshürde (Lutz 1994;
M. Flick 2008). Werteorientierte – „kulturalistische" – Theorien begreifen Verfassung,
nach Lorenz, als materiellrechtliches Normengefüge, in dem grundlegende Vorstellungen über Gesellschaft und Staat zusammengefasst sind. In diesen Ansätzen geht
es weniger um die einzelne Norm einer Verfassung, sondern darum, welche verfassungsrechtlichen Gestaltungs- und Strukturprinzipien sich in einer historisch-
spezifischen Epoche Geltung verschaffen. Verfassungswandel kann dabei formell
durch Verfassungsänderungen oder informell durch Verfassungsinterpretation indu-
ziert sein (Vorländer 2002; Grimm 1994; Böckenförde 1999). Nach Lorenz (2008,
S. 30 f.) unterstellen „historisch-soziologische" Theorien, dass es zwischen Verfassungstext und Verfassungswirklichkeit zu funktionalen Inkongruenzen kommen
kann, die durch formale Änderungen auszugleichen sind. Verfassungsänderungen
gehen in dieser Perspektive auf im historisch-gesellschaftlichen Wandel und können sich gegebenenfalls – mit entsprechender Verzögerung – im Verfassungstext
niederschlagen (Loewenstein 1961). Zentrales Merkmal ist allerdings, dass der
gesellschaftliche Strukturwandel gleichzeitig Ausdruck und Ursache ist für Verfassungsänderung. In „Rational-Choice-Ansätzen", die sich der neuen politischen
Ökonomie verpflichtet fühlen, ist eine Verfassung das Ergebnis von rationalen
Kosten/Nutzen-Abwägungen (Buchanan und Tullock 1986). Normative Ziele sind
mit der Verfassung nicht verbunden. Mit Astrid Lorenz (2008, S. 32) lässt sich
diese Position wie folgt zusammenfassen: Rationale Akteure „initiieren, befürwor-
ten bzw. akzeptieren Verfassungsänderungen dann – und nur dann –, wenn oder
sobald von ihnen ausgehende oder erwartete Nutzen bis hin zu mehr individueller
Handlungsfreiheit die Kosten des Wandels […] übersteigt".

In der vergleichenden Forschung zu subnationalen Verfassungsänderungspolitiken finden sich ähnliche Konzepte. So steht die inzwischen klassische Studie von Donald S. Lutz (1994), der Verfassungsänderungen in 50 amerikanischen Bundesstaaten sowie von 32 nationalen Verfassungen vergleichend untersucht hat, in einer institutionentheoretischen Tradition. Lutz (1994) erklärt Verfassungsänderungen primär mit Merkmalen der Verfassungen selbst, nämlich ihrer Länge und ihrer Rigidität (Ferejohn 1997). G. Alan Tarr sieht dagegen die Häufigkeit von Verfassungsänderungen in den amerikanischen Bundesstaaten seit dem 18. Jahrhundert nicht allein durch institutionelle Faktoren bedingt, sondern auch durch politische, kulturelle und nationale Entwicklungen geprägt (Tarr 2000). Im Anschluss an die skizzierten Theorien und auf Grundlage der oben entwickelten Fragestellung(en) werden im Weiteren vier theoretische Konzepte geprüft und getestet (Reutter 2017).[2]

Erstens, verfassungstheoretische Konzepte unterstellen, dass Häufigkeit und Reichweite von Verfassungsänderungen sich aus formalen Merkmalen der Verfassung selbst erklären (Lutz 1994; M. Flick 2008; Roberts 2009; Lorenz 2008, S. 28 ff.; Reutter 2008; Reutter und Lorenz 2016, S. 105 f.; Ferejohn 1997). Sie stellen insoweit eine Spielart institutionentheoretischer Überlegungen dar (March und Olsen 1989), weil sie davon ausgehen, dass Länge, Alter oder Rigidität einer Verfassung sich ursächlich auswirken auf Anzahl und Inhalt von Verfassungsänderungen. So weisen längere Verfassungen mehr und detailliertere Bestimmungen auf als kürzere, bieten also mehr Ansatzpunkte für Änderungen. In ähnlicher Weise kann argumentiert werden, dass ältere Verfassungen häufiger und umfassender an sich wandelnde Zeitläufte anzupassen sind als jüngere. Schließlich verweist die Rigidität einer Verfassung auf formale Hürden – wie etwa die Anforderung einer qualifizierten Mehrheit –, die bei einer Änderung überwunden werden müssen. Üblicherweise enthält eine Verfassung entsprechende Bestimmungen. Es wurde daher schon vielfach überprüft, ob und inwieweit sich die Rigidität auf die Änderungshäufigkeit einer Verfassung niederschlägt. Angenommen wird, dass je rigider eine Verfassung ist, desto weniger Änderungen wird sie erfahren (M. Flick 2008; Lutz 1994; Tarr 2000; Roberts 2009; Lorenz 2008, S. 354 ff.; Ferejohn 1997; Reutter und Lorenz 2016, S. 105 f.).

Zweitens, strukturtheoretische Ansätze erklären Häufigkeit, Reichweite und Inhalt von Verfassungsänderungen mit exogenen Faktoren, also mit strukturellen Rahmenbedingungen. Darunter lassen sich unterschiedliche Varianten subsumieren. Lorenz'

---

[2]Da nicht klar ist, wie Akteure Kosten und Nutzen von verfassungspolitischen Entscheidungen „messen", um den „break even point" zu bestimmen, der sie eine Verfassungsänderung akzeptieren lässt, bleiben Rational-Choice-Ansätze unberücksichtigt.

kulturalistische Ansätze fallen ebenso darunter wie Buschs historisch-strukturalistische Erklärung (Tarr 2000, S. 55 f., 2014; Lorenz 2008; Loewenstein 1961; Busch 1999, 2006). Solche Faktoren bleiben in der vorliegenden Untersuchung allerdings unberücksichtigt. Vielmehr soll herausgearbeitet werden, ob und inwieweit verfassungspolitische Entwicklungen sich auf konsensdemokratische Strukturen zurückführen lassen, also auf Funktionsprinzipien des „Staates der Großen Koalition". Beispielhaft sei Manfred G. Schmidts (2011, S. 319 ff.) Untersuchung zu den Änderungen des Grundgesetzes angeführt. Für Schmidt (2008) sind Entscheidungen, die eine qualifizierte Mehrheit erfordern, Manifestationen des „Grand Coalition State" oder der deutschen Konsensdemokratie (Lijphart 1999). Im „Grand Coalition State" (Schmidt 1987, 2008; Reutter 2010), stoße der Parteienwettbewerb, also der Kampf um Machtverteilung, auf starke Kooperationszwänge, weil:

> Die meisten bedeutenden Gesetzgebungen, insbesondere der Verfassungsänderungen und zustimmungspflichtigen Gesetze, erfordern die Zustimmung der Zweidrittelmehrheit bzw. der Mehrheit im Bundestag und im Bundesrat. [...] Insoweit ist die Bundesrepublik selbst dann ein ‚Staat der Großen Koalition', wenn im Bund eine kleine Koalition regiert (Schmidt 2011, S. 41 f.; vgl. auch Contiades und Fotiadou 2013, S. 445).

In der Verfassungspolitik sollten folglich auch in den Bundesländern konsensuale Handlungsmuster und Entscheidungsprinzipien dominieren.

Drittens, und mit den gerade genannten Konzepten überlappend, sind föderalismustheoretische Ansätze zu prüfen. Als „politisches Grundprinzip" umfasst Föderalismus, wie ausgeführt (Kap. 1), „die freie Einung von differenzierten, grundsätzlich gleichberechtigten, in der Regel regionalen politischen Gesamtheiten, die auf diese Weise zu gemeinschaftlichem Zusammenwirken verbunden werden sollen" (Hesse 1993, S. 90). Dies schließt ein, dass nicht nur dem Bund, sondern auch den Ländern Staatsqualität zukommt und diese damit das Recht genießen, sich eine Verfassung zu geben oder diese zu ändern. Gleichzeitig müssen Landesverfassungen dem Homogenitätsgebot des Art. 28 Abs. 1 GG entsprechen und dem im Grundgesetz ausformulierten „Grundsätzen des republikanischen, demokratischen und sozialen Rechtsstaates" genügen. Konrad Hesse hat schon 1962 mit dem Oxymoron vom „unitarischen Bundesstaat" (Hesse 1962) auf diese Spannungslagen im kooperativen Föderalismus deutscher Provenienz hingewiesen, der, so eine einflussreiche politikwissenschaftliche Deutung, ohnehin nur noch „verkappter Einheitsstaat" sei (Abromeit 1992; Scharpf et al. 1976; Lehmbruch 2000; Laufer und Münch 2010; anders: Benz 1985; Kropp 2010; Reutter 2006; Blumenthal 2009).

Diese kritische Rezeption bundesstaatlicher Funktionsprinzipien und Folgen nimmt zwar auf Landesverfassungen keinen wahrnehmbaren Bezug. Landesverfassungen spielen in diesen Konzepten schlicht keine Rolle. Gleichwohl scheint die Debatte um Status und Bedeutung der rechtlichen Grundordnungen der Bundesländer wie ein Echo auf die skizzierte politikwissenschaftliche Diskussion um Föderalismus. So ist für manche die Hessische Verfassung „verstummt", weil sie von bundesrechtlichen Regelungen „übertönt" würde (Cancik 2003). Insgesamt, so die ganz überwiegende und bereits zitierte Auffassung von Staatsrechtlern/innen, stünden Landesverfassungen „im Schatten des Grundgesetzes"; ihnen käme auch aufgrund der europäischen Integration bestenfalls noch eine „provinziell[e] Bedeutung" zu (Möstl 2005, S. 354; vgl. auch Stiens 1997, S. 23 f.; Braunschweig 1993, S. 13 ff.). Zu prüfen ist mithin, inwieweit die Verfassungspolitik der Bundesländer lediglich Korollar bundesstaatlicher Vorgaben ist oder Ausdruck eigenständiger Entscheidungen.

Eine vierte und letzte theoretische Richtung nimmt einen blinden Fleck in den bisher dargestellten Ansätzen in den Blick: Akteure. Denn unabhängig von der Bedeutung von Änderungshürden, strukturellen Einflüssen oder konsensdemokratischen Handlungszwängen bedarf es stets individueller oder kollektiver politischer Akteure, die verfassungsändernde Gesetzgebungsverfahren in Gang setzen und beschließen. Im vorliegenden Kontext stehen dabei vor allem Parteien im Zentrum des Interesses. Parteien sind ohne Zweifel zentrale Akteure in parlamentarischen Demokratien. Ihr Einfluss wurde in einer Reihe von Studien, die sich mit Verfassungspolitik beschäftigen, eingehend untersucht (Lorenz 2008; Benz 1993; Tarr 2014; Reutter 2015a, b, 2017; Reutter und Lorenz 2016). Zwei Annahmen sind in diesem Zusammenhang von Bedeutung: Einerseits unterstellen Contiades und Fotiadou (2013, S. 426), dass die Strukturen von Parteiensystemen „have great impact on constitutional change". Danach ergibt sich aus der Fragmentierung eines Parteiensystems, also aus der Anzahl effektiver Parteien, welche und wie viele Parteien einer Verfassungsänderung zustimmen müssen. Kurz gesagt: Je höher die Anzahl effektiver Parteien in einem Parlament, desto schwieriger ist es, das Mehrheitserfordernis zu erfüllen, und desto seltener sollten Verfassungsänderungen beschlossen werden. Andererseits ist es möglich, dass weltanschauliche Positionen eine Rolle spielen. Aufgrund der stärker staatsinterventionistischen Ausrichtung von linken Parteien kann vermutet werden, dass diese Parteien eher dazu tendieren, die verfassungsrechtlichen Bestimmungen auszubauen (Beutler 1977; Reutter und Lorenz 2016, S. 107 f.).

Nicht alle der aufgeführten Theorien und Konzepte lassen sich mit denselben Daten und denselben Methoden in gleicher Weise überprüfen. Deswegen scheint es notwendig, die oben entwickelten Forschungsfragen aus mehreren Untersuchungsperspektiven zu beleuchten, wobei stets dieselbe erkenntnisleitende „really interesting inquiry" nach den Ursachen der variierenden Verfassungsänderungspolitiken in den Bundesländern unterlegt ist.

2.3   Untersuchungsperspektiven: vorwärts- und rückwärtsblickend

Über subnationalen Verfassungswandel existiert keine Untersuchung, die nicht vergleichend ist. Implizit oder explizit beziehen sich einschlägige Studien stets auf Unterscheide und Gemeinsamkeiten zwischen subnationalen Verfassungen und produzieren zumindest „dichte Beschreibungen", „Taxonomien" oder „Klassifikationen" (Hirschl 2014, S. 225 und passim; Williams 1999, 2011; Ginsburg und Posner 2010; Dinan 2008; Tarr 2000; Blokker und Reutter 2015; Lorenz und Reutter 2012). Es lässt sich sogar sagen, dass die Untersuchung von Verfassungswandel methodologisch zwingend einen Vergleich einschließt: Denn Verfassungsänderung bedeutet, die Substitution eines Verfassungstextes durch einen anderen; damit sind schon zwei Bezugspunkte gegeben, also ein Vergleich obligatorisch. Vergleichen ist mithin unvermeidlich, wenn Verfassungsänderungen und deren Ursachen analysiert werden sollen (Williams 2011; Williams und Tarr 2011; Hirschl 2014). Nach Vicki C. Jackson (2010) lässt sich mit einem solchen Vergleich das Verständnis für die eigene Verfassung und für Verfassungen anderer Länder erhöhen (Williams 2011, S. 1109). Wichtiger für den vorliegenden Zusammenhang ist aber der methodologische Mehrwert, den ein Vergleich verspricht. Denn er bietet grundsätzlich die Möglichkeit, Theorien empirisch zu überprüfen und allgemeine Erklärungen für Verfassungswandel zu entwickeln. Die Frage ist daher nicht, ob wir vergleichen, sondern wie wir vergleichen. Folgt man Ran Hirschl (2014) und anderen, erfüllen viele Studien über Verfassungsänderungen die Anforderungen nicht, die ein Vergleich mit wissenschaftlichem Anspruch notwendig beinhaltet.

Nach Ran Hirschl zeichnen sich vergleichende Studien zum Verfassungswandel und zum Verfassungsrecht – zumindest diejenigen „produced by legal academics" (Hirschl 2014, S. 278) – oft dadurch aus, dass „basic methodological principles of controlled comparison, research design, and case selection" ignoriert oder nicht ausreichend berücksichtigt werden (Hirschl 2005, 2014, S. 278). Werden die von Hirschl (2014, S. 232 ff.) genannten Typen des Verfassungsvergleichs der von Aarebrot und Bakka (1997, S. 37) sowie von Muno (2003) entwickelten und von mir angepassten Typologie vergleichender Analyse zugeordnet, lassen sich die in Abb. 2.1 aufgeführten Untersuchungstypen von – mehr oder weniger vergleichender – Provenienz unterscheiden: Einzelfallstudien, die nur deswegen als komparativ gelten, weil die Autorin oder der Autor über ein Land schreibt, in dem sie oder er nicht geboren und aufgewachsen ist (Hirschl 2014, S. 232 f.). Einen zweiten Typus beschreibt Hirschl als „self-reflection or betterment through analogy, distinction, and contrast" (Hirschl 2014, S. 235). In solchen Studien werden Vergleiche eher ad hoc, intuitiv und unsystematisch

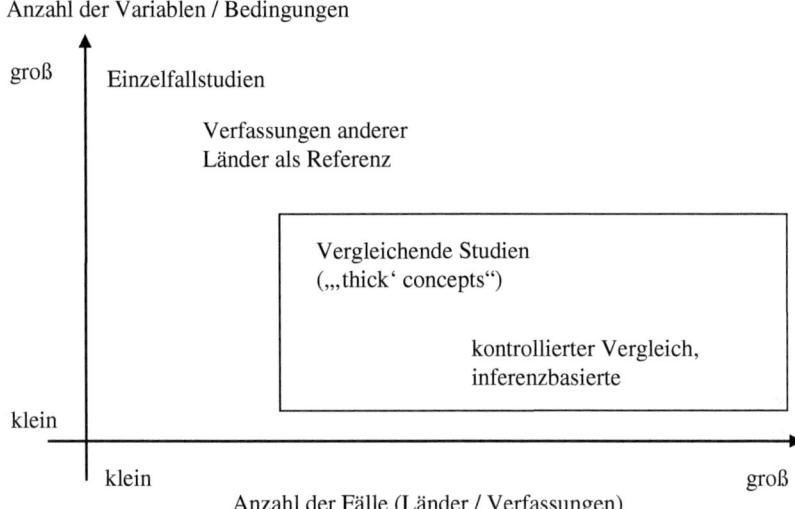

Anzahl der Variablen / Bedingungen

groß | Einzelfallstudien

Verfassungen anderer
Länder als Referenz

Vergleichende Studien
(„'thick' concepts")

kontrollierter Vergleich,
inferenzbasierte

klein

klein   groß
Anzahl der Fälle (Länder / Verfassungen)

Abb. 2.1 Vergleichende Verfassungsstudien: Untersuchungstypen. (Quelle: Eigene Darstellung, nach Muno 2003, S. 114; Hirschl 2014, S. 232 ff.; eigene Übersetzung)

angestellt. Hirschl betrachtet beide Typen als nicht „wirklich" – nicht „truly" – vergleichend. Sie treffen keine Aussagen darüber, wie welche Fälle aus welchen Gründen verglichen werden. Ihnen fehlt, so Hirschl (2014, S. 237), „methodologische Kohärenz". Nach Hirschl (2014, S. 225 ff.) gibt es nur zwei Typen von Untersuchungen, die wissenschaftliche Standards erfüllen: „'thick' concepts" und „controlled comparisons". „Thick concepts" sind im Sinne von Clifford Geertz (2003) „dichte Beschreibungen" von verfassungsrechtlichen Regelungen, die denselben Gegenstand betreffen und in unterschiedlichen Ländern zu finden sind. Sie tragen dazu bei, „not only to the mapping and taxonomy of the new constitutionalism world, but also to the creation of pertinent conceptual framework for studying comparative constitutionalism" (Hirschl 2014, S. 240). Dagegen zielen „kontrollierte Vergleiche", „controlled comparisons", darauf, Theorien auf Grundlage von inferenzbasierten Untersuchungen und wissenschaftlich anerkannter Methoden und Verfahren überprüfen und ggfs. verbessern zu können (Hirschl 2014, S. 244 ff.).

Bemerkenswert an diesen Überlegungen ist nicht nur das harsche Urteil, das Hirschl über vorwiegend rechtswissenschaftliche Verfassungsvergleiche fällt. Bezeichnend ist vielmehr auch, dass für die empirische Sozialwissenschaft diese Erkenntnisse wenig Neues enthalten. So hat Arend Lijphart schon 1971 darauf hingewiesen, dass die „vergleichende Methode" – zusammen mit statistischen Verfahren und Experimenten – auf wissenschaftliche Erklärungen zielen, die aus zwei Elementen bestehen: aus empirisch überprüfbaren Beziehungen zwischen zwei oder mehr Variablen einerseits und der Kontrolle aller anderen Variablen andererseits. Diese beiden Elemente, so Lijphart, „are inseparable: one cannot be sure that a relationship is a true one unless the influence of other variables is controlled. The *ceteris paribus* condition is vital to empirical generalizations" (Lijphart 1971, S. 683). Sieht man einmal davon ab, dass Lijpharts Ansatz selbst nicht ohne Probleme ist – so ist etwa die Unterscheidung zwischen statistischen Verfahren und Experimenten wenig überzeugend (Lijphart 1975; Jahn 2005, S. 58 ff.; Sartori 1970) –, verweist diese Herangehensweise auf die in der Vergleichenden Politikwissenschaft wohl bekannteste Untersuchungsanordnung: auf das „most similar systems design", das inspiriert ist von John Stuart Mills „System of Logic" und dessen Versuch, wissenschaftlich zu „wahren" Aussagen zu kommen (Mill 1996). Mills „method of difference" wurde von Adam Przeworksi und Henry Teune an die Anforderungen vergleichender Forschung angepasst. Sie entwickelten zwei Designs: das „most similar cases design" und das „most different cases design" (Przeworski und Teune 1970, S. 37), die sich beide durch drei Merkmale auszeichnen: sie sind empirisch grundiert, sie entsprechen Karl Poppers (2005) Wissenschaftsverständnis vom „kritischen Rationalismus" und sie versuchen, möglichst viele Variablen zu kontrollieren. Offensichtlich handelt es sich hierbei um eine Forschungsstrategie, die klare Kriterien für die Fallauswahl impliziert und die besonders gut geeignet ist, um Beziehungen zwischen Variablen zu testen (Hirschl 2014, S. 245 ff.; Westle 2009c; Krumm et al. 2009, S. 75 ff.).

Die dargestellten theoretischen Ansätze lassen sich ohne Weiteres mit den von Hirschl herausgearbeiteten vergleichenden Untersuchungstypen verknüpfen. Sie teilen zudem eine grundsätzliche methodische Orientierung. Sie sind „X-zentriert" oder vorwärtsblickend. Sie unterstellen, dass eine Ursache – oder eine unabhängige Variable – in unterschiedlichen Fällen zu den stets gleichen Folgen führt (oder führen sollte). Beispielsweise werden Länge, Rigidität, kulturelle Faktoren oder politische Macht als Ursache oder als unabhängige Variablen betrachtet, um die Änderungshäufigkeit einer Verfassung, die abhängige Variable, zu erklären. Ein solcher kausaler Schluss scheint möglich und plausibel, wenn die Annahme zutrifft, dass sich die eine Variable ändert, wenn sich die andere ändert. Findet sich für diese Annahme keine empirische Bestätigung, lässt sich schlussfolgern, dass auch die unterstellte Kausalbeziehung nicht existiert.

Diese Logik des kausalen Schließens, die sich umstandslos in ein wissenschaftlich anerkanntes Untersuchungsdesign übersetzen lässt und grundsätzlich einer deduktiv-nomologischen Forschungstradition folgt, tritt in Lorenz' Studie deutlich

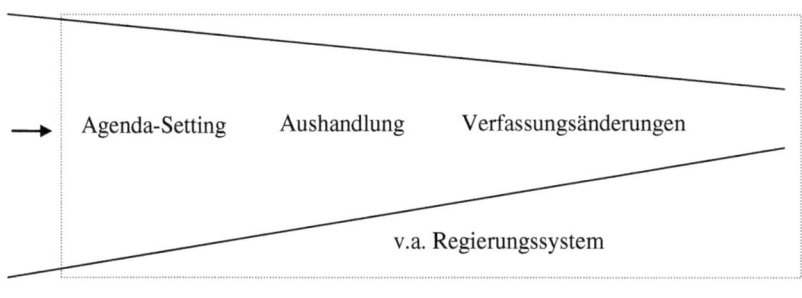

Makrotheoretische	Meso- und akteurbezogene Ansätze
Ansätze (Gesellschaft,	(Rationalismus, Neoinstitutionalismus,
Geschichte, Kultur,	Verhandlungstheorien, sozial-psychologische
Institutionen)	Erklärungen; Diskurstheorie.)

Abb. 2.2 „Verfassungspolitischer ‚Kausalitätstrichter'" (nach A. Lorenz). (Quelle: Lorenz 2008, S. 34)

hervor. Die von ihr identifizierten Theorien integriert sie in ein übergreifendes Konzept und transformiert sie – angelehnt an die soziologische Wahlforschung, in diesem Fall an die Michigan School (Campbell et al. 1960, S. 24 ff.) – in den in Abb. 2.2 dargestellten „Kausalitätstrichter". Danach übersetzen sich soziostrukturelle Rahmenbedingungen und kulturelle Traditionen in politische Themen, die dann die Präferenzen der politischen Akteure prägen, die schließlich in Verhandlungen einen Ausgleich oder eine Art Gleichgewichtspunkt suchen müssen.

Es dürfte kein Zufall sein, dass die skizzierten Theorien *cum grano salis* dieselbe Erklärungsrichtung aufweisen, also X-zentriert sind. Denn dieses Design gilt in vielen Lehrbüchern, die sich mit Methoden der Politikwissenschaft beschäftigen, als dasjenige, das wissenschaftlichen Standards am besten entspricht. Allein solche Designs führen zu „wahren" Aussagen und zu überprüfbaren Argumenten, „so that the theories we propose and come to believe will have some lasting values" (Geddes 2010, S. 213; vgl. auch King et al. 1994, S. 12 ff.).

Allerdings weisen solche Forschungsdesigns auch Schwächen und Probleme auf. Zwei sind für den vorliegenden Zusammenhang besonders relevant: Zum ersten lassen sich in sozialwissenschaftlichen Untersuchungen die Kontextbedingungen kaum ausreichend kontrollieren. Die am naturwissenschaftlichen Experiment sich orientierende Versuchsanordnung, die im „most similar systems design" oder „most different cases design" ihre methodologische Entsprechung findet, lässt sich nicht ohne Weiteres für sozialwissenschaftliche Analysen fruchtbar machen, jedenfalls nicht ohne Kosten. Zum zweiten, die Beschreibung eines Falles mittels einer oder mehrerer Variablen reduziert soziale und politische Komplexität beträchtlich.

Es empfiehlt sich daher, Ursachen von Verfassungsänderungen aus variierender Perspektive zu beleuchten. Gschwend und Schimmelfennig unterscheiden dabei zwischen zwei grundlegenden Herangehensweisen: eine „vorwärtsblickende" oder „X-zentrierte" und eine „rückwärtsblickende" oder „Y-zentrierte". Beide Perspektiven zielen darauf, kausale Schlüsse empirisch zu überprüfen, nur wird der von Gschwend und Schimmelfennig betonte „Dialog" zwischen Theorie und Daten in unterschiedlichen Dialekten, vielleicht sogar Sprachen geführt. Im Anschluss an Ganghof (2016, S. 2 ff.) lassen sich die Unterschiede zwischen den beiden Designs wie folgt skizzieren: X-zentrierte Untersuchungen wollen, wie oben bereits ausgeführt, auf Grundlage einer spezifizierten Theorie herausarbeiten, welche Wirkungen eine – oder mehrere – erklärende Variable („X") auf eine zu erklärende Variable („Y") hat; sie wollen also einen kausalen Effekt isolieren und dessen Bedeutung „messen". Mit Y-zentrierten Designs wird, so Ganghof (2016, S. 4), untersucht, „wie mehrere komplementäre Theorien über kausale Effekte kombiniert werden können, um bestimmte Ereignisse oder Varianzen zu erklären".[3] Ein solches Design geht mithin vom zu erklärenden Phänomen aus und bezieht möglichst viele – im Idealfall sogar alle – Faktoren ein, die als ursächlich gelten können für das Outcome (Scharpf 2000, S. 57; Ganghof 2005, S. 88 ff., 2016; Gschwend und Schimmelfennig 2007, S. 21 ff.). Typischerweise finden sich solche Designs in der Policy-Analyse. Hier geht es nicht primär darum, eine Hypothese im Sinne des kritischen Rationalismus zu verifizieren oder zu falsifizieren oder Beziehungen zwischen Variablen zu testen. Vielmehr sollen Ursachen für Entscheidungen oder Phänomene identifiziert werden. Nach Fritz W. Scharpf (2000, S. 57 f.) liegt der Vorteil dieses Forschungsdesigns darin, der Komplexität politischer oder sozialer Verhältnisse besser entsprechen zu können. Werden die beiden grundlegenden Perspektiven kombiniert mit der Frage, ob viele oder wenige Fälle in eine Untersuchung einbezogen werden, ergeben sich die in Tab. 2.1 von Gschwend und Schimmelfennig aufgeführten Grundtypen von Forschungsdesigns.

---

[3]Ganghof führt zudem ein kontrastives Forschungsdesign ein, das dann herangezogen werden sollte, wenn es „für einen kausalen Effekt widersprüchliche theoretische Spezifizierungen gibt" (Ganghof 2016, S. 4). In der vorliegenden Untersuchung wird das mit einem kontrastiven Design verknüpfte Ziel allerdings schon durch das trianguläre Verfahren anvisiert.

Tab. 2.1   Grundtypen von Forschungsdesigns (nach Gschwend und Schimmelfennig)

		Typ kausaler Schlüsse	
		X-zentriert	Y-zentriert
Fallzahl	Groß	Statistische Kontrolle, Experimente	Prognose, qualitativ-vergleichende Methoden
	Klein	Kreuzvergleiche, Quasi-Experimente	Fallstudien

Quelle: Gschwend und Schimmelfennig 2007, S. 29

Die weitere Untersuchung stützt sich auf drei der in Tab. 2.1 genannten Forschungsdesigns: auf Fallstudien (kleine Fallzahl, Y-zentriert), auf statistische Analysen (große Fallzahl, X-zentriert) sowie auf qualitativ-vergleichende Verfahren (große Fallzahl, Y-zentriert). Eine solche trianguläre Herangehensweise ermöglicht sowohl die Überprüfung von Hypothesen in einem X-zentrierten Forschungsdesign als auch die Erklärung von Phänomenen im Rahmen eines Y-zentrierten Forschungsdesigns. Gleichzeitig sollen damit Schwächen der einen „Datenerhebungs- und Analyseart mittels Informationen und Analysetechniken der anderen Erhebungsweise" ausgeglichen werden (Pickel 2009, S. 524; vgl. auch U. Flick 2009b, 2011; Ganghof 2016; Lamnek 2010, S. 245 ff.; Kuckartz 2009, S. 354 ff.; Creswell 2014, S. 215 ff.). Den Y–zentrierten Designs, die der qualitativen Forschungstradition zuzurechnen sind, steht die in der quantitativen Forschungstradition stehende Regressionsanalyse gegenüber.

Gewählt wird dabei eine spezifische Variante der Methodenkombination: die Triangulation. Das Ziel besteht mithin nicht darin, quantitative und qualitative Verfahren in einem eigenständigen Untersuchungsdesign zu integrieren. Vielmehr sollen sequenziell die unterschiedlichen Methoden und Untersuchungsdesigns herangezogen und auf Grundlage der erhobenen Daten und der dargestellten Theorien angewandt werden (Kuckartz 2009, S. 356 ff.; U. Flick 2009b, 2011; Denzin 1989).

Damit einher geht, dass nicht in allen Analysen dieselben Fälle herangezogen werden können und mit denselben Daten operiert werden kann. Die „Fallauswahl" stellt ohnehin einen zentralen Aspekt in jeder empirischen Untersuchung zur Verfassungspolitik dar (Hirschl 2014; Merkens 2009). Der Fall, also die einzelne Untersuchungseinheit, die Grundlage ist für die Analyse, variiert im Weiteren mit dem Design. Ein „Fall" ist dabei keineswegs ein in der Realität klar abgrenzbarer Gegenstand, sondern lässt sich nach Charles C. Ragin (1992, S. 8 ff.) anhand zweier Dimensionen näher bestimmen (Tab. 2.2): Zum einen kann ein Fall eine empirische Einheit darstellen oder theoretisch konstruiert werden; zum zweiten

Tab. 2.2 Fallverständnis und Fallkonzeption (nach C.C. Ragin)

	Spezifisch (qualitativ)	Allgemein (quantitativ)
Empirische Einheiten	Gefundene Fälle	Objekte (entdeckt)
Theoretische Konstruktion	Gemachte Fälle	Konventionen

Quelle: Ragin 1992, S. 9; eigene Übersetzung

kann ein Fall spezifisch oder allgemein sein, also lediglich eine Idiosynkrasie darstellen oder generalisierbare Zusammenhänge repräsentieren.

„Gefundene Fälle": Das sind Fälle, die abgrenzbar in der sozialen Welt existieren, aber im Forschungsprozess konkretisiert und spezifiziert werden müssen.
Im vorliegenden Fall sind dies z. B. verfassungsändernde Gesetzgebungsverfahren. Sie lassen sich über qualitative Methoden erschließen (z. B. über Dokumen-
tenanalysen und Experteninterviews). Ziel ist eine „rekonstruierende Fallanalyse"
(Gläser und Laudel 2010). Fälle werden zu „Objekten", wenn sie „allgemeine
Konzeptionen" repräsentieren und dem wissenschaftlichen Forschungsprozess
vorausgesetzt sind und nicht dessen Ergebnis. Im vorliegenden Fall sind dies über
Variablen „gemessene" Dimensionen von verfassungsändernden Gesetzgebungsverfahren; heranziehen lassen sich dabei: die Rigidität, also die Änderungshürde,
oder die Häufigkeit und Reichweite von verabschiedeten Verfassungsänderungen. „Gemacht" sind Fälle, wenn sie Resultat theoretischer Überlegungen sind.
Sie sind „konstruiert", weil sie in der Wirklichkeit nicht existieren (müssen). Sie
stellen mithin keine empirisch zu findende oder zu entdeckende Einheit dar, sondern sind Ergebnis theoretischer Reflexion und empirischer Befunde. Unter diese
Rubrik fallen Verfassungspolitiken in einzelnen Bundesländern. Sie existieren aus
einer Kombination empirischer Befunde (Anzahl verfassungsändernder Gesetze,
identifizierbare Akteure etc.) und theoretischer Annahmen (Kongruenz von Ver-
fassungsraum und politischer Einheit). *Cum grano salis* entsprechen sie dem
Weber'schen „Idealtypus", der bloßes „Gedankenbilde" sein soll, das „nirgends
in der Wirklichkeit empirisch vorfindbar" ist (Weber 1988, S. 191). Es ist nach
Weber eine „Utopie" (Weber 1988, S. 191). Bei „Konventionen" löst sich die
Fallkonstruktion insgesamt von der empirischen Analyse und ist bloßes Resultat wissenschaftlicher Überlegungen. Für die vorliegende Untersuchung bleibt
diese Fallkonzeption ohne Relevanz. Von Bedeutung sind „gefundene Fälle", die
Grundlage sind für die Fallstudien in Abschn. 4.1, „gemachte Fälle", die ebenfalls für vergleichende Analysen herangezogen werden (Abschn. 4.2 und 4.3),
sowie Fälle als Objekte wie sie in der Regressionsanalyse zum Tragen kommen
(Abschn. 4.4).

2.4   Daten: Erhebung und Auswertung

Die Untersuchung zu den Verfassungsänderungspolitiken in den Bundesländern gründet sich auf unterschiedliche Verfahren der Datenerhebung und Datenauswertung. Die Analyse verfassungsändernder Gesetzgebungsverfahren beruht dabei im Wesentlichen auf drei Quellen: auf Parlamentaria, auf Experteninterviews und auf weiteren Quellen. Letztere umfassen Sekundärstudien (z. B. Bull 2003; Sachs 2002; Wuttke 1972, 1979; Hölscheidt 1995; Gunlicks 1996, 1998), Koalitionsverträge, Maße zur Struktur von Parteisystemen, zur Stärke einzelner Parteien und anderes mehr. Doch ist die Nutzung solcher Quellen wissenschaftliches Alltagsgeschäft und braucht an dieser Stelle nicht erläutert zu werden. Vielmehr soll im Weiteren dargelegt werden, wie Parlamentsdokumente erhoben wurden und welche Schwierigkeiten bei deren Auswertung aufgetaucht sind. Sodann werden die durchgeführten Experteninterviews beschrieben (Reh 1995; Schmid 1995; Noetzel et al. 2009; Bogner et al. 2014; Bogner und Menz 2002; Meuser und Nagel 1994; Lamnek 2010, S. 301 ff.).

2.4.1   Dokumentenanalyse: Erhebung und „Fallstricke" bei der Auswertung von Daten aus Parlamentsdokumentationen

Jede empirische Untersuchung benötigt Daten, die verfügbar und zugänglich sind. Für die Analyse von verfassungsändernden Gesetzgebungsverfahren in Bundesländern sind beide Bedingungen erfüllt, auch wenn die Erhebung der erforderlichen Informationen teilweise mit einem beträchtlichen Aufwand verknüpft ist. Verfügbar und zugänglich waren alle für die Untersuchung erforderlichen Parlamentaria wie Gesetzentwürfe, Änderungsanträge, Plenarprotokolle, Tagesordnungen und Beschlussempfehlungen von Ausschüssen. Ausschussprotokolle sind jedoch nur in Einzelfällen für die Öffentlichkeit einsehbar (ohnehin geben Ausschussprotokolle häufig lediglich die getroffenen Beschlüsse oder den Verlauf einer Diskussion wider). Doch insgesamt ist die Material- und Datengrundlage für die vorliegende Untersuchung als außerordentlich gut zu bezeichnen. Inzwischen unterhalten alle Landesparlamente Parlamentsdatenbanken, die im Internet die Dokumente und Protokolle online zur Verfügung stellen. Für frühere Wahlperioden wurden Daten gegebenenfalls über die Landtagsarchive bzw. Landtagsbibliotheken erschlossen. In Einzelfällen wurden Plenarsitzungen oder Anhörungen in Ausschüssen sogar aufgezeichnet und sind online verfügbar.

Da sich Zugriff und Datenrecherche zwischen den Landesparlamenten unterscheiden, soll kurz erläutert werden, wie jeweils vorgegangen wurde, um Gesetzentwürfe, Plenarprotokolle, Ausschussempfehlungen, verabschiedete Gesetze etc. in der jeweiligen Parlamentsdokumentation zu erheben:

- Baden-Württemberg: Der Landtag Baden-Württemberg verfügt über eine Parlamentsdokumentation, die über die „Schlagwortsuche" online erschlossen werden kann und in der sich ab der 9. Wahlperiode (1984/1988) parlamentarische Vorgänge über Schlagwörter, Drucksachennummern oder andere Formalkriterien finden lassen. Als Volltext im PDF-Format vorhanden sind Dokumente allerdings erst ab der 12. WP (1996/2001).[4] Für die Recherche im vorliegenden Zusammenhang wurde als Schlagwort in die Suchmaske eingegeben das Wort „Landesverfassung"; die daraufhin gelisteten Vorgänge wurden auf ihre thematische Relevanz geprüft und dann entsprechend ausgewertet. Die Informationen für die 1. bis 11. Wahlperiode wurden erhoben im Landtagsarchiv über: die für jede Wahlperiode von der Landtagsdokumentation erstellten Schlagwortregister, die Plenarprotokolle sowie die Drucksachen. Verantwortlich für den Inhalt der Parlamentsdatenbank ist der Landtag Baden-Württemberg, für die Technik das Statistische Landesamt (URL https:// www.landtag-bw.de/home/dokumente/parlamentsdokumentation.html).
- Bayern: Die Datenerhebung beim Bayerischen Landtag vollzog sich in ähnlicher Weise wie beim Landtag Baden-Württemberg. In der „Dokumentenrecherche" genannten Plattform des Bayerischen Landtages konnten Drucksachen und Protokolle ab der 6. Wahlperiode online abgerufen werden.[5] Hierfür steht eine differenzierte Suchmaske zur Verfügung. In die Maske der „erweiterten Suche" eingegeben wurde als Suchbegriff „Verfassung" und als Vorgangsart „Gesetzentwurf". Die daraufhin angezeigten Vorgänge wurden aufgerufen und ausgewertet. Für die ersten fünf Wahlperioden wurden die

---

[4]In der Zwischenzeit hat der Landtag die Webseite und die Dokumentenrecherche neu gestaltet; dargestellt ist die alte Vorgehensweise.

[5]Die Württembergische Landesbibliothek Stuttgart stellt Protokolle und Beilagen/Drucksachen der ersten elf Wahlperioden (1952 bis 1996) in digitalisierter Form bereit. Dieser Bestand lässt sich jedoch über keine Suchfunktion, sondern nur über die ebenfalls dort eingestellten Sach- und Sprechregister erschließen. Die Parlamentsdokumentation des Landtages Baden-Württemberg unterhält einen Link zu diesem Bestand: http://www.wlb-stuttgart. de/literatursuche/digitale-bibliothek/digitale-sammlungen/landtagsprotokolle/digitale-praesentation/zeitliche-gliederung/zeitraum-1952-1996/.

Akten im Landtagsarchiv eingesehen (URL: https://wwwbayern.landtag.de/
dokumente/drucksachen/).

- Brandenburg: Der Landtag Brandenburg stellt seit der 1. Wahlperiode alle
öffentlich zugänglichen Dokumente und Plenarprotokolle online zur Verfügung. In die Maske der Parlamentsdokumentation ELVIS eingegeben wurde
unter „erweiterte Suche" bei Dokumenttyp „Gesetzentwurf" und als Schlagwort „Landesverfassung" (URL: https://www.landtag.brandenburg.de/).

- Niedersachsen: Die Parlamentsdokumentation des Niedersächsischen Landtages – genannt: „NILAS-Datenbanken" – stellt unter „Parlamentsdokumente und
Beratungsvorgänge" Landtagsmaterialien ab der 10. Wahlperiode (1982/1986)
zur Verfügung (URL: http://www.nilas.niedersachsen.de/starweb/NILAS/start.
html). Sie umfasst zu jedem Vorgang eine inhaltliche Kurzbeschreibung, gibt
den Beratungsablauf wider und enthält gegebenenfalls Informationen über
Redebeiträge im Plenum. Da lediglich Daten ab der 12. Wahlperiode erhoben
wurden, musste das Landtagsarchiv nicht bemüht werden. In die Suchmaske der
Datenbank eingegeben wurde bei den Wahlperioden 12 bis 16 als Dokumenttyp:
„Gesetzentwurf" und unter der Rubrik „Thema" das Schlagwort: „Landesverfassung". Die danach aufgelisteten Vorgänge enthielten in 22 Fällen einen verfassungsändernden Gesetzentwurf.

- Nordrhein-Westfalen. In der Parlamentsdatenbank des Landtages Nordrhein-
Westfalen lassen sich Dokumente ab der 10. Wahlperiode online erschließen.
In die Suchmaske der „erweiterten Suche" wurde eingegeben unter „Doku-
menttyp" der Begriff: „Gesetzentwurf" und in der Rubrik „Schlagwort" der
Begriff „Landesverfassung". Wie in den anderen Fällen wurden die daraufhin angezeigten Vorgänge aufgerufen und ausgewertet. Drucksachen und
Plenarprotokolle aus früheren Wahlperioden lassen sich über die beschrie-
bene Vorgehensweise nicht finden. Die Dokumente zu den parlamentarischen
Gesetzgebungsverfahren der zweiten bis neunten Wahlperiode wurden daher
über die Schlagwortregister identifiziert und anschließend digital über die dort
angegebene Dokumentennummer aufgerufen und ausgewertet (URL: https://
www.landtag.nrw.de/portal/WWW/Webmaster/GB_II/II.2/Suche/Landtagsdo-
kumentation_ALWP/erweiterte_suche.jsp?wp=16).[6]

- Sachsen: Der Landtag Sachsen unterhält das elektronische Dokumentations-
system EDAS, in dem – wie im Landtag Brandenburg – alle parlamentarischen
Dokumente seit der 1. Wahlperiode online zur Verfügung gestellt werden. Die

---

[6]Die notwendigen Informationen über frühere Wahlperioden zur Verfügung gestellt hat mir
Sibylle Köhling vom Archiv des Landtags NRW. Ihr gilt mein besonderer Dank.

Dokumente lassen sich inhaltlich und formal erschließen und sind parlamentarischen Vorgängen zugewiesen. Wie bei den anderen Parlamentsdokumentationen lässt sich die Suche zeitlich, personell, inhaltlich und sachlich eingrenzen.
Berücksichtigt sind die bis zum Ende der 5. Wahlperiode, also bis 29. September
2013, eingebrachten und abgeschlossenen Entwürfe. In die Suchmaske eingegeben wurde unter Vorgangstyp: „GesEntw – Gesetzentwurf" und als Schlagwort
„Landesverfassung". Aufgelistet wurden hier 39 Vorgänge (URL: http://www.
landtag.sachsen.de/de/service/parlamentsdokumente/index.cshtml).

- Sachsen-Anhalt: Der Landtag von Sachsen-Anhalt unterhält die Dokumen-
  tationsdatenbank PADOKA, die alle Drucksachen und Plenarprotokolle des
  Landtages seit 1990 online zur Verfügung stellt (http://padoka.landtag.sach-
  sen-anhalt.de/starweb/PADOKA/index.htm). Informationen über Inhalt von
  Entwürfen, Verlauf von Gesetzgebungsverfahren u. ä. m. lassen sich in der
  „erweiterten Suche" recherchieren. Einzugeben sind in die Suchmaske unter
  „Dokumentart" der Begriff „Gesetzentwurf" und unter der Rubrik „Schlag-
  wort" der Begriff „Landesverfassung". Wie bei den anderen Parlaments-
  dokumentationen finden sich dabei bereits in der Vorgangsliste wichtige
  Informationen, die Dokumente können aber auch im Volltext ausgespielt wer-
  den. Ausgenommen sind hier allerdings Ausschussprotokolle.
- Schleswig-Holstein: Das Landtagsinformationssystem Schleswig-Holstein
  (LIS-SH) stellt alle Parlamentsdokumente und Beratungsvorgänge ab der 10.
  Wahlperiode (1983/1987) zur Verfügung; der Altbestand lässt sich über ein
  Register erschließen. In die Suchmaske eingegeben wurde unter den Suchbe-
  fehl „Typ" der Begriff: „Gesetzentwurf", und unter den Suchbefehl „Thema"
  der Begriff „Landesverfassung"; die daraufhin angezeigten Vorgänge wurden
  entsprechend den theoretisch entwickelten Fragestellungen ausgewertet.

Aus dem Dargelegten ergibt sich, dass Daten und Informationen sich auf zweierlei Ebenen finden. Einerseits wurden Originaldokumente wie Plenarprotokolle
oder Gesetzentwürfe im Volltext ausgewertet. Andererseits enthalten bereits die
Vorgangslisten grundlegende Informationen über Verfahrensart, Initiatoren, Ver-
fahrensablauf, Erfolg von Gesetzentwürfen etc. Illustrieren lässt sich dies am
Beispiel des Landtages Schleswig-Holstein, der folgende vom Parlamentsarchiv
aufbereitete Informationen in den Vorgangsbeschreibungen bereitstellt:[7]

---

[7]Auszunehmen ist hier allein der Landtag Saarland, dessen Bestand sich über keine Suchmaske in ausreichender Weise erschließen ließ.

- Titel des Vorganges (i. d. R. Entwurf eines Gesetzes zur Änderung der Verfassung)
- Einbringer (Fraktionen, Abgeordnete o. ä.)
- Drucksachennummer, Nummer der Umdrucke
- ggfs. Ergänzungsanträge
- inhaltliche Kurzbeschreibung (betroffene Artikel, Thema der Änderung etc.)
- Datum der 1. Lesung; Plenarprotokoll (Nr., Datum, Seitenangaben)
- Tagesordnungen und ggfs. Ausschussprotokolle (Nr. und Datum, Seiten)
- Bericht und Beschlussempfehlung des federführenden Ausschusses (einschl. Drucksachennummer und -datum)
- Datum der 2. Lesung; Plenarprotokoll (Nr., Datum, Seiten)
- ggfs. Änderungsanträge
- Beschluss: Annahme (Angaben über angenommene Fassung), Ablehnung, Quorum verfehlt
- ggfs. Informationen über Datum der Rücknahme, ob Entwurf für erledigt erklärt oder in der Wahlperiode nicht abschließend behandelt wurde
- bei Annahme: Datum des Gesetzes, Datum der Veröffentlichung
- Liste der Redner/innen in der 1. und 2. Lesung

Für die Analyse von verfassungsändernden Gesetzgebungsverfahren und für die Beantwortung der erkenntnisleitenden Fragestellungen finden sich bereits auf dieser Ebene wichtige Informationen, die von den Mitarbeiterinnen und Mitarbeitern des jeweiligen Parlamentsarchivs in Vorgangsbeschreibungen zusammengefasst wurden. Diese Daten erlauben beispielsweise, das Antragsverhalten von Akteuren empirisch zu erfassen, die Behandlung des Entwurfes im Zuge des parlamentarischen Verfahrens zu rekonstruieren oder die Dauer eines Verfahrens zu bestimmen. Auch das Ergebnis eines Gesetzgebungsprozesses ist dokumentiert. Selbstredend lassen sich darüber hinaus in den verlinkten Dokumenten weitere Daten und Informationen finden und für eine Auswertung heranziehen. Insgesamt liegt für die Untersuchung damit eine außerordentlich gute und breite Datengrundlage vor.

Gleichwohl weisen die Parlamentsdokumentationen einige „Fallstricke" auf, die bei einer wissenschaftlichen Auswertung zu berücksichtigen sind (Reutter 2007, S. 301 ff.; Schulze-Fielitz 1986). So können Entwürfe unzutreffend codiert worden sein wie etwa der Gesetzentwurf des Landtages NRW vom 20. Juni 1967 (Drs. 6/320), der im Sachverzeichnis als Regierungsvorlage ausgewiesen ist. Tatsächlich handelte es sich aber um eine von SPD, CDU und FDP gemeinsam ergriffene Initiative zur Schulreform. Derselbe Fehler findet sich beim Entwurf Drs. 7/1470, der mit Datum vom 18. Februar 1972 in den Landtag Nordrhein-Westfalen eingebracht wurde. Im Sachverzeichnis dieser Wahlperiode ist diese Drucksache als

Regierungsvorlage ausgewiesen, in der Ursprungsquelle sind jedoch die drei im Landtag vertretenen Parteien genannt (CDU, SPD, FDP). Eine stichprobenhafte Prüfung hat allerdings gezeigt, dass es sich hierbei um seltene Ausnahmen handelt. Eine Überprüfung der Angaben durch Aufrufen der Primärdokumente erfolgte daher lediglich ausnahmsweise und, wenn entsprechende Anhaltspunkte vorlagen.

Wichtiger ist, dass Parlamentsdokumentationen vorrangig Verlaufs- bzw. Arbeitsstatistiken des jeweiligen Parlamentes sind (Schulze-Fielitz 1986). Sie dokumentieren – wie ehemals die GESTA und seit der 16. WP das DIP im Bundestag[8] – die formalen Stationen von Gesetzgebungsverfahren, blenden damit notwendigerweise vorparlamentarische Entscheidungsprozesse ebenso aus wie informelle Absprachen und Verhandlungen, die außerhalb formaler parlamentarischer Verfahrensschritte stattfinden. Diese können zwar in Parlamentsdebatten erwähnt werden, doch bleibt dies zufällig. Zudem lassen sich solche Informationen nur mit großem Aufwand erschließen. Hinzu kommt, dass textidentische Entwürfe bestehen können, die getrennt in den Gesetzgebungsprozess eingebracht werden. So sind die Gesetzentwürfe im Landtag Schleswig-Holstein von CDU (Drs. 18/2116) und von CDU, SPD, FDP, Grüne, SSW, Piraten (Drs. 18/2115) identisch und unterscheiden sich zudem nur in einem Artikel (Art. 69) vom Antrag von CDU, Grüne, SPD, SSW und Piraten (Drs. 18/2361). Die Frage ist nun, wie diese Dokumente behandelt werden: als eigenständige Entwürfe, die – außer einem – zudem alle gescheitert sind.

Auch der Erfolg oder Misserfolg von Initiativen ist keineswegs immer ohne Weiteres aus der Parlamentsdokumentation zu erschließen. Denn abgelehnte, zurückgezogene oder für erledigt erklärte Entwürfe können in andere Verfahren überführt und inhaltlich berücksichtigt worden sein. Ebenso können Änderungsanträge eingebracht worden sein, die den weiteren Verlauf maßgeblich prägten. Auch die Bedeutung und das Gewicht von Ausschüssen oder von Ausschussempfehlungen können leicht überschätzt werden, weil Änderungsempfehlungen bloß technischer Natur sein können, den materiellen Gehalt des Gesetzentwurfes aber unberührt lassen. Schließlich sind die Angaben zu den Abstimmungsergebnissen keineswegs immer eindeutig. Lediglich bei namentlichen Abstimmungen, die nur in Ausnahmefällen und in der Regel nur auf Antrag durchgeführt werden, lassen sich die Ergebnisse einer Entscheidung präzise rekonstruieren. Bei nicht namentlichen Abstimmungen wird im Protokoll meist lediglich notiert, welche

---

[8]GESTA steht für: „Stand der Gesetzgebung des Bundes"; das Informationssystem dokumentierte die parlamentarische Behandlung der in den Bundestag eingebrachten Gesetzesvorhaben und wurde 2007 in die dann eingeführte Datenbank DIP aufgenommen.

Fraktion für und welche Fraktion gegen den Entwurf gestimmt hat und ob die notwendige Mehrheit erreicht wurde; ggfs. wird auch noch das Stimmverhalten einzelner Abgeordneter notiert. Diese „Fallstricke" der Gesetzgebungsstatistiken der Landesparlamente verweisen darauf, dass sich verfassungsändernde Gesetzgebungsverfahren nicht immer vollständig mit den erhobenen Daten abbilden lassen. Dies ist bei der Interpretation der Befunde zu berücksichtigen. Basis für die Analyse kann nur eine Annäherung an die Wirklichkeit sein, nicht deren Abbild. Die „Rekonstruktion", so realitätsnah sie auch sein möge, ist immer noch „Konstruktion".

Ein Beispiel, das die Grenzen der Rekonstruktion von Gesetzgebungsverfahren über die in der Parlamentsdokumentation erläuterten Stationen verdeutlicht, ist die 2016 abgeschlossene Verfassungsreform in Nordrhein-Westfalen. In der Dokumentation des Landtages Nordrhein-Westfalen sind lediglich die verfahrenstechnischen Rohdaten sowie einige inhaltliche Erläuterungen verzeichnet, in denen auch die Vorschläge der Verfassungskommission erwähnt sind (Landtag NRW, Drs. 16/1240 vom 27. Juni 2016). Doch wurde das Gesetzgebungsverfahren formal eröffnet mit der von SPD, CDU, Grüne und SPD eingebrachten Drucksache 16/12350 vom 28. Juni 2016. In der ersten Lesung am 8. Juli 2016, an der sieben Rednerinnen das Wort ergriffen, wurde zwar auf die Vorgeschichte verwiesen, doch fand dieser Vorlauf als formale Station des Gesetzgebungsverfahrens naturgemäß keinen Eingang in die Parlamentsdatenbank. Die umfassendste Verfassungsreform, die in diesem Bundesland seit Inkrafttreten seiner rechtlichen Grundordnung am 11. Juni 1950 verabschiedet wurde, musste denn auch nur in vier öffentlichen Anhörungen im Haupt- sowie im Rechtsausschuss beraten werden. Bereits am 30. September 2016 legte der Hauptausschuss seine Beschlussempfehlung vor, die allein redaktionelle Änderungen enthielt und vom Plenum in dritter Lesung am 5. Oktober 2016 angenommen wurde mit den Stimmen von SPD, CDU, Grünen und FDP sowie des fraktionslosen Abgeordneten Gerd Stüttgen (ehemals SPD); dagegen votierten die Abgeordneten der Piraten, ein Mitglied der CDU-Fraktion sowie der fraktionslose Abgeordnete Dietmar Schulz, der über die Landesliste der Piraten in den Landtag eingezogen war. Geändert, eingefügt und aufgehoben wurden damit 18 Artikel. In den in der Parlamentsdatenbank des Landtages aufgeführten Verlaufsdaten bleibt nicht nur der gesamte Vorlauf in der Verfassungskommission unberücksichtigt, sondern auch der Anlass, nämlich die vorzeitige Auflösung des Landtages Nordrhein-Westfalen. Denn mit dem Auflösungsbeschluss des Landtages vom 14. März 2012 fand die 15. Wahlperiode ein abruptes Ende; und mit dem Auflösungsbeschluss begann bis zur Neukonstituierung des Landtages am 31. Mai 2012 eine parlamentslose Zeit. Die nach der Landtagswahl neu gebildete rot-grüne Koalition vereinbarte daraufhin, die Verfassung des Landes zu reformieren (NRWSPD – Bündnis 90/ Die Grünen NRW 2012, S. 6; Reutter 2018).

Ein weiteres Beispiel, das die Fallstricke der parlamentarischen Gesetzgebungsstatistik illustriert, bezieht sich darauf, wie die Dauer eines Verfahrens bestimmt werden soll: Die Piraten brachten im Landtag NRW in der 16. WP bereits am 26. Juni 2012, also kurz nach Beginn der Legislaturperiode, einen verfassungsändernden Gesetzentwurf ein, mit dem ein obligatorischer Volksentscheid bei Verfassungsänderungen eingeführt werden sollte (Landtag NRW, Drs. 16/119). Der Entwurf wurde nach den Regeln der Geschäftsordnung auf die Tagesordnung der 6. Plenarsitzung des Landtages am 5. Juli 2012 gesetzt und vom Plenum an den Haupt-, Innen- sowie Rechtsausschuss zur weiteren Beratung überwiesen (Landtag NRW, PlPr 16/6 vom 5. Juli 2012, S. 196 ff.). Bis zum Ende der Legislaturperiode, also bis zum 31. Mai 2017, wurde der Entwurf weder in den Ausschüssen noch im Plenum erneut behandelt. Formal bestand der Entwurf damit bis zum Ende der Legislaturperiode fort und fiel dann dem Diskontinuitätsprinzip zum Opfer. Doch ist offensichtlich, dass dieser Entwurf schon „gestorben" war, bevor er im Plenum des Landtages überhaupt zum ersten Mal behandelt wurde. Was aber ist nun die Dauer dieses Verfahrens? Die wenigen Tage zwischen Einbringung und erster Lesung oder zwischen erster Lesung und Ende der Wahlperiode? Die formal korrekte Antwort, das Ende der Wahlperiode, würde allerdings der parlamentarischen Wirklichkeit nicht gerecht. Deswegen wurde in solchen Fällen entscheiden, die erste Lesung als Ende des Verfahrens zu betrachten.

Bei der Interpretation der Daten waren diese Fallstricke zu berücksichtigen. Doch ändert dies nichts daran, dass insbesondere Parlamentaria für die Beantwortung der oben genannten Fragen eine solide Grundlage bildeten. Sie stellen Informationen bereit über das Verhalten relevanter Akteure, über den Verlauf von verfassungsändernden Gesetzgebungsverfahren und über deren Ergebnisse. Ergänzt, komplettiert und korrigiert werden die Befunde durch Daten und Informationen, die in Experteninterviews erhoben wurden.

2.4.2 Experteninterviews als Datenquellen und als Grundlage zur Theoriebildung

Experteninterviews werden in der empirischen Sozialforschung zu unterschiedlichen Zwecken eingesetzt (Gläser und Laudel 2010, S. 11 ff.; Lamnek 2010, S. 316 ff.; Bogner und Menz 2002; Meuser und Nagel 2009, 1994). In der vorliegenden Untersuchung bilden sie Teil eines Methodenmixes und dienen einem doppelten Ziel: Sie sollen einerseits Befunde bestätigen, korrigieren oder vertiefen, die aufgrund anderer Verfahren oder in anderen Quellen schon erschlossen worden waren. Sie sollen zudem gewährleisten, dass Aspekte und Informationen berücksichtigt werden, die sich in einschlägigen Studien nicht finden. Andererseits wurde in den Interviews auch Interpretations- und Deutungswissen der Experten angesprochen und abgefragt. Es wurden also nicht nur Informationen und Sachkenntnisse erhoben; vielmehr sollten Experten auch erläutern, wie sie Verfassungspolitik in ihrem Bundesland oder ihrer Partei einordnen und erklären. Die Interviews gewannen damit eine theoriegenerierende Funktion.

Wer als Experte betrachtet werden kann, hängt vom Untersuchungsziel und vom Untersuchungsgegenstand ab. Für die vorliegende Studie waren Abgeordnete aus Landesparlamenten oder solche, die an verfassungsändernden Gesetzgebungsverfahren beteiligt waren, als Experten zu betrachten. Sie verfügen über spezielle Informationen und Kenntnisse, die sich weder in Dokumenten noch in anderen schriftlichen Quellen niedergeschlagen haben. Abhängig von ihrer Funktion im Forschungsvorhaben wurden die Interviews entsprechend ausgewertet. Sie ergänzen die Darstellung und fließen bei der Interpretation der Befunde ein. Die Interviews wurden – von einer Ausnahme abgesehen – aufgenommen und anschließend transkribiert. Verzichtet wurde auf eine Auswertung anhand der in einschlägigen Lehrbüchern entwickelten Verfahrensschritte (Zusammenfassung, induktive Kategorienbildung, Explikation und Strukturierung) (Gläser und Laudel 2010, S. 197 ff.; Mayring 2003; Lamnek 2010, S. 466 ff.) oder mittels computergestützter Verfahren. Eine solche aufwendige Auswertung ließ keine weiteren Erkenntnisse erwarten und schien aufgrund der den Interviews zugewiesenen Funktionen in dem Vorhaben auch nicht notwendig.

Zwischen Oktober 2013 und Juni 2015 wurden insgesamt 26 halbstrukturierte Interviews durchgeführt (Tab. 2.3). Bei solchen Interviews ist zwar ein Leitfaden vorhanden, dem in allen Gesprächen gefolgt werden soll. Aber weder sind Antwortmöglichkeiten vorgegeben noch ist dem Leitfaden in allen Gesprächen zwingend zu folgen. Je nach Situation und Gesprächsverlauf kann dadurch auf einzelne Aspekte vertiefend eingegangen werden (Schwarzmeier 2001, S. 443 ff.; Gläser und Laudel 2010, S. 111 ff.). Der Vorteil von halbstrukturierten Interviews besteht darin, dass in allen Gesprächen dieselben Fragen gestellt werden können, die Ergebnisse daher vergleichbar sind. Gleichzeitig ist die Gesprächsform flexibel genug, um situationsspezifisch auf Antworten eingehen zu können und den Deutungs- und Interpretationsangeboten des Experten bzw. der Expertin Raum zur Entfaltung zu geben. Durchschnittlich dauerte ein Interview rund 38 min. Das mit 15 min kürzeste Interview musste vorzeitig abgebrochen werden, weil in der Nähe des Landtages eine Weltkriegsbombe gefunden worden war und der Landtag daraufhin geräumt werden musste; das längste Interview dauerte genau eine Stunde.

Tab. 2.3 Experteninterviews: ausgewählte Merkmale (Nur die befragten Experten; Personen, die darüber hinaus bei Interviews anwesend waren, wurden nicht berücksichtigt)

	CDU/CSU	SPD	FDP	Piraten	SSW	B 90/Gr	Linke	FW	$\Sigma/(\emptyset)$
Anzahl der Interviewpartner/innen	4	8	3	3	1	4	2	1	26
Frauen	1	1	2	0	0	1	2	0	7
Männer	3	7	1	3	1	3	0	1	19
Jurist/in	3	3	3	1	0	2	2	1	15
Durchschnittsalter	57	61	47	37	50	47	38	52	51
Jahre im Parlament ($\emptyset$)	16	12	11	2	14	4	12	7	10
Leitungsfunktion[a]	3	5	1	0	1	2	0	1	13

[a]Leitungsfunktion: entweder in der Fraktion (innen- oder rechtspolitische Sprecher/in, Mitglied des Fraktionsvorstandes), im Parlament (Präsident/in, Vizepräsident/in, Mitglied im Präsidium) oder im Ausschuss (Vorsitzende/r, stv. Vorsitzende/r)
Quelle: Eigene Erhebung und Darstellung

Die Interviews teilten sich in vier Frageblöcke: Der erste Teil war vorbereitender Natur und umfasste: den Dank für die Gesprächsbereitschaft, die Zusicherung der Anonymität, die Frage, ob das Gespräch aufgezeichnet werden darf, sowie eine Kurzzusammenfassung des Projektes. Im zweiten Gesprächsblock wurde die Bedeutung der Verfassungspolitik für das Bundesland, für die Partei und die Fraktion angesprochen. In diesem Teil wurde mithin abgefragt, wie die Gesprächspartnerin oder der Gesprächspartner etwa den Einfluss bundespolitischer Faktoren auf die Verfassungspolitik des jeweiligen Bundeslandes einschätzt, welchen Stellenwert dieses Politikfeld in der jeweiligen Partei oder der Fraktion innehat, wie sich das Verhältnis zwischen Parlament und Regierung gestaltet u. ä. m. Der dritte Teil beschäftigte sich mit den verfassungspolitischen Initiativen und Entscheidungen der jeweils aktuellen Legislaturperiode oder mit einzelnen verfassungsändernden Gesetzgebungsverfahren, wobei ggfs. noch einmal nach bundespolitischen Einflüssen gefragt wurde. Im abschließenden Teil hatten die Gesprächspartner/innen Gelegenheit, Aspekte anzusprechen, die im bisherigen Interview nicht erwähnt wurden; hier wurden so gut wie nie irgendwelche Anmerkungen hinzugefügt.

Ausgewählt wurden die jeweiligen Gesprächspartner/innen, weil sie eine für das Thema relevante Position eingenommen hatten, d. h. weil sie etwa einem Landtagsausschuss angehörten, der für Rechts- und Verfassungsfragen in dem jeweiligen Landesparlament regelmäßig die Federführung innehatte. Nicht alle angeschriebenen Personen haben sich zu einem Interview bereit erklärt. Zwei Interviewte waren zum Zeitpunkt des Interviews keine Mandatsträger (mehr), hatten aber an früheren verfassungsändernden Gesetzgebungsverfahren aktiv mitgewirkt. Die meisten Gesprächspartnerinnen und Gesprächspartner gehörten einer SPD-Fraktion an, die Mehrzahl war männlich, der Großteil hatte eine juristische Ausbildung, das Durchschnittsalter lag bei rund 51 Jahren und die Befragten konnten zum Zeitpunkt der Befragung auf eine rund 10-jährige Parlamentserfahrung zurückblicken (Tab. 2.3). Um die Anonymität zu gewährleisten, werden Interviews schlicht mit dem Datum zitiert, an dem sie durchgeführt wurden. Das erste Interview fand am 28. November 2013 statt, das letzte am 11. Juni 2015.

2.5 Verfassungsänderungen und empirische Sozialforschung: zusammenfassende Schlussfolgerungen

Verfassungsänderungen in Bundesländern sind nach den etablierten Standards empirischer Sozialforschung relevante Untersuchungsgegenstände, die auch ein „Rätsel" stellen, das sich wissenschaftlich begründen und spezifizieren lässt. Mehr noch: Sie bieten gerade für vergleichende Studien einen vielversprechenden Gegenstand, weil die Datengrundlage – trotz der erwähnten „Fallstricke" – als außerordentlich gut zu bezeichnen ist und die Kontextbedingungen als vergleichsweise homogen und kontrollierbar gelten können. Die Herausforderung, die sich für die Untersuchung stellte, war mithin theoretischer und methodischer Natur. Es waren neue Daten zu erheben und Parlamentaria auszuwerten, was einen erheblichen Aufwand mit sich brachte und eine Reihe von Entscheidungen provozierte, wie mit den erhobenen Daten zu verfahren ist.

Hinzu kommt, dass es keinen Königsweg in der Forschung zu Verfassungsänderungen gibt. Qualitative Studien liegen ebenso vor wie statistische Analysen, die mit großen Fallzahlen erstellt wurden. Beide Herangehensweisen wurden auch für die vorliegende Untersuchung fruchtbar gemacht, wobei stets eine vergleichende Perspektive unterlegt ist. Außerdem angewandt wurden zwei Verfahren der *Qualitative Comparative Analysis,* mit denen eine Brücke geschlagen werden soll zwischen qualitativer und quantitativer Sozialforschung. Während mit der *crisp-set Qualitative Comparative Analysis* vor allem dem Einfluss bundespolitischer Faktoren nachgegangen wird (Reuter 2014), versuche ich mit einer *fuzzy-set Qualitative Comparative* einen umfassenderen Zugriff auf die notwendigen und/oder hinreichenden Bedingungen, mit denen die Verfassungspolitik in den Bundesländern erklärt werden soll (Reuter 2017).

Die Auswahl der Auswertungsverfahren hat Folgen für die Daten, den Typus und die Anzahl der untersuchten Fälle. Der Vergleich der Verfassungspolitiken in acht Bundesländern folgt den Regeln qualitativer Forschung. Eine solche Herangehensweise setzt allerdings eine überschaubare Anzahl von Fällen voraus; gemeinhin wird angenommen, dass ein Vergleich von bis zu fünf Fällen auch auf qualitativer Grundlage vorgenommen werden kann. Mittels der beiden QCAs lassen sich jedoch 22 verfassungsändernde Gesetzgebungsverfahren bzw. die Verfassungspolitiken in 16 Bundesländern vergleichend analysieren. Für eine Regressionsanalyse sind aber auch diese Fallzahlen zu gering; die in Abschn. 4.4 durchgeführte Regressionsanalyse weist eine ausreichend große Fallzahl auf, denn sie beruht auf den Daten zu 210 Wahlperioden.

Literatur

Aarebrot, F. H., & Bakka, P. H. (1997). Die Vergleichende Methode in der Politikwissenschaft. In D. Berg-Schlosser & F. Müller-Rommel (Hrsg.), *Vergleichende Politikwissenschaft* (3. Aufl., S. 49–66). Opladen: Leske + Budrich.

Abels, G. (2013). Parlamentarische Kontrolle im Mehrebenensystem der EU – Ein unmögliches Unterfangen? In B. Eberbach-Born, S. Kropp, A. Stuchlik, & W. Zeh (Hrsg.), *Parlamentarische Kontrolle und Europäische Union. Studien zum Parlamentarismus* (S. 79–102). Baden-Baden: Nomos.

Abels, G. (2015). Subnational parliaments as „latecomers" in the EU multi-level parliamentary system – Introduction. In G. Abels & A. Eppler (Hrsg.), *Subnational parliaments in the EU multilevel parliamentary system: Taking stock of the post-Lisbon era* (S. 23–60). Innsbruck: Studienverlag.

Abendroth, W. (1974). 1849–1919–1949: Drei Kapitel deutscher Verfassungsgeschichte. In Vereinigung Demokratischer Juristen (Hrsg.), *Das Grundgesetz. Verfassungsentwicklung und demokratische Bewegung in der BRD* (S. 139–145). Köln: Pahl-Rugenstein.

Abromeit, H. (1992). *Der verkappte Einheitsstaat.* Opladen: Leske + Budrich.

Alemann, U. v., & Tönnesmann, W. (1995). Grundriß: Methoden in der Politikwissenschaft. In U. v. Alemann (Hrsg.), *Politikwissenschaftliche Methoden. Grundriß für Studium und Forschung* (S. 17–140). Opladen: Westdeutscher Verlag.

Atteslander, P. (2009). *Methoden der empirischen Sozialforschung* (12. Aufl.). Berlin: Schmidt.

Behnke, N., & Benz, A. (2009). The politics of constitutional change between reform and evolution. *Publius: The Journal of Federalism, 39*(2), 213–240.

Benz, A. (1985). *Föderalismus als dynamisches System.* Opladen: Westdeutscher Verlag.

Benz, A. (1993). Verfassungsreform als politischer Prozeß. Politikwissenschaftliche Anmerkungen zur aktuellen Reform des Grundgesetzes. *Die öffentliche Verwaltung, 46*(20), 881–889.

Benz, A. (2011). Das Zusammenspiel der Ebenen beim expliziten und impliziten Verfassungswandel. In C. Hönnige, S. Kneip, & A. Lorenz (Hrsg.), *Verfassungswandel im Mehrebenensystem* (S. 21–40). Wiesbaden: VS Verlag.

Benz, A. (2013). Balancing rigidity and flexibility: Constitutional dynamics in federal systems. *West European Politics, 26*(4), 726–749.

Benz, A., & Behnke, N. (Hrsg.). (2009). Federalism and constitutional change. Special issue of *Publius: The Journal of Federalism, 39*(2), 213–240.

Benz, A., & Colino, C. (2011). Constitutional change in federations – A framework for analysis. *Regional & Federal Studies, 21*(4–5), 381–406.

Beutler, B. (1977). *Das Staatsbild in den Länderverfassungen nach 1945.* Berlin: Duncker & Humblot.

Blokker, P., & Reutter, W. (Hrsg.). (2015). Sub-national constitutional politics: Contesting or complementing, replicating or innovating traditional constitutionalism? *Perspectives on Federalism, 7*(1). http://www.on-federalism.eu/index.php/archives. Zugegriffen: 10. Mai 2015.

Blumenthal, J. v. (2009). *Das Kopftuch in der Landesgesetzgebung Governance im Bundesstaat zwischen Unitarisierung und Föderalisierung.* Baden-Baden: Nomos.

Böckenförde, E.-W. (1999). Anmerkungen zum Begriff Verfassungswandel. In E.-W. Böckenförde (Hrsg.), *Staat, Nation, Europa. Studien zur Staatslehre, Verfassungstheorie und Rechtsphilosophie* (S. 127–140). Frankfurt a. M.: Suhrkamp.

Bogner, A., & Menz, W. (2002). Das theoriegenerierende Experteninterview. Erkenntnisinteresse, Wissensformen, Interaktion. In A. Bogner, B. Littig, & W. Menz (Hrsg.), *Das Experteninterview. Theorie, Methode, Anwendung* (S. 33–70). Opladen: Leske + Budrich.

Bogner, A., Littig, B., & Lenz, W. (2014). *Interviews mit Experten. Eine praxisorientierte Einführung.* Wiesbaden: Springer VS.

Braunschweig, S. v. (1993). *Verfassungsentwicklung in den westlichen Ländern.* Pfaffenweiler: Centaurus.

Buchanan, J. M., & Tullock, G. (1986). *The calculus of consent. Logical foundations of constitutional democracy.* Ann Arbor: University of Michigan Press (Erstveröffentlichung 1962).

Bull, H.-P. (2003). Die Verfassungsentwicklung in Schleswig-Holstein seit 1980. In P. Häberle (Hrsg.), *Jahrbuch des öffentlichen Rechts der Gegenwart (N.F.) (51,* S. 489–512). Tübingen: Mohr Siebeck.

Busch, A. (1999). Das oft geänderte Grundgesetz. In A. Busch & W. Merkel (Hrsg.), *Demokratie in Ost und West. Festschrift für Klaus von Beyme* (S. 549–574). Frankfurt a. M.: Suhrkamp.

Busch, A. (2006). Verfassungspolitik: Stabilität und permanentes Austarieren. In M. G. Schmidt & R. Zohlnhöfer (Hrsg.), *Regieren in der Bundesrepublik Deutschland* (S. 33–56). Wiesbaden: VS Verlag.

Campbell, A., Converse, P. E., Miller, W. E., & Stokes, D. E. (1960). *The American voter.* New York: University of Chicago Press.

Cancik, P. (2003). Die Verfassungsentwicklung in Hessen. In P. Häberle (Hrsg.), *Jahrbuch des öffentlichen Rechts (N.F.) (51,* S. 271–300). Tübingen: Mohr Siebeck.

Contiades, X., & Fotiadou, A. (2013). Models of constitutional change. In X. Contiades (Hrsg.), *Engineering constitutional change. A comparative perspective on Europe, Canada, and the USA* (S. 417–468). London: Routledge.

Creswell, J. (2014). *Research design. Qualitative, quantitative and mixed methods approaches* (4. Aufl.). Thousand Oaks: Sage.

Denzin, N. K. (1989). *The research act. A theoretical introduction to sociological methods.* (3. Aufl.). Englewood Cliffs: Prentice Hall.

Dinan, J. (2008). Patterns of subnational constitutionalism in federal countries. *Rutgers Law Journal, 39*(4), 837–863.

Ferejohn, J. (1997). The politics of imperfection: The amendments of constitutions. *Law and Social Inquiry, 22*(2), 501–531.

Flick, M. (2008). Landesverfassungen und ihre Veränderbarkeit. In M. Freitag & A. Vatter (Hrsg.), *Die Demokratien der deutschen Bundesländer. Politische Institutionen im Vergleich* (S. 221–236). Opladen: Budrich.

Flick, U. (2009a). Design und Prozess qualitativer Forschung. In U. Flick, E. v. Kardorff, & I. Steinke (Hrsg.), *Qualitative Forschung. Ein Handbuch* (7. Aufl., S. 252–264). Reinbek bei Hamburg: Rowohlt.

Flick, U. (2009b). Triangulation in der qualitativen Forschung. In U. Flick, E. v. Kardorff, & I. Steinke (Hrsg.), *Qualitative Forschung. Ein Handbuch* (7. Aufl., S. 309–318). Reinbek bei Hamburg: Rowohlt.

Flick, U. (2011). *Triangulation. Eine Einführung.* (3. Aufl.). Wiesbaden: VS Verlag.

Ganghof, S. (2005). Kausale Perspektiven in der vergleichenden Politikwissenschaft: X-zentrierte und Y-zentrierte Forschungsdesigns. In S. Kropp & M. Minkenberg (Hrsg.), *Vergleichen in der Politikwissenschaft* (S. 76–93). Wiesbaden: VS Verlag.

Ganghof, S. (2016). Forschungsdesign in der Politikwissenschaft – Kausale Perspektiven versus kontrastive Theorietests. *Österreichische Zeitschrift für Politikwissenschaft, 45*(1). https://doi.org/10.15203/ozp.1037.vol45iss1.

Geddes, B. (2010). *Paradigms and sand castles: Theory building and research design in comparative politics.* Ann Arbor: University of Michigan Press.

Geertz, C. (2003). *Dichte Beschreibung. Beiträge zum Verstehen kultureller Systeme.* Frankfurt a. M.: Suhrkamp.

Ginsburg, T., & Posner, E. A. (2010). Subconstitutionalism. *Stanford Law Review, 62*(6), 1583–1628.

Gläser, J., & Laudel, G. (2010). *Experteninterviews und qualitative Inhaltsanalyse* (4. Aufl.). Wiesbaden: VS Verlag.

Grimm, D. (1994). *Die Zukunft der Verfassung* (2. Aufl.). Frankfurt a. M.: Suhrkamp.

Gschwend, T., & Schimmelfennig, F. (2007). Forschungsdesign in der Politikwissenschaft. Ein Dialog zwischen Theorie und Daten. In T. Gschwend & F. Schimmelfennig (Hrsg.), *Forschungsdesign in der Politikwissenschaft. Probleme, Strategien, Anwendungen* (S. 13–35). Frankfurt a. M.: Campus.

Gunlicks, A. B. (1996). The new constitutions of East Germany. *German Politics, 5*(2), 262–275.

Gunlicks, A. B. (1998). Land constitutions in Germany. *Publius: The Journal of Federalism, 28*(4), 105–125.

Hesse, K. (1962). *Der unitarische Bundesstaat.* Heidelberg: C.F. Müller.

Hesse, K. (1993). *Grundzüge des Verfassungsrechts der Bundesrepublik Deutschland* (19. Aufl.). Heidelberg: C.F. Müller.

Hirschl, R. (2005), The question of case selection in comparative constitutional law. *American Journal of Comparative Law, 53*(1), 125–155. http://ssrn.com/abstract=901700. Zugegriffen: 20. März 2014.

Hirschl, R. (2014). *Comparative matters. The renaissance of comparative constitutional law.* Oxford: University Press.

Hölscheidt, S. (1995). Die Praxis der Verfassungsverabschiedung und der Verfassungsänderung in der Bundesrepublik. *Zeitschrift für Parlamentsfragen, 26*(1), 58–84.

Jackson, V. C. (2010). Methodological challenges in comparative constitutional law. *Penn State International Law Review, 28*(3), 319–326.

Jahn, D. (2005). Fälle, Fallstricke und die komparative Methode in der vergleichenden Politikwissenschaft. In S. Kropp & M. Minkenberg (Hrsg.), *Vergleichen in der Politikwissenschaft* (S. 55–75). Wiesbaden: VS Verlag.

Karlsson, C. (2015). Explaining constitutional change: Making sense of cross-national variation among European Union member states. *Journal of European Public Policy.* https://doi.org/10.1080/13501763.2015.1043323.

Kelsen, H. (1960). *Reine Rechtslehre: Einleitung in die rechtswissenschaftliche Problematik* (2., vollständig neu bearbeitete und erweiterte Aufl.). Wien: Deuticke (Erstveröffentlichung 1934).

King, G., Keohane, R., & Verba, S. (1994). *Designing social inquiry: Scientific inference in qualitative research.* Princeton: Princeton University Press.

Kropp, S. (2010). *Kooperativer Föderalismus und Politikverflechtung.* Wiesbaden: VS Verlag.

Krumm, T., Noetzel, T., & Westle, B. (2009). Ausgewählte wissenschaftstheoretische Grundlagen und Grundfragen. In B. Westle (Hrsg.), *Methoden der Politikwissenschaft* (S. 49–114). Baden-Baden: Nomos.

Kuckartz, U. (2009). Methodenkombination. In B. Westle (Hrsg.), *Methoden der Politikwissenschaft* (S. 352–362). Baden-Baden: Nomos.

Lamnek, S. (2010). *Qualitative Sozialforschung* (5. Aufl.). Weinheim: Beltz.

Laufer, H., & Münch, U. (2010). *Das föderale System der Bundesrepublik Deutschland* (8. Aufl.). München: Bayerische Landeszentrale für politische Bildungsarbeit.

Lehmbruch, G. (2000). *Parteienwettbewerb im Bundesstaat. Regelsysteme und Spannungslagen im politischen System der Bundesrepublik Deutschland* (3. Aufl.). Opladen: Westdeutscher Verlag.

Lijphart, A. (1971). Comparative politics and the comparative method. *The American Political Science Review, 65*(3), 682–693.

Lijphart, A. (1975). The comparable cases strategy in comparative research. *Comparative Political Studies, 8*(2), 158–177.

Lijphart, A. (1999). *Patterns of democracy. Government forms and performance in thirty-six countries.* New Haven: Yale University Press.

Loewenstein, K. (1961). *Über Wesen, Technik und Grenzen der Verfassungsänderung.* Berlin: De Gruyter.

Lorenz, A. (2008). *Verfassungsänderungen in etablierten Demokratien. Motivlagen und Aushandlungsmuster.* Wiesbaden: VS Verlag.

Lorenz, A. (2015). Rights of minors and constitutional politics in the German Länder. Legal framework, party strategies, and constitutional amendments. *Perspectives on federalism* (S. 1–29). http://www.on-federalism.eu/attachments/206_download.pdf. Zugegriffen: 15. März 2017.

Lorenz, A., & Reutter, W. (2012). Subconstitutionalism in a multilayered system. A comparative analysis of constitutional politics in the German Länder. *Perspectives on Federalism,* 4(2), 141–170. http://www.on-federalism.eu/attachments/141_download.pdf. Zugegriffen: 10. Jan. 2013.

Lutz, D. S. (1994). Toward a theory of constitutional amendment. *American Political Science Review, 88*(2), 355–370.

March, J. G., & Olsen, J. P. (1989). *Rediscovering institutions: The organizational basis of politics.* New York: Free Press.

Mayring, P. (2003). *Qualitative Inhaltsanalyse. Grundlagen und Techniken* (8. Aufl.). Weinheim: Beltz.

Merkens, H. (2009). Auswahlverfahren, Sampling, Fallkonstruktion. In U. Flick, E. v. Kardorff, & I. Steinke (Hrsg.), *Qualitative Forschung. Ein Handbuch* (7. Aufl., S. 286–299). Reinbek bei Hamburg: Rowohlt.

Meuser, M., & Nagel, U. (1994). Expertenwissen und Experteninterview. In R. Hitzler, A. Honer & C. Maeder (Hrsg.), *Expertenwissen. Die institutionalisierte Kompetenz zur Konstruktion von Wirklichkeit* (S. 180–193). Opladen. Westdeutscher Verlag.

Meuser, M., & Nagel, U. (2009). Experteninterviews und der Wandel der Wissensproduktion. In A. Bogner, B. Littig, & W. Menz (Hrsg.), *Experteninterviews* (S. 35–60). Wiesbaden: VS Verlag.

Mill, J. S. (1996). *A system of logic ratiocinative and inductive: Being a connected view of the principles of evidence and the methods of scientific investigation.* London: Longmann (Erstveröffentlichung 1843).

Möstl, M. (2005). Landesverfassungsrecht – Zum Schattendasein verurteilt? Eine Positionsbestimmung im bundesstaatlichen und supranationalen Verfassungsverbund. *Archiv des öffentlichen Rechts, 130,* 350–391.

Muno, W. (2003). Fallstudien und die vergleichende Methode. In S. Pickel, G. Pickel, H.-J. Lauth, & D. Jahn (Hrsg.), *Vergleichende politikwissenschaftliche Methoden: Neue Entwicklungen und Diskussionen* (S. 113–131). Wiesbaden: Westdeutscher Verlag.

Noetzel, T., Krumm, T., & Westle, B. (2009). Dokumentenanalyse. In B. Westle (Hrsg.), *Methoden der Politikwissenschaft* (S. 325–334). Baden-Baden: Nomos.

NRWSPD – Bündnis 90/Die Grünen NRW. (2012). *Koalitionsvertrag 2012–2017. Verantwortung für ein starkes NRW – Miteinander die Zukunft gestalten.* o. O., o. J. https://gruene-nrw.de/dateien/Koalitionsvertrag_2012-2017.pdf. Zugegriffen: 10. Juni 2014.

Pickel, S. (2009). Die Triangulation als Methode der Politikwissenschaft. In S. Pickel, G. Pickel, H.-J. Lauth, & D. Jahn (Hrsg.), *Methoden der vergleichenden Politik- und Sozialwissenschaft. Neue Entwicklungen und Anwendungen* (S. 523–548). Wiesbaden: VS Verlag.

Popper, K. R. (2005). *Die Logik der Forschung* (11. Aufl.). Tübingen: Mohr Siebeck (Erstveröffentlichung 1934).

Przeworski, A., & Teune, H. (1970). *The logic of comparative social inquiry.* Malabar: Krieger.

Ragin, C. C. (1992). Introdution: Cases of "What is a case?". In C. C. Ragin & H. S. Becker (Hrsg.), *What is a case? Exploring the foundations of social inquiry* (S. 1–18). Cambridge: University Press.

Reh, W. (1995). Quellen- und Dokumentenanalyse in der Politikfeldforschung. In U. v. Alemann (Hrsg.), *Politikwissenschaftliche Methoden* (S. 201–260). Opladen: Westdeutscher Verlag.

Reutter, W. (2006). The transfer of power hypothesis and the German Länder: In need of modification. *Publius: The Journal of Federalism, 36*(2), 277–301.

Reutter, W. (2007). Struktur und Dauer der Gesetzgebungsverfahren des Bundes. *Zeitschrift für Parlamentsfragen, 38*(2), 299–315.

Reutter, W. (2008). Verfassungsgebung und Verfassungsänderungen in den Ländern. In Europäisches Zentrum für Föderalismusforschung (Hrsg.), *Jahrbuch des Föderalismus 2008. Föderalismus, Subsidiarität und Regionen in Europa* (S. 239–253). Baden-Baden: Nomos.

Reutter, W. (2010). Grand Coalition State, Große Koalition und Föderalismusreform. In S. Bukow & W. Seemann (Hrsg.), *Die Große Koalition* (S. 85–101). Wiesbaden: VS Verlag.

Reutter, W. (2014). Multilevel systems and sub-national constitutional politics in Germany: A qualitative comparative analysis. *Perspectives on federalism, 6*(2), 215–243. http://www.on-federalism.eu/attachments/186_download.pdf. Zugegriffen: 1. Okt. 2016.

Reutter, W. (2015a). Bayerische Verfassungspolitik. In Europäisches Zentrum für Föderalismusforschung (Hrsg.), *Jahrbuch des Föderalismus 2015. Föderalismus, Subsidiarität und Regionen in Europa* (S. 215–227). Baden-Baden: Nomos.

Reutter, W. (2015b). Verfassungsgesetzgebung in Brandenburg. *Zeitschrift für Parlamentsfragen, 46*(1), 116–135.

Reutter, W. (2017). The changeableness of subnational constitutions: A qualitative comparative analysis. *Government and Opposition.* https://doi.org/10.1017/gov.2016.45.

Reutter, W. (2018). Verfassungsändernde Gesetzgebung in Nordrhein-Westfalen. *Zeitschrift für Gesetzgebung, 33*(2) (im Erscheinen).

Reutter, W., & Lorenz, A. (2016). Explaining the frequency of constitutional change in the German Länder: Institutional and party factors. *Publius: The Journal of Federalism, 46*(1), 103–127. https://doi.org/10.1093/publius/pjv041.

Robbers, G. (1989). Die Änderungen des Grundgesetzes. *Neue Juristische Wochenschrift, 42*(21), 1325–1332.

Roberts, A. (2009). The politics of constitutional amendment in postcommunist Europe. *Constitutional Political Economy, 20*(1), 99–117.

Sachs, M. (2002). Die Änderung der Landesverfassung – Kompetenz, Verfahren und Grenzen. In Präsident des Verfassungsgerichtshofs für das Land Nordrhein-Westfalen (Hrsg.), *Verfassungsgerichtsbarkeit in Nordrhein-Westfalen. Festschrift zum 50-jährigen Bestehen des Verfassungsgerichtshofs für das Land Nordrhein-Westfalen* (S. 225–244). Stuttgart: Boorberg.

Sartori, G. (1970). Concept misformation in comparative politics. *American Political Science Review, 64*(4), 1033–1053.

Scharpf, F. W. (2000). *Interaktionsformen. Akteurzentrierter Institutionalismus in der Politikforschung.* Opladen: Leske + Budrich.

Scharpf, F. W., Reissert, B., & Schnabel, F. (1976). *Politikverflechtung. Theorie und Empirie des kooperativen Föderalismus in der Bundesrepublik.* Königstein/Ts: Scriptor.

Schmid, J. (1995). Expertenbefragung und Informationsgespräch in der Parteienforschung. Wie föderalistisch ist die CDU? In U. v. Alemann (Hrsg.), *Politikwissenschaftliche Methoden. Grundriß für Studium und Forschung* (S. 293–326). Opladen: Westdeutscher Verlag.

Schmidt, M. G. (1987). West Germany: The politics of the middle way. *Journal of Public Policy, 7*(2), 139–177.

Schmidt, M. G. (2008). Germany. The grand coalition state. In J. M. Colomer (Hrsg.), *Comparative European politics* (3. Aufl., S. 58–92). London: Routledge.

Schmidt, M. G. (2011). *Das politische System Deutschlands. Institutionen, Willensbildung und Politikfelder.* München: Beck.

Schmitt, C. (1993). *Verfassungslehre* (8. Aufl.). Berlin: Duncker & Humblot (Erstveröffentlichung 1928).

Schultze-Fielitz, H. (1986). Fallstricke der Gesetzgebungsstatistik. *Zeitschrift für Gesetzgebung, 1*(4), 364–368.

Schwarzmeier, M. (2001). *Parlamentarische Mitsteuerung. Strukturen und Prozesse informalen Einflusses im Deutschen Bundestag.* Wiesbaden: Westdeutscher Verlag.

Seifert, J. (1977). *Grundgesetz und Restauration. Verfassungsrechtliche Analyse und dokumentarische Darstellung des Textes des Grundgesetzes vom 23. Mai 1949 mit sämtlichen Änderungen einschließlich des 34. Änderungsgesetzes.* Darmstadt: Luchterhand.

Smend, R. (2010). *Staatsrechtliche Abhandlungen und andere Aufsätze* (4. Aufl.). Berlin: Duncker & Humblot.

Stiens, A. (1997). *Chancen und Grenzen der Landesverfassungen im deutschen Bundesstaat der Gegenwart.* Berlin: Duncker & Humblot.

Sturm, R. (2011a). Regeln die Länder ihre Haushaltspolitik neu? Reaktionen auf den Zwang zum Haushaltsausgleich durch die Föderalismusreform II. *Gesellschaft – Wirtschaft – Politik, 60*(2), 165–170.

Sturm, R. (2011b). Verfassungsrechtliche Schuldenbremsen im Föderalismus. *Zeitschrift für Parlamentsfragen, 46*(3), 648–662.

Tarr, G. A. (2000). *Understanding state constitutions.* Princeton: Princeton University Press.

Tarr, G. A. (2007). Subnational constitutional space: An agenda for research. Paper prepared for the World Congress of the International Association of Constitutional Law in Athens, Greece. June 11–15, 2007. http://camlaw.rutgers.edu/statecon/workshop11greece07/williams.pdf. Zugegriffen: 15. Okt. 2010.

Tarr, G. A. (2014). Explaining state constitutional change. *Wayne Law Review, 60*(1), 9–30. http://waynelawreview.org/explaining-state-constitutional-change/. Zugegriffen: 10. Juni 2015.

Vorländer, H. (2002). Integration durch Verfassung? Die symbolische Bedeutung der Verfassung im politischen Prozess. In H. Vorländer (Hrsg.), *Integration durch Verfassung.* Wiesbaden: VS Verlag.

Weber, M. (1988). Die „Objektivität" sozialwissenschaftlicher und sozialpolitischer Erkenntnis. In M. Weber (Hrsg.), *Gesammelte Aufsätze zur Wissenschaftslehre* (S. 146–214). Tübingen: Mohr (Erstveröffentlichung 1904).

Westle, B. (2009a). Auswahl einer Forschungsfrage und Konzeptspezifikation. In B. Westle (Hrsg.), *Methoden der Politikwissenschaft* (S. 125–131). Baden-Baden: Nomos.

Westle, B. (2009b). Einleitung. In B. Westle (Hrsg.), *Methoden der Politikwissenschaft* (S. 7–48). Baden-Baden: Nomos.

Westle, B. (2009c). Forschungsdesigns. In B. Westle (Hrsg.), *Methoden der Politikwissenschaft* (S. 133–155). Baden-Baden: Nomos.

Williams, R. F. (1999). Comparative subnational constitutional law: South Africa's provincial constitutional experiments. *South Texas Law Review, 40*(3), 625–660.

Williams, R. F. (2011). Teaching and researching comparative subnational constitutional law. *Penn State Law Review, 115*, 1109–1132.

Williams, R. F., & Tarr, G. A. (2004). Subnational constitutional space: A view from the states, provinces, regions, Länder, and cantons. In G. A. Tarr, R. F. Williams, & J. Marko (Hrsg.), *Federalism, subnational constitutionalism, and minority rights* (S. 3–24). Westport: Praeger.

Wuttke, H. (1972). Die verfassungsrechtliche Entwicklung des Landes Schleswig-Holstein 1957 bis 1971. In P. Häberle (Hrsg.), *Jahrbuch des öffentlichen Rechts der Gegenwart (N.F.), (21*, S. 361–382). Tübingen: Mohr Siebeck.

Wuttke, H. (1979). Die verfassungsrechtliche Entwicklung des Landes Schleswig-Holstein vom 1.1.1972 bis zum 26.5.1979 (Ende der 8. Wahlperiode). In P. Häberle (Hrsg.), *Jahrbuch des öffentlichen Rechts der Gegenwart (N.F.), (28*, S. 449–468). Tübingen: Mohr Siebeck.

Entstehung und Änderungen von Landesverfassungen: ein Überblick

3

Wie erwähnt, bestehen in der Bundesrepublik Deutschland zwei Verfassungsräume, die gleichzeitig autonom und voneinander abhängig sind, so jedenfalls die – leicht verwirrende – Interpretation des Bundesverfassungsgerichtes. Immerhin ergibt sich daraus, dass nicht nur dem Bund Staatsqualität zukommt, sondern auch den Ländern. Wie der Bund besitzen die Bundesländer damit das Recht zur Verfassungsgebung und zur Verfassungsänderung. Weiter gilt: Landesverfassungen müssen nicht nur dem Homogenitätsgebot des Art. 28 Abs. 1 GG entsprechen, sich folglich in die bundesstaatliche Ordnung einfügen. Vielmehr müssen sie auch so verabschiedet und geändert werden, dass sie die Herrschaftsordnungen in den Bundesländern begründen und legitimieren. Im Unterschied zu den Analysen in den Abschn. 4.1 und 4.2, die sich auf Verfassungsänderungen in acht Bundesländern beschränken, werden in diesem Kapitel alle Bundesländer einbezogen; zudem werden auch die Prozesse der Verfassungsentstehung beschrieben. Auf dieser Grundlage wird untersucht, warum, wie häufig, in welchen Bereichen und mit welcher Reichweite die rechtlichen Grundordnungen der Bundesländer nach ihrem Inkrafttreten geändert wurden (Kropp 2010; Laufer und Münch 2010).

3.1 Entstehung der Landesverfassungen

Gemeinhin wird der Geltungsanspruch einer Verfassung damit begründet, dass die rechtliche Grundordnung legitim zustande gekommen ist. Nur dann, so die Annahme, lässt sich mit einer Verfassung das Verhalten derjenigen verbindlich

© Springer Fachmedien Wiesbaden GmbH, ein Teil von Springer Nature 2018
W. Reuter, *Verfassungspolitik in Bundesländern*,
https://doi.org/10.1007/978-3-658-21861-4_3

regeln, die Teil und Objekte der öffentlichen Ordnung sind (Hesse 1993, S. 16).[1] Ein solcher Geltungsanspruch von Verfassungen lässt sich, wie bereits ausgeführt, unterschiedlich herleiten. Für den vorliegenden Zusammenhang von Bedeutung sind drei Aspekte: die historischen Kontexte, in denen die Landesverfassungen entstanden sind (a), der Verlauf der parlamentarischen und außerparlamentarischen Beratungen (b) sowie die Annahmemodalitäten (c).

a) Seit der bedingungslosen Kapitulation der Deutschen Wehrmacht am 8. bzw. 9. Mai in Reims und Berlin-Karlshorst sind im heutigen Staatsgebiet der Bundesrepublik Deutschland insgesamt 24 Landesverfassungen verabschiedet worden und in Kraft getreten.[2] Darin eingeschlossen sind die fünf Verfassungen der Länder der Sowjetischen Besatzungszone, die 1946/1947 verabschiedet und 1952 auch in formaler Hinsicht bedeutungslos wurden, sowie die 1946/1947 beschlossenen Verfassungen von Baden, Württemberg-Baden und Württemberg-Hohenzollern, die mit dem Zusammenschluss der drei Länder zu Baden-Württemberg und der Verabschiedung einer neuen Landesverfassung 1953 außer Kraft traten. Der Entstehungszeitpunkt der Verfassung ist für den vorliegenden Kontext deswegen von Bedeutung, weil sich daraus unmittelbar Folgen für die Länge der Landesverfassungen und damit für den im Laufe der Zeit entstehenden Änderungsbedarf ergeben.

Maßgeblicher Referenzpunkt in diesem Zusammenhang ist das Grundgesetz bzw. dessen Abwesenheit: Fünf der aktuell noch geltenden Verfassungen traten vor Verabschiedung des Grundgesetzes in Kraft (Bayern, Bremen, Hessen, Rheinland-Pfalz, Saarland), sechs Anfang der 1950er Jahre (Baden-Württemberg, Berlin, Hamburg, Niedersachsen, Nordrhein-Westfalen, Schleswig-Holstein) und weitere fünf nach der Vereinigung der beiden deutschen Staaten 1990 (Brandenburg, Mecklenburg-Vorpommern, Sachsen, Sachsen-Anhalt, Thüringen). Während die vorgrundgesetzlichen Landesverfassungen über einen Grundrechtskatalog sowie staatsorganisationsrechtliche Bestimmungen verfügten, konzentrierten sich die nachgrundgesetzlichen verfassunggebenden Versammlungen in den Ländern der ehemaligen britischen Besatzungszone (Schleswig-Holstein, Niedersachsen

---

[1]Für das Weitere vgl. auch Reutter (2008, S. 45 ff.) m. w. N. sowie: Brünneck (2004); Bull (2003); Cancik (2003); Dästner (2002); Dietlein (2003); Dombert (2012); Fritsch (2012); Gunlicks (1996, 1998, 2012); Hamer (1990); Ipsen (2011a, b); Janssen und Winkelmann (2003); Mannzen (1957); Kleinrahm (1962); Korte (1956); Kringe (1988, 1993); Leusser (1954); Lorenz (2013); Mangoldt (1993, 1996); Mohr (1987); Möstl (2005); Pfetsch (1990); Priebus (2017); Rux (1992); Wuttke (1972, 1979).

[2]Nicht berücksichtigt ist die 1948 verabschiedete Vorläufige Verfassung von Groß-Berlin; außerdem wurde die 1995 in Kraft getretene Berliner Verfassung nicht gesondert gezählt.

und – mit Abstrichen – Hamburg) vor allem auf den staatsorganisatorischen Teil. Niedersachsen und Schleswig-Holstein verabschiedeten 1951 bzw. 1950 sogar lediglich eine „Vorläufige Verfassung" (Niedersachsen) bzw. eine „Landessatzung" (Schleswig-Holstein), die beide fast ohne eigenständige Grundrechte auskamen. Auch in Baden-Württemberg und Nordrhein-Westfalen fallen die Grundrechtsteile (Art. 1–3 BaWüVerf und Art. 4 NRWVerf) denkbar knapp aus. Allerdings enthalten diese Landesverfassungen vergleichsweise ausgreifende Bestimmungen über die Sozial- und Wirtschaftsordnung (einschl. Familie, Bildung, Religion). Allein Berlin, das bis 1990 unter alliiertem Vorbehalt stand, nahm 1950 einen Grundrechtskatalog in seine Verfassung auf. Auch die zwischen 1992 und 1994 in Kraft getretenen Verfassungen der neuen Bundesländer sind Vollverfassungen mit zum Teil extensiven Grundrechtskatalogen und Staatszielbestimmungen. Lediglich die Verfassung von Mecklenburg-Vorpommern enthält wenige Grundrechte und macht mit Art. 5 Abs. 3 MVVerf – wie die Verfassung von Baden-Württemberg, Niedersachsen und Nordrhein-Westfalen – die „im Grundgesetz der Bundesrepublik Deutschland festgelegten Grundrechte und staatsbürgerlichen Pflichten" zum „Bestandteil" der Landesverfassung.

Auch die Bestimmungen zur direkten Demokratie waren unmittelbar beeinflusst vom Entstehungskontext. Während die Landesverfassungen, die älter sind als das Grundgesetz und jünger als das vereinte Deutschland, von Beginn an dem „Volk" die Möglichkeit einräumten, autoritativ über Gesetze zu beschließen, schufen die anderen Bundesländer diese Möglichkeit erst sukzessive nach 1990.

Andrea Stiens sieht in den ausgreifenden Verfassungsbestimmungen in den neuen Bundesländern einen „Ausdruck staatlichen Selbstbewußtseins" und einen Versuch, über die Landesverfassung Einfluss auf die Gestaltung und Auslegung des Grundgesetzes zu nehmen (Stiens 1997, S. 84). Für Astrid Lorenz (2011) sind die ostdeutschen Landesverfassungen sogar „dynamische Integrationsstifter". Und auch für Hans Vorländer hat sich in den neuen Bundesländern ein „kompensatorischer Konstitutionalismus" herausgebildet, der „auf lange Sicht der deutschen Verfassungsdemokratie Anerkennung und Akzeptanz zu geben vermag" (Vorländer 2011, S. 255 ff. und 258). Dagegen plädiert H.v. Mangoldt für „[g]liedstaatliche Bescheidenheit" und „Zurückhaltung", ohne damit die „unverzichtbare verfassungsrechtliche Eigenständigkeit" der Bundesländer infrage stellen zu wollen (Mangoldt 1993, S. 61). Notwendig für die Verfassungsgebung in den neuen Bundesländern sei, das „Maß" zu finden „zwischen Selbstbescheidung und notwendiger Selbstgestaltung" (Mangoldt 1993, S. 62).

b) Der – fast möchte man sagen: romantischen – Vorstellung, Verfassungsgebung sei eine Art Hochamt der Demokratie, das transparent und unter maximaler Beteiligung derjenigen stattfindet, die Subjekte der dann konstitutionalisierten

Herrschaftsordnung sein werden, kamen allein die Länder der amerikanischen Besatzungszone (und auch dann ist Bremen auszunehmen) sowie nach 1990 drei der neuen Bundesländer nahe und auch dies in einer eher prosaischen Weise (Lorenz 2013; Pfetsch 1990, S. 29 ff.; Stiens 1997, S. 53 ff.; Mangoldt 1993, S. 25 ff.; Hölscheidt 1995). Zumindest wurden in diesen Ländern verfassunggebende Landesversammlungen gewählt und damit die Institution, die die rechtliche Grundordnung entwickeln sollte, unmittelbar demokratisch legitimiert.

Doch auch hier wie in allen anderen Bundesländern folgten die verfassunggebenden Prozesse einer ähnlichen Dramaturgie: Zuerst wurden Verfassungen in vorparlamentarischen Phasen teilweise unter großer öffentlicher Beteiligung debattiert und beraten. Diesen ersten Phasen schlossen sich parlamentarische Beratungsprozesse an, wodurch die öffentlichen Diskurse in fachlich orientierte Debatten überführt wurden, die in Ausschüssen und Unterausschüssen stattfanden. Parteien gewannen durch diese Entwicklungen eine dominierende Rolle, weil sie in den verfassunggebenden Versammlungen die Mitglieder stellten. Gleichzeitig schränkten diese Prozesse die Beteiligung der Bürgerinnen und Bürger an den Verfassungsdebatten ein. Darüber hinaus galt, dass für die Annahme der Verfassungen häufig die Mehrheit der gesetzlichen Mitglieder in der Landesversammlung bzw. im Landesparlament notwendig war. Ohnehin verfügte zum Zeitpunkt der Verfassunggebung keine Partei über eine Zweidrittelmehrheit in den in Tab. 3.1 aufgeführten Bundesländern (Pfetsch 1990, S. 37 ff. und 52; Lorenz 2013, S. 175 f.; Reutter 2008, S. 51 f.).

Die abschließenden öffentlichen Diskussionen entweder im Plenum des Landtags (bzw. der verfassunggebenden Landesversammlung) oder im Rahmen eines Referendums dienten dazu, nicht gelöste inhaltliche Kontroversen zu lösen und die Akzeptanz für die Verfassung zu erhöhen. Keines der beiden Ziele ließ sich immer in der erhofften Weise realisieren. So blieb in Rheinland-Pfalz die Schulfrage und in Bremen die Mitbestimmung bis zum Schluss Gegenstand harter Auseinandersetzungen (Mohr 1987, S. 101 ff. und 167 ff.; Kringe 1993, S. 140 ff. und 173 f.). Auch in anderen Ländern ließen sich viele Konflikte nicht lösen wie etwa in Nordrhein-Westfalen, Schleswig-Holstein, Bremen und Rheinland-Pfalz (Kringe 1988, S. 284 ff. und passim; Kleinrahm 1962, S. 313 ff. und passim; Waller 1988, S. 161 ff. und passim; Mannzen 1957, S. 258 ff.; Kringe 1993, S. 163 ff. und passim; Mohr 1987, S. 101 ff. und passim).

c) Beratungsverlauf und ungelöste Streitfragen mögen dazu beigetragen haben, dass in einigen Ländern, die rechtliche Grundordnung nur geringe Zustimmung erhielt und zwar sowohl in der Konstituante als auch, so es denn stattfand, im Referendum (Tab. 3.2). In Rheinland-Pfalz, Nordrhein-Westfalen und Schleswig-Holstein wurde die Verfassung in den verfassunggebenden Versammlungen

Tab. 3.1 Zusammensetzung verfassunggebender Landesversammlungen (Sitzanteile von Parteien)[a]

Land	Jahr	[b]Union	[c]Sozialdemokraten	[d]Liberale	[e]KPD/PDS	[f]B90/Grüne	[g]Sonstige
BW	1952	41,3	31,4	19,0	3,3	–	5,0
BY	1946	60,6	28,3	1,7	5,0	–	4,4
BE	1950	20,0	58,5	13,1	8,5	–	–
BB	1990	30,7	40,9	6,8	14,8	6,8	–
HB	1946	15,0	65,0	4,0	4,0	–	12,0
HH	1949	18,3	54,2	14,2	4,2	–	9,2
HE	1946	38,9	46,7	6,7	7,8	–	–
MV	1990	43,9	31,8	6,1	18,2	0,0	–
NI	1947	20,1	43,6	8,7	5,4	–	22,1
NRW	1947	42,6	29,6	5,6	13,0	–	9,3
RP	1946	55,1	36,2	1,6	7,1	–	–
SL	1947	56,0	34,0	6,0	4,0	–	–
SN	1990	57,5	20,0	5,6	10,6	6,3	–
SAT	1990	45,3	25,5	13,2	11,3	4,7	–
SH	1947	30,0	61,4	0,0	0,0	–	8,6
TH	1990	49,4	23,6	10,1	10,1	6,7	–

[a]Zusammensetzung zum Zeitpunkt der Konstituierung
[b]Summe der Sitzanteile von: CDU, CSU, BCSV, CDP, CVP
[c]Summe der Sitzanteile von: SPD, SP, SPS
[d]Summe der Sitzanteile von: FDP, DP, LDP, DVP, DPS
[e]Summe der Sitzanteile von: KPD, KPS, PDS; in Berlin nahmen die Vertreter der SED ihre Mandate nicht wahr
[f]Bündnis 90/Die Grünen; Neues Forum
[g]WAV, BDVP, Z, NLP/DP, DP, DKP, SSW, BHE
Quelle: Reutter (2008, S. 62); Pfetsch (1990, S. 44 ff.); sowie die Beiträge in: Mielke und Reutter (2012)

mit Mehrheiten angenommen, die zum Teil weit unterhalb des Quorums lagen, das später für die Änderung einer Verfassung gelten sollte. In diesen Ländern stimmten weniger als zwei von drei gewählten Abgeordneten des Landesparlamentes bzw. der verfassungsgebenden Versammlung für den vorgelegten Verfassungsentwurf. In Nordrhein-Westfalen votierten sogar lediglich knapp 51 % der Mitglieder des Landtages und rund 53 % der Abstimmenden für den Verfassungsentwurf.

Tab. 3.2 Annahme der Landesverfassungen

	Tag des Inkrafttretens der ersten Verfassung nach 1945	Annahme der aktuellen Verfassung durch			
		Konstituante		Volksentscheid	
		v. H. der abgegebenen Stimmen	v. H. der gesetzlichen Mitglieder	v. H. der gültigen Stimmen	v. H. der Stimmberechtigten
BW	20.11.1953	89,5	64,2	–	–
BY	08.12.1946	90,7	75,5	70,6	49,6
BE	01.10.1950	100,0	80,0	75,1[b]	48,0
BB	21.08.1992	82,8	81,8	94,0	44,8
HB	22.10.1947	96,4	81,0	72,4	45,1
HH	01.07.1952	97,3	89,2	–	–
HE	01.12.1946	93,2	91,1	76,8	48,8
MV[a]	23.05.1993	85,5	80,3	60,1	38,4
NI	01.05.1951	77,5	71,8	–	–
NRW	11.07.1950	53,1	50,9	61,8	40,8
RP	18.05.1947	69,3	55,1	52,9	35,2
SL	17.12.1947	98,0	96,0	–	–
SN	06.06.1992	87,4	82,5	–	–
ST	18.07.1992	75,5	75,5	–	–
SH	12.01.1950	91,8	64,3	–	–
TH	16.10.1994	84,6	84,1	74,2	50,5

[a]Die Verfassung in Mecklenburg-Vorpommern trat am 23. Mai 1993 vorläufig in Kraft, sie wurde per Referendum am 12. Juni 1994 bestätigt und trat mit Ablauf der ersten Wahlperiode endgültig in Kraft
[b]der Volksentscheid bezieht sich auf die Verfassungsänderung von 1995
Quelle: Nach Reutter (2008, S. 48); vgl. auch Rehmet (2013, 2017).

Noch geringer fiel die Unterstützung in Verfassungsreferenden aus. Zwar hat in fast allen Bundesländern, in denen die Verfassung durch das „Volk" sanktioniert wurde, eine klare Mehrheit der Abstimmenden für die jeweilige Verfassung votiert, und in sechs Fällen konnte sogar eine Mehrheit von mehr als zwei Dritteln erreicht werden (Tab. 3.2). Doch allein in Thüringen erfuhr die Verfassung von mehr als der Hälfte der Wahlberechtigten Unterstützung, nämlich von 50,5 %. In den anderen Bundesländern blieb die Zustimmung meist deutlich unter der 50-Prozent-Marke. In Rheinland-Pfalz stimmten gerade einmal 35,2 % der

Stimmberechtigten für die Verfassung (Tab. 3.2). Damit fand lediglich in Thüringen die Verfassung die Unterstützung durch eine Mehrheit der Stimmberechtigten. Aufgrund dieser bisweilen knappen Abstimmungsergebnisse mag man mit Rudolf Steinberg die Institution des Referendums als mit einem „Odium der Rücksichtslosigkeit" behaftet sehen. Denn Volksabstimmungen können auch die „Legitimität und Integrationskraft" einer Verfassung schwächen (Steinberg 1992, S. 516). Josef Isensee betrachtet (1991, S. 219) Verfassungsreferenden ohnehin nur als „demokratisches Placebo", das keinen legitimatorischen Mehrwert besitzt.

Unbeschadet der divergierenden Einschätzungen über das Legitimationspotenzial eines eine Verfassung sanktionierenden Referendums verweisen die durchaus heterogenen Entstehungsgeschichten, dass Geltungskraft einer rechtlichen Grundordnung und deren Akzeptanz wohl weniger in den Prozessen und Verfahren der Verfassungsgebung und -annahme begründet sind als vielmehr in dem Umstand, dass die Verfassung praktisch wirkt.

3.2 Verfassungsänderungen in den Bundesländern

Wie erwähnt, Verfassungen können ihre Orientierungs- und Einheitsbildungsfunktionen nur erfüllen, wenn sie gegebenenfalls an soziale, politische und wirtschaftliche Veränderungen angepasst werden. Dies kann in unterschiedlicher Form geschehen etwa durch Verfassungsgerichte, durch die Staatspraxis oder eben durch formelle Verfassungsänderungen. Und nur die letzte Variante interessiert in vorliegendem Kontext. Kennzeichnendes Merkmal der Verfassungsänderungsprozesse in den Bundesländern ist – wie in der Einleitung bereits erwähnt – nun dreierlei: Erstens hat sich die verfassungspolitische Dynamik im Zeitablauf insgesamt erhöht, wenn auch nicht in allen Bundesländern; zweitens gibt es zwischen den Bundesländern erhebliche Differenzen, und schließlich verweisen die thematischen Schwerpunkte auf einen Bedeutungsgewinn dieses Politikfeldes.

Folgt man der einfachen Überlegung, dass leichter zu ändernde Verfassungen häufiger geändert werden als schwer zu ändernde, müssten die Verfassungen der Bundesländer deutlich öfter novelliert worden sein als das Grundgesetz. Denn immerhin benötigt man in Bundesrat und Bundestag jeweils mindestens zwei Drittel der gesetzlichen Mitglieder, um die rechtliche Grundordnung des Bundes zu novellieren, während in den meisten Bundesländern eine solche Mehrheit nur in einer Vertretungskörperschaft, nämlich im jeweiligen Landesparlament, erforderlich ist (hinzu kommt in Bayern und Hessen sowie in Berlin, wenn Art. 62 und 62 BerlVerf betroffen sind, ein obligatorisches Referendum bei Verfassungsänderungen, während in Baden-Württemberg ein niedrigeres Quorum gilt). Dennoch wurden Landesverfassungen deutlich seltener geändert als die Bundesverfassung. Insgesamt verabschiedeten die Landesparlamente bis Dezember 2017 294 verfassungsändernde Gesetze. Das Grundgesetz wurde damit alle 1,2 Jahre novelliert, die Landesverfassungen im Durchschnitt alle 3,0 Jahre (Tab. 3.3).[3]

Dabei hat sich die Änderungsdynamik in den Ländern im Zeitablauf gewandelt. Abb. 3.1 und 3.2 illustrieren diese Entwicklungen. In Abb. 3.1 sind Grundlage der Darstellung die in einem Jahr durchschnittlich verabschiedeten verfassungsändernden Gesetze pro Bundesland, das zum jeweiligen Zeitpunkt über eine Verfassung verfügte. In Abb. 3.2 sind die Daten nach Jahrzehnten zusammengefasst und wiederum auf die Anzahl der Bundesländer bezogen, die über eine Verfassung verfügten. Die beiden Abbildungen machen zweierlei deutlich: Zum einen scheint es fast, als ob die Berechnungen, die Thomas Jefferson vor mehr als 200 Jahre anstellte und die eingangs dieser Untersuchung zitiert wurden, doch einen Kern Wahrheit enthalten würden. Denn auch in den deutschen Bundesländern hat sich rund alle zwanzig Jahre ein verfassungspolitischer Aktivismus bemerkbar gemacht. So wurden in den Jahren 1949, 1969, 1992 und 2013 jeweils die meisten Verfassungänderungen pro Land verabschiedet, nämlich 0,7, 1,3, 0,8 und 0,9. Allerdings waren diese Häufungen von divergierenden Motiven getrieben. Während Ende der 40er noch eher technische Änderungen und Korrekturen im Vordergrund standen, waren zwei Jahrzehnte später parlamentarismus- und föderalismusbezogene Anpassungen vorzunehmen. Anfang der 90er Jahre wiederum provozierte die Vereinigung auch in den alten Bundesländern einen verfassungspolitischen Änderungsbedarf etwa im Bereich der direkten Demokratie, bei Parlamentsrechten oder bei Grundrechten.

Gleichzeitig machen die Abbildungen deutlich, dass im langfristigen Verlauf die Anzahl der pro Jahr und Bundesland verabschiedeten verfassungsändernden Gesetze kontinuierlich angestiegen ist. Während im ersten Jahrzehnt zwischen 1946 und 1955 noch gerade einmal 0,16 Gesetze pro Jahr und Bundesland verabschiedet wurden, waren es zwischen 1966 und 1975 im Durchschnitt 0,52. Dieser Wert sank im darauf folgenden Jahrzehnt auf 0,2, um dann wieder anzusteigen und schließlich auf einem Niveau von 0,35 zu verharren. Aktuell verabschiedet jedes Landesparlament also rund alle drei Jahre ein verfassungsänderndes Gesetz. Im Durchschnitt ändert jede gewählte Volksvertretung mindestens einmal die

---

[3]Abweichend von Pestalozza (2014) wurden bis Ende 2004 für Niedersachsen 15 Änderungen (Pestalozza kommt auf 12) gezählt, hinzu kommen zwei Änderungen in Berlin (2005) und eine in Sachsen-Anhalt (2005); vgl. dazu die Angaben in: http://www.verfassungen.de. Zugegriffen: 31. August 2006.

Tab. 3.3 Änderungshäufigkeit von Landesverfassungen (Stand: 31. Dezember 2017)

	Änderungsgesetze bis 10/1990[a]		Änderungsgesetze 10/1990 bis 12/2017[b]		Änderungsgesetze gesamt	
	Anzahl der Gesetze	Gesetz alle … Jahre	Anzahl der Gesetze[c]	Gesetz alle … Jahre	Anzahl der Gesetze	Gesetz alle … Jahre
Alte Bundesländer						
BW	15	2,5	8	3,4	23	2,8
BY	5	8,8	11	2,5	[d]16	4,4
BE	21	1,9	22	1,2	43	1,6
HB	6	7,2	24	1,1	30	2,3
HH	5	7,7	13	2,1	18	3,6
HE	2	21,9	6	4,5	8	8,9
NI	9	4,4	9	3,0	18	3,7
NRW	14	2,9	8	3,4	22	3,1
RP	29	1,5	9	3,0	38	1,9
SH	8	5,1	20	1,4	28	2,4
SL	17	2,5	12	2,3	29	2,4
Neue Bundesländer						
BB	–	–	9	2,8	9	2,8
MV	–	–	5	4,9	5	4,9
SN	–	–	1	25,6	1	25,6
ST	–	–	2	12,7	2	12,7
TH	–	–	4	5,8	4	5,8
Summe	131	3,5	161	2,6	294	3,0

[a]Jeweils vom Tag des Inkrafttretens der Verfassung bis 3. Oktober 1990
[b]für die neuen Bundesländer gilt: ab Inkrafttreten der Verfassung bis 31. Dezember 2017
[c]schließt auch die Verfassungsrevisionen ein in Rheinland-Pfalz (1991 und 2000), Niedersachsen (1993), Schleswig-Holstein (1990), Berlin (1995) und Nordrhein-Westfalen (2016)
[d]in Bayern wurde das vom Landtag angenommene Gesetz vom 11.11.2013 in fünf Volksentscheiden angenommen
Quelle: Reutter (2008, S. 56); eigene Ergänzungen und Berechnungen; https://beck-online. beck.de/. Zugegriffen: 14. Januar 2018; Parlamentsdokumentationen

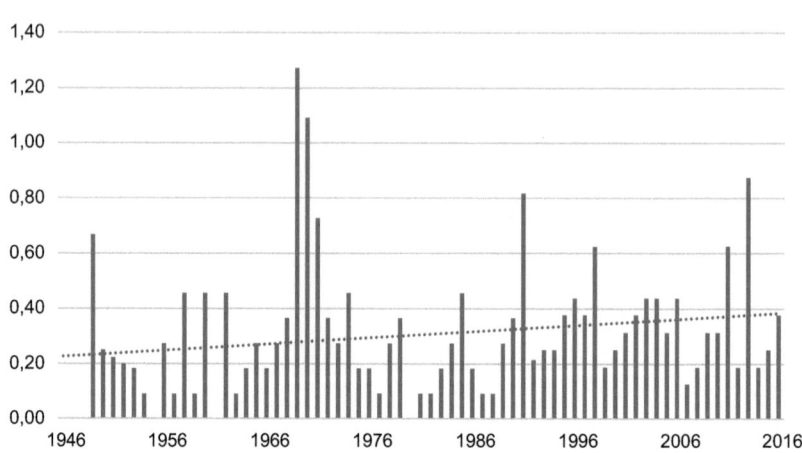

Abb. 3.1 Verfassungsändernde Gesetze in den Bundesländern (pro Jahr und Parlament; 1946 bis 2016) (Berechnet wurden die Werte, indem die Anzahl der jährlich verabschiedeten verfassungsändernden Gesetze durch die Anzahl der Bundesländer dividiert wurde, die in dem entsprechenden Jahr über eine Verfassung verfügten). (Quelle: Eigene Berechnungen; Reutter 2017, S. 5; Parlamentsdokumentationen der Landesparlamente)

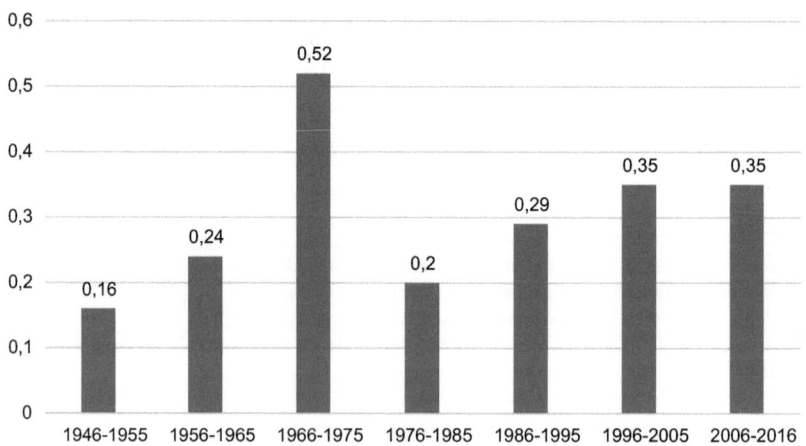

Abb. 3.2 Verfassungsändernde Gesetze (nach Jahrzehnten). (Quelle: Eigene Darstellung; eigene Berechnungen; Parlamentsdokumentationen der Landesparlamente)

rechtliche Grundordnung des Bundeslandes. Dabei hat sich die Frequenz nach der Vereinigung beträchtlich erhöht (Tab. 3.3).

b) Die präsentierten Befunde stellen statistische Artefakte dar. Grundlage sind Durchschnittswerte, die nicht als bundesweit existierende oder säkulare Entwicklungstrends missverstanden werden dürfen. Denn neben diesen generellen Entwicklungen zeichnen sich die Verfassungspolitiken in den Bundesländern dadurch aus, dass sie sich in Häufigkeit und Reichweite – gemessen an der Anzahl der verabschiedeten Gesetze und der geänderten Artikel – signifikant unterscheiden. Jedes Bundesland verfügt gleichsam über eine eigenständige verfassungspolitische Biografie, schon weil Umfang und Reichweite der Änderungsgesetze beträchtlich variieren. Grundlegende Verfassungsrevisionen wie im Saarland (1979), in Hamburg (1996), in Berlin (1995), in Rheinland-Pfalz (2001 und 2006) oder in Nordrhein-Westfalen (2016) gibt es ebenso wie Gesetze, die lediglich einen Artikel betreffen. Am häufigsten geändert wurde die Berliner Verfassung (43 mal), gefolgt von Rheinland-Pfalz (38 mal); das „Schlusslicht" der alten Länder bildet Hessen mit 8 Änderungsgesetzen (Tab. 3.3).[4]

Die neuen Bundesländer sollten *grosso modo* – aufgrund ihres deutlich geringeren Alters – einen überschaubaren Novellierungsbedarf aufweisen. Zieht man allerdings lediglich die Perioden nach der Vereinigung heran, haben sich in Brandenburg, Mecklenburg-Vorpommern und Thüringen ähnlich hohe Änderungsfrequenzen herausgebildet wie in den alten Bundesländern.

Neben der gestiegenen Häufigkeit weist ein weiterer Indikator darauf hin, dass die Verfassungspolitik in den Bundesländern an Bedeutung gewonnen hat. Wie in Kap. 2 bereits erwähnt, wurden nach der Vereinigung eine Reihe von Politikbereichen konstitutionalisiert. Dies betraf nicht nur das Staatsorganisationsrecht, sondern etwa auch das Haushaltsrecht mit der Schuldenbremse oder Staatsziele wie den Umweltschutz und Kinderrechte (Tab. 3.4). Auch Martina Flick kommt auf Grundlage ihrer Untersuchung zu ähnlichen Schlussfolgerungen. Sie zieht dabei nicht nur die Änderungsgesetze heran, sondern auch die Anzahl der bis 2005 geänderten Artikel und berücksichtigt dabei die entsprechenden Abschnitte, in denen geänderte Artikel zu finden sind.

---

[4]Anzumerken ist mit A. Busch an dieser Stelle, dass die bloße Zählung der Änderungsgesetze zwar der einfachste, aber auch der „gröbste" Indikator ist (Busch 1999, S. 553 f.). Genauer sind zwei andere Indikatoren: die Anzahl der pro Änderungsgesetz betroffenen Artikel sowie die Anzahl der Textänderungen. Deswegen hat A. Lorenz (2005, S. 452) einen „Reformpunkte"-Index entwickelt, mit dem Anzahl und Relevanz von Verfassungsreformen erfasst werden sollen.

Tab. 3.4 Ausgewählte landesverfassungsrechtliche Änderungen (Jahr der Annahme)

	Staatsorganisation		Staatsziele		Mehrebenensystem	
	Parlamentarische Opposition	Parlamentarische Informationsrechte	Schuldenbremse	Umweltschutz	Europa	Mandatierung Landesregierung
BW	–	1995	–	1995	1995	1995
BY	1998	2003	2013	–[a]	1998	2014
BE	1990	1995	–	1995	–	–
BB	1993	–[a]	–	–[a]	–[a]	–
HB	1994	1994	2015	1986	–[a]	–
HH	1971	1996	2012	1986	–	–
HE	–	–	2011	1991	–	–
NI	1993	1993	–	1993	–	–
MV	1993	–[a]	2011	–[a]	–[a]	–
NRW	–	2016	–	1985	–	–
RP	2000	2000	2010	2000	2000	–
SL	–	2001	–	1985	–[a]	–
SN	1992	–[a]	2013	–[a]	–[a]	–
ST	1992	–[a]	–	–[a]	–[a]	–
SH	1990	1990	2010	1990	–	–
TH	1993	–[a]	–	–[a]	–[a]	–

[a]Die Verfassung enthielt bereits bei Annahme eine entsprechende Regelung
Quelle: Reutter und Lorenz (2016, S. 111); Abels (2011, S. 286 ff.); Pestalozza (2014); eigene Ergänzungen

Ich habe die Befunde von Martina Flick ergänzt und bis Dezember 2016 aktualisiert (Abb. 3.3). Auf dieser Grundlage lässt sich die Schlussfolgerung ziehen, dass sich die „Änderungsintensität [gemessen an der Anzahl der geänderten Artikel, WR] seit der Wiedervereinigung im Vergleich zum Zeitraum bis 1990 in vielen Fällen ganz erheblich gesteigert hat" (M. Flick 2008, S. 223). Aus offensichtlichen Gründen bezieht sich diese Aussage nur auf die alten Bundesländer, wobei ich im Unterschied zu Martina Flick die umfassenden Verfassungsrevisionen in Niedersachsen 1993, Berlin 1995 und Schleswig-Holstein 1990 berücksichtigt habe. In diesem Zusammenhang fällt auf, dass in den vier Jahrzehnten vor der Vereinigung lediglich in Niedersachsen, Nordrhein-Westfalen und im Saarland mehr Artikel geändert wurden als in den 26 Jahren danach.

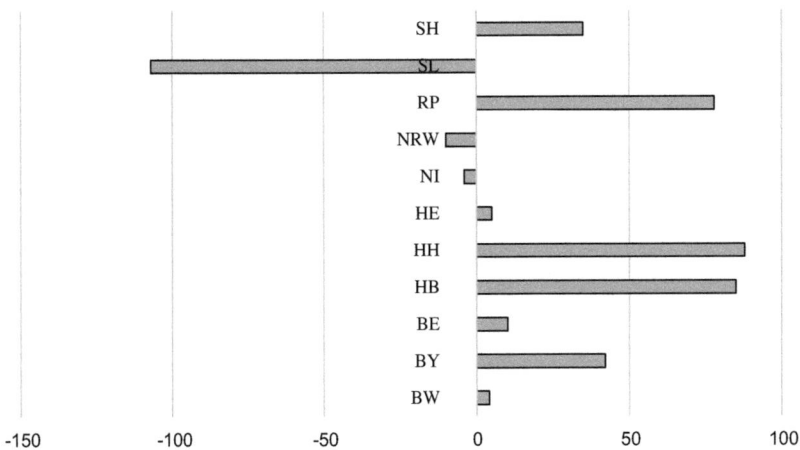

Abb. 3.3 Unterschiede in der Änderungsreichweite (Die Unterschiede in den Änderungsreichweiten wurden berechnet, indem die Anzahl der bis 10/1990 in einem Bundesland geänderten Artikel von derjenigen zwischen 11/1990 und 12/2016 abgezogen wurde) in den alten Bundesländern vor und nach der Vereinigung (Stand: Dezember 2016). (Quelle: Eigene Darstellung; M. Flick 2008, S. 224 f.; Pestalozza 2014; eigene Erhebungen und Ergänzungen)

3.3 Zusammenfassung

Die Darstellung verdeutlicht, dass die Verfassung in den Bundesländern einen wichtigen politischen Gegenstand darstellt. Bezeichnend ist dabei nicht nur die Änderungsdynamik, die in fast allen Bundesländern zugenommen hat, jedenfalls gemessen an der Anzahl der verabschiedeten Verfassungsnovellen und der geänderten Artikel. Vielmehr zeigt sich im Zeitablauf, dass zunehmend wichtige Politikbereiche konstitutionalisiert wurden. Landesverfassungen wurden damit in dreifachem Sinne aufgewertet: Sie regeln zunehmend Lebenssachverhalte in den Bundesländern, sie binden den Gesetzgeber an rechtliche Grundnormen und werden damit gleichzeitig ein zentrales Feld für politische Auseinandersetzungen. In dieses Bild fügt sich nahtlos ein, dass sich bisher keine Anhaltspunkte ergeben haben, die auf ein Übergreifen des Bundesgesetzgebers auf die Verfassungspolitik in den Ländern hinweisen.

Im Anschluss an Andrea Stiens (1997, S. 308 ff.) und mit Martina Flick lassen sich diese Entwicklungen auf zwei Ereignisse zurückführen: auf die Verfassungsrevision in Schleswig-Holstein nach der Barschel/Pfeiffer-Affäre 1988/1989 sowie auf die Verfassungsgebungsprozesse in den neuen Bundesländern (Landeszentrale für politische Bildung Schleswig-Holstein 1990). Die alten Länder haben, so Martina Flick (2008, S. 223), „modernere Bestimmungen zu den Bereichen Parlamentsrecht, direkte Demokratie, Grundrechte und Staatszielbestimmungen aus den Verfassungen der neuen Länder übernommen". Im Weiteren gilt es nun zu prüfen, ob diese Vermutung auch in der Verfassungswirklichkeit einen empirischen Grund findet.

Literatur

Abels, G. (2011). Wandel oder Kontinuität? Europapolitische Reformen der deutschen Landesparlamente in der Post-Lissabon-Phase. In G. Abels & A. Eppler (Hrsg.), *Auf dem Weg zum Mehrebenenparlamentarismus? Funktionen von Parlamenten im politischen System der EU* (S. 279–294). Baden-Baden: Nomos.

Brünneck, A. v. (2004). Die Verfassung des Landes Brandenburg von 1992. In P. Häberle (Hrsg.), *Jahrbuch des öffentlichen Rechts der Gegenwart (N.F.)*, (*52*, S. 259–298). Tübingen: Mohr Siebeck.

Bull, H.-P. (2003). Die Verfassungsentwicklung in Schleswig-Holstein seit 1980. In P. Häberle (Hrsg.), *Jahrbuch des öffentlichen Rechts der Gegenwart (N.F.)*, (*51*, S. 489–512). Tübingen: Mohr Siebeck.

Busch, A. (1999). Das oft geänderte Grundgesetz. In A. Busch & W. Merkel (Hrsg.), *Demokratie in Ost und West. Festschrift für Klaus von Beyme* (S. 549–574). Frankfurt a. M.: Suhrkamp.

Cancik, P. (2003). Die Verfassungsentwicklung in Hessen. In P. Häberle (Hrsg.), *Jahrbuch des öffentlichen Rechts der Gegenwart (N.F.)*, (*51*, S. 271–300). Tübingen: Mohr Siebeck.

Dästner, C. (2002). *Die Verfassung des Landes Nordrhein-Westfalen. Kommentar* (2. Aufl.). Stuttgart: Boorberg.

Dietlein, J. (2003). Die Verfassungsentwicklung in Nordrhein-Westfalen in den vergangenen 25 Jahren. In P. Häberle (Hrsg.), *Jahrbuch des öffentlichen Rechts der Gegenwart (N.F.)*, (*51*, S. 344–384). Tübingen: Mohr Siebeck.

Dombert, M. (2012). §27 Landesverfassungen und Landesverfassungsgerichte in ihrer Bedeutung für den Föderalismus. In I. Härtel (Hrsg.), *Handbuch Föderalismus – Föderalismus als demokratische Rechtsordnung und Rechtskultur in Deutschland, Europa und der Welt* (S. 19–38). Berlin: Springer.

Flick, M. (2008). Landesverfassungen und ihre Veränderbarkeit. In M. Freitag & A. Vatter (Hrsg.), *Die Demokratien der deutschen Bundesländer, Budrich. Politische Institutionen im Vergleich* (S. 221–236). Opladen: Budrich.

Fritsch, G. (Hrsg.). (2012). *20 Jahre Landesverfassung. Festschrift des Landtages Brandenburg*. Berlin: Duncker & Humblot.

Gunlicks, A. B. (1996). The new constitutions of east Germany. *German Politics, 5*(2), 262–275.

Gunlicks, A. B. (1998). Land constitutions in Germany. *Publius: The Journal of Federalism, 28*(4), 105–125.

Gunlicks, A. B. (2012). Legislative competences, budgetary constraints, and the reform of federalism in Germany from the top down and the bottom up. In M. Burgess & G. A. Tarr (Hrsg.), *Constitutional Dynamics in Federal Systems* (S. 61–87). Montreal: McGill Queen's University Press.

Hamer, K. (1990). Von der „Ministerpräsidenten-Verfassung" zur „Parlaments-Verfassung". In Landeszentrale für politische Bildung Schleswig-Holstein (Hrsg.), *Eine neue Verfassung für Schleswig-Holstein* (S. 9–20). Kiel: Schmidt & Klaunig.

Hesse, K. (1993). *Grundzüge des Verfassungsrechts der Bundesrepublik Deutschland* (19. Aufl.). Heidelberg: C.F. Müller.

Hölscheidt, S. (1995). Die Praxis der Verfassungsverabschiedung und der Verfassungsänderung in der Bundesrepublik. *Zeitschrift für Parlamentsfragen, 26*(1), 58–84.

Ipsen, J. (2011a). 60 Jahre Niedersächsische Verfassung – Anmerkungen zu einem wenig beachteten Jubiläum. *Niedersächsisches Verwaltungsblatt, 18*(5), 121–125.

Ipsen, J. (2011b). 60 Jahre Niedersächsische Verfassung. Ein Landesgesetz im Wandel der politischen Geschichte. *Publicus, 5*, 36–37. http://www.publicus-boorberg.de. Zugegriffen: 9. Mai 2017.

Isensee, J. (1991). Abstimmen, ohne zu entscheiden? Ein Plebiszit über die Verfassung ist nicht vorgesehen und auch nicht wünschenswert. In B. Guggenberger & T. Stein (Hrsg.), *Die Verfassungsdiskussion im Jahr der deutschen Einheit. Analysen, Hintergründe, Materialien* (S. 214–219). München: Beck.

Janssen, A., & Winkelmann, U. (2003). Die Entwicklung des niedersächsischen Verfassungs- und Verwaltungsrechts in den Jahren 1990–2002. In P. Häberle (Hrsg.), *Jahrbuch des öffentlichen Rechts der Gegenwart (N.F.), (51*, S. 301–342). Tübingen: Mohr Siebeck.

Kleinrahm, K. (1962). Verfassung und Verfassungswirklichkeit in Nordrhein-Westfalen. In P. Häberle (Hrsg.), *Jahrbuch des öffentlichen Rechts der Gegenwart (N.F.), (11*, S. 313–354). Tübingen: Mohr Siebeck.

Korte, H. (1956). Verfassung und Ver-waltung des Landes Niedersachsen. In P. Häberle (Hrsg.), *Jahrbuch des öffentlichen Rechts der Gegenwart (N.F.), (5*, S. 1–158). Tübingen: Mohr Siebeck.

Kringe, W. (1988). *Machtfragen, Die Entstehung der Verfassung für das Land Nordrhein-Westfalen 1946–1950.* Frankfurt a. M.: Lang.

Kringe, W. (1993). *Verfassungsgenese. Die Entstehung der Landesverfassung der Freien Hansestadt Bremen vom 21. Oktober 1947.* Frankfurt a. M.: Lang.

Kropp, S. (2010). *Kooperativer Föderalismus und Politikverflechtung.* Wiesbaden: VS Verlag.

Landeszentrale für politische Bildung Schleswig-Holstein. (Hrsg.). (1990). *Eine neue Verfassung für Schleswig-Holstein.* Kiel: Schmidt & Klaunig.

Laufer, H., & Münch, U. (2010). *Das föderale System der Bundesrepublik Deutschland* (8. Aufl.). München: Bayerische Landeszentrale für politische Bildungsarbeit.

Leusser, C. (1954). Die Verfassung des Freistaates Bayern vom 2. Dezember 1946. In P. Häberle (Hrsg.), *Jahrbuch des öffentlichen Rechts der Gegenwart (N.F.), (3*, S. 149–177). Tübingen: Mohr Siebeck.

Lorenz, A. (2005). How to measure constitutional rigidity. Four concepts and two alternatives. *Journal of Theoretical Politics, 17*(3), 339–361.

Lorenz, A. (2011). Die ostdeutschen Landesverfassungen als dynamische Integrations-stifter. In A. Lorenz (Hrsg.), *Ostdeutschland und die Sozialwissenschaften. Bilanz und Perspektiven 20 Jahre nach der Wiedervereinigung* (S. 75–98). Leverkusen: Budrich.

Lorenz, A. (2013). *Demokratisierung in Ostdeutschland. Verfassungspolitische Weichenstellungen in den neuen Ländern und Berlin.* Wiesbaden: Springer VS.

Lorenz, A. (2016). Entstehung und Inhalt der brandenburgischen Verfassung. In A. Lorenz, A. Anter, & W. Reutter (Hrsg.), *Politik und Regieren in Brandenburg* (S. 43–48). Wiesbaden: Springer VS.

Mangoldt, H. v. (1993). *Die Verfassungen der neuen Bundesländer. Einführung und synoptische Darstellung. Sachsen, Brandenburg, Sachsen-Anhalt, Verfassungskommission für Mecklenburg-Vorpommern.* Berlin: Duncker & Humblot.

Mangoldt, H. v. (1996). *Entstehung und Grundgedanken der Verfassung des Freistaates Sachsen.* Leipzig: Leipziger Universitätsverlag.

Mannzen, K. (1957). Die Landessatzung für Schleswig-Holstein. In P. Häberle (Hrsg.), *Jahrbuch des öffentlichen Rechts der Gegenwart (N.F.),* (6, S. 251–283). Tübingen: Mohr Siebeck

Mielke, S., & Reutter, W. (Hrsg.). (2012). *Landesparlamentarismus. Geschichte – Struktur – Funktionen* (2. Aufl.). Wiesbaden: Springer VS.

Mohr, A. (1987). *Die Entstehung der Verfassung für Rheinland-Pfalz.* Frankfurt a. M.: Lang.

Möstl, M. (2005). Landesverfassungsrecht – Zum Schattendasein verurteilt? Eine Positionsbestimmung im bundesstaatlichen und supranationalen Verfassungsverbund. *Archiv des öffentlichen Rechts, 130,* 350–391.

Pestalozza, C. (Hrsg.). (2014). *Verfassungen der deutschen Bundesländer mit dem Grundgesetz* (10. Aufl.). München: Beck.

Pfetsch, F. R. (1990). *Ursprünge der Zweiten Republik. Prozesse der Verfassungsgebung in den Westzonen und in der Bundesrepublik.* Opladen: Westdeutscher Verlag.

Priebus, S. (2017). Verfassungspolitik in Sachsen-Anhalt: Verfassungspolitische Kompromisse als Leitprinzip. In H. Träger & S. Priebus (Hrsg.), *Politik und Regieren in Sachsen-Anhalt* (S. 73–88). Wiesbaden: Springer VS.

Rehmet, F. (2013). Volksentscheide in den deutschen Bundesländern seit 1945, die nicht per Volksbegehren ausgelöst wurden = Obligatorische Referenden, Verfassungsreferenden und Sonderabstimmungen, Stand: 5.12.2013. http://www.mehr-demokratie.de/fileadmin/pdf/VE-Liste_Referenden_Sonderabstimmungen.pdf. Zugegriffen: 29. Mai 2014.

Rehmet, F. (2017). Volksentscheide aufgrund von Volksbegehren in Deutschland. Erstellt von: Frank Rehmet, Mehr Demokratie e. V. – Stand: 26.09.2017. https://www.mehr-demokratie.de/fileadmin/pdf/Uebersicht-Volksentscheide-BL.pdf. Zugegriffen: 20. Dez. 2017.

Reutter, W. (2008). *Föderalismus, Parlamentarismus und Demokratie. Landesparlamente im Bundesstaat.* Opladen: Budrich.

Reutter, W. (2017). Landesparlamente im unitarischen Bundesstaat: „Machtlosigkeit" und „unheilige Allianz". *Österreichische Zeitschrift für Politikwissenschaft, 46*(4), 1–15. https://doi.org/10.15203/ozp.2390.vol46iss4.

Reutter, W., & Lorenz, A. (2016). Explaining the frequency of constitutional change in the German länder: Institutional and party factors. *Publius: The Journal of Federalism, 46*(1), 103–127. https://doi.org/10.1093/publius/pjv041.

Rux, J. (1992). Die Verfassungsdiskussion in den neuen Bundesländern – Vorbild für die Reform des Grundgesetzes? *Zeitschrift für Parlamentsfragen, 22*(2), 291–315.

Steinberg, R. (1992). Organisation und Verfahren bei der Verfassungsgebung in den Neuen Bundesländern. *Zeitschrift für Parlamentsfragen, 23*(3), 497–596.

Stiens, A. (1997). *Chancen und Grenzen der Landesverfassungen im deutschen Bundesstaat der Gegenwart.* Berlin: Duncker & Humblot.

Vorländer, H. (2011). Verfassungstheorie und demokratischer Transitionsprozess. Der (ost-) deutsche Konstitutionalismus. In A. Lorenz (Hrsg.), *Ostdeutschland und die Sozialwissenschaften. Bilanz und Perspektiven 20 Jahre nach der Wiedervereinigung* (S. 245–250). Leverkusen: Budrich.

Waller, W. (1988). *Die Entstehung der Landessatzung von Schleswig-Holstein vom 13.12.1949.* Frankfurt a. M.: Lang.

Wuttke, H. (1972). Die verfassungsrechtliche Entwicklung des Landes Schleswig-Holstein 1957 bis 1971. In P. Häberle (Hrsg.), *Jahrbuch des öffentlichen Rechts der Gegenwart (N.F.), (21,* S. 361–382). Tübingen: Mohr Siebeck.

Wuttke, H. (1979). Die verfassungsrechtliche Entwicklung des Landes Schleswig-Holstein vom 1.1.1972 bis zum 26.5.1979 (Ende der 8. Wahlperiode). In P. Häberle (Hrsg.), *Jahrbuch des öffentlichen Rechts der Gegenwart (N.F.), (28,* S. 449–468). Tübingen: Mohr Siebeck.

Zimmer, A. (1987). *Demokratiegründung und Verfassungsgebung in Bayern. Die Entstehung der Verfassung des Freistaates Bayern von 1946.* Frankfurt a. M.: Lang.

Verfassungsänderungspolitik in Bundesländern: Analysen

4

Wie im zweiten Kapitel erläutert, werden die Verfassungsänderungspolitiken in den Bundesländern mittels einer triangulären Vorgehensweise erschlossen und analysiert. Die – frei nach G.A. Tarr (2007, S. 15) – „wirklich interessante Frage" nach den Ursachen für die Unterschiede zwischen den Verfassungspolitiken in den Bundesländern wird mit divergierenden Fallkonstellationen und auf unterschiedlicher Datengrundlage zu beantworten versucht. Beginnen werde ich mit Fallstudien. Sie eignen sich besonders dazu, komplexe Zusammenhänge zu erschließen. Gleichzeitig vermitteln sie ein realitätsnahes und umfassendes Bild des zu erklärenden Gegenstandes (George und Bennett 2005, S. 20; Bennett und George 1997; Muno 2003; Gerring 2007). Für Siegfried Lamnek (2010, S. 272 ff.) ist eine Fallstudie dadurch charakterisiert, dass sie ein soziales Element – das können nach Lamnek sein: Personen, Gruppen, Organisationen – zum Untersuchungsobjekt hat. In Abschn. 4.1 geht es um die Verfassungspolitik in acht Bundesländern. Allerdings werden die Verfassungspolitiken der Bundesländer im vorliegenden Kontext nicht im Sinne Lamneks als bloße Einzelfälle behandelt. Entsprechende Analysen dieser Fälle wurden bereits durchgeführt und liegen in veröffentlichter Form vor (Reutter 2014a, b, 2015a, b, 2016a, b, 2017a, b, d, 2018a, b, c). Diese diachron angelegten Longitudinalstudien werden im Weiteren durch synchrone Vergleichsanalysen ergänzt und komplettiert.

In einem zweiten Schritt wird mittels einer *crisp-set Qualitative Comparative Analysis* insbesondere der Frage nachgegangen, ob und inwieweit bundespolitische Einflüsse und parteipolitische Konstellationen die verfassungsändernden Gesetzgebungsverfahren zur Schuldenbremse in den Bundesländern prägen konnten (Abschn. 4.2). Herangezogen werden für diese Analyse insgesamt 22 verfassungsändernde Gesetzgebungsverfahren aus sieben Bundesländern. In der daran anschließenden *fuzzy-set Qualitative Comparative Analysis* werden die hinreichenden und notwendigen Bedingungen untersucht, die in allen 16 Bundesländern Häufigkeit und

© Springer Fachmedien Wiesbaden GmbH, ein Teil von Springer Nature 2018
W. Reutter, *Verfassungspolitik in Bundesländern*,
https://doi.org/10.1007/978-3-658-21861-4_4

Reichweite von Verfassungsänderungen bestimmt haben (Abschn. 4.3). Abschließend wird in einer Regressionsanalyse, die sich auf 210 Wahlperioden stützt, herausgearbeitet, welche Faktoren in statistischer Hinsicht als kausal gelten für Verfassungsänderungen in den Bundesländern (Abschn. 4.4).

4.1   Verfassungspolitik: prozessorientierte Fallstudien

Fallstudien oder „thick descriptions" sind gängige und verbreitete Methoden, um Ursachen, Verlauf und Ergebnis von Entscheidungsprozessen oder andere soziale und politische Phänomene zu analysieren; manche meinen sogar, bei einer Fallstudie handle es sich um einen veritablen Forschungsansatz (Muno 2003; Gerring 2007; Lamnek 2010, S. 272 ff.; Lijphart 1971, 1975). In diesem Kapitel sind die Untersuchungsobjekte verfassungsändernde Gesetzgebungsverfahren in acht Bundesländern. Sie also gilt es vergleichend zu „rekonstruieren", d. h. alle die „Informationen zusammenzutragen, die man benötigt, um [einen sozialen Sachverhalt] zu verstehen und zu erklären" (Gläser und Laudel 2010, S. 37).

Die „sozialen Sachverhalte", die es in dieser Untersuchung zu erklären gilt, stellen in diesem Teil der Studie „gefundene Fälle" dar (Abschn. 2.3; Ragin 1992; Merkens 2009). Ein solcher Falltyp ist empirisch vorhanden, aber gleichzeitig Resultat des Forschungsprozesses, wobei zwei Aspekte von Bedeutung sind: Erstens ist der qualitativ-vergleichenden Analyse in diesem Kapitel ein breites Verständnis von Verfassungspolitik unterlegt. Während die meisten einschlägigen Untersuchungen sich auf verabschiedete Verfassungsnovellen beziehen (Busch 2006; Schmidt 2011, S. 319 ff.; Lorenz und Reutter 2012; Reutter 2008a, S. 53 ff., b; Pestalozza 2014a), werden in diesem Kapitel auch nicht verabschiedete verfassungsändernde Gesetzentwürfe einbezogen. Mit dieser empirischen Erweiterung soll ein methodischer Bias ausgeschlossen und verhindert werden, dass das Politikfeld allein mit solchen Entscheidungen beschrieben wird, die einen lagerübergreifenden Kompromiss erfordern und damit konsensdemokratische Interpretationen privilegieren. Verfassungspolitik wird dadurch zwingend zur Manifestation des Staates der Großen Koalition. Um die mehrheitsdemokratischen Dimensionen in diesem Politikfeld berücksichtigen zu können, sind daher auch gescheiterte Entwürfe in die Analyse einzubeziehen. Zweitens wird außerdem angenommen, dass die Verfassungspolitik in einem Bundesland eine abgrenzbare Untersuchungseinheit bildet.

Untersucht werden die Verfassungspolitiken von Baden-Württemberg, Bayern, Brandenburg, Niedersachsen, Nordrhein-Westfalen, Sachsen, Sachsen-Anhalt und Schleswig-Holstein. Tab. 4.1 fasst wichtige Dimensionen der Verfassungspolitiken dieser Bundesländer zusammen. Die einbezogenen Untersuchungszeiträume

Tab. 4.1 Verfassungspolitische Profile von acht Bundesländern

	BW	BY	BB	NI	NRW	SN	ST	SH	∑Ø
Untersuchter Zeitraum[a]	1952–2011	1946–2013	1994–2014	1993–2016	1950–2017	1992–2014	1992–2016	1993–2017	–
Verfassung von[b]	1953	1946	1992	1993	1950	1992	1992	1990	–
Referendum	Nein	Ja	Ja	Nein	Ja	Nein	Nein	Nein	–
Anzahl Artikel[c]	95	189	118	78	93	123	102	60	858
Anzahl Jahre	59	67	20	23	67	24	21	24	305
Anzahl WPen	14	16	5	5	16	5	6	6	73
Eingebrachte Entwürfe	69	90	21	22	65	29	7	56	359
Gesetzentwürfe pro WP	4,9	5,6	4,2	4,4	4,1	5,8	1,2	9,3	4,9
Gesetzentwürfe pro Jahr	1,2	1,3	1,1	1,0	1,0	1,2	0,3	2,3	1,2
Angenommene Entwürfe[d]	20	16[e]	8	5	22	1	2	18	90
Gesetze pro WP	1,4	1,0	1,6	1,0	1,4	0,2	0,4	3,0	1,2
Gesetze pro Jahr	0,3	0,2	0,4	0,2	0,3	0,1	0,1	0,8	0,3
Angenommene/eingebrachte Entwürfe	0,3	0,2	0,4	0,2	0,3	0,0	0,3	0,3	0,3

(Fortsetzung)

Tab. 4.1 (Fortsetzung)

	BW	BY	BB	NI	NRW	SN	ST	SH	Σ/Ø
Untersuchter Zeitraum[a]	1952–2011	1946–2013	1994–2014	1993–2016	1950–2017	1992–2014	1992–2016	1993–2017	–
Anzahl geänderte Artikel	44	71	27	6	56	3	17	50	274
Geänderte/alle Artikel	0,5	0,4	0,2	0,1	0,5	0	0,2	0,8	0,3
Geänderte Artikel/ Änderung	2,2	5,1	3,4	1,2	2,5	3	8,5	2,8	3,0

[a]Ab dem Jahr, in dem die Verfassung in Kraft getreten ist
[b]Jahr des Inkrafttretens der Verfassung; bei Niedersachsen und Schleswig-Holstein wurden die 1993 bzw. 1990 überarbeiteten und neu bekanntgemachten Verfassungen zugrunde gelegt
[c]bei Inkrafttreten; einschließlich Präambel bzw. Vorspruch
[d]von Landesparlamenten angenommene Entwürfe
[e]in Bayern erhielten zwei vom Landtag angenommene verfassungsändernde Gesetzentwürfe in den anschließenden Referenden keine Mehrheit; außerdem wurden zwei per Volksbegehren eingereichte Gesetzentwürfe vom Landtag abgelehnt (Drs. 13/1252 und 13/8956), erhielten aber im anschließenden Referendum die notwendige Mehrheit
Quelle: Eigene Erhebung; Parlamentsdokumentationen der Landesparlamente; Pestalozza (2014b)

variieren dabei zwischen 67 (Nordrhein-Westfalen und Bayern) und 20 Jahren (Brandenburg). In Niedersachsen und Schleswig-Holstein wurden die Landesverfassungen 1990 bzw. 1993 umfassend novelliert, ohne dass sich die beiden Länder, wie ursprünglich vorgesehen, nach der Vereinigung der beiden deutschen Staaten eine neue Verfassung gegeben hätten. Vielmehr bezogen sich die verabschiedeten Änderungen auf bestehende Verfassungstexte; zudem wurde in keinem der beiden Länder eine verfassunggebende Versammlung einberufen; schließlich wurden die Änderungen nicht in Referenden bestätigt.

Die Untersuchung stützt sich in diesem Teil somit auf fünf Verfassungspolitiken der alten sowie drei Verfassungspolitiken der neuen Bundesländer: Brandenburg, Sachsen und Sachsen-Anhalt. Sie haben 1992 neue Verfassungen in Kraft gesetzt, wobei lediglich die brandenburgische Verfassung dem Volk zur Annahme vorgelegt wurde. In Bayern, Baden-Württemberg und Nordrhein-Westfalen wurden alle verfassungsändernden Gesetzentwürfe nach Inkrafttreten der rechtlichen Grundordnungen (1946, 1950 bzw. 1953) bis zum Ende der 14. bzw. 16. Wahlperiode erfasst und ausgewertet. In Brandenburg, Sachsen und Sachsen-Anhalt wurden ebenfalls alle Daten erhoben seit Inkrafttreten der Verfassungen (1992) bis zum Ende der letzten abgeschlossenen Wahlperiode (Stand: Dezember 2017). In Niedersachsen und Schleswig-Holstein wurden die Vorläufige Verfassung bzw. die Landessatzung 1990 und 1993 umfassend novelliert. Hier wurden nur die verfassungsändernden Gesetzentwürfe einbezogen, die nach den Verfassungsrevisionen in den jeweiligen Landtag bis zum Ende der 16. (NRW) bzw. 18. Wahlperiode (SH) eingebracht wurden.

Die Auswahl der Bundesländer orientiert sich an drei Kriterien: an der „Repräsentativität", an der Fragmentierung der Landesparteiensysteme sowie an der Kongruenz bzw. Inkongruenz von Regierungskonstellationen auf Bundes- und Landesebene (siehe unten). In der Analyse vertreten sein sollten „alte" und „neue" Bundesländer aus Süd- und Norddeutschland. Zudem sollten die Bundesländer über eine möglichst große oder über eine möglichst geringe parteipolitische Fragmentierung verfügen, weil eine Kernhypothese der Untersuchung war, dass die Verfassungspolitik in einem Bundesland auch durch die Struktur des jeweiligen Parteiensystems geprägt ist. Schließlich sollte geprüft werden, ob auf Bundes- und Landesebene eine ähnliche Regierungskonstellation besteht und damit Mehrebeneneffekte zum Tragen kommen können. Werden diese Faktoren kombiniert, ergibt sich die unten erläuterte Fallauswahl, die zudem eine periodenspezifische Differenzierung aufweist (Tab. 4.12 und 4.13).[1]

---

[1]Sie ist übernommen aus dem bei der DFG eingereichten Forschungsprojektantrag.

Die Analyse erfolgt in vier Schritten: Zuerst wird ein Überblick über die verfassungspolitischen Profile der untersuchten Bundesländer erstellt, sodann werden die beiden verfassungsändernden Gesetzgeber in den Bundesländern beschrieben und eingeordnet, also „Landesvölker" und Landesparlamente. Daran anschließend erfolgt auf Grundlage der üblichen Stationen eines Gesetzgebungsverfahrens eine Analyse der Verfassungspolitiken in acht Bundesländern. Abschließend wird untersucht, ob und inwieweit sich Effekte des Mehrebenensystems in der Verfassungspolitik der Bundesländer finden.

4.1.1 Verfassungspolitische Profile ausgewählter Bundesländer

Während das dritte Kapitel eine empirische Bestandsaufnahme der Verfassungspolitik in allen Bundesländern bietet, konzentriert sich dieser Teil der Untersuchung auf die acht nach den oben genannten Kriterien ausgewählten Fälle. Obschon die Verfassungsbiografien dieser Bundesländer sich durchaus unterschiedlich darstellen, zeigt ein Vergleich der verfassungspolitischen Profile der acht Bundesländer erstaunlich viele Gemeinsamkeiten und Parallelitäten, unbeschadet der Ausreißer, die es immer wieder festzustellen gibt (Tab. 4.1). So variiert in sechs Bundesländern die Anzahl der eingebrachten Gesetzentwürfe pro Wahlperiode gerade einmal zwischen 4,1 und 5,8 und pro Jahr zwischen 1,0 und 1,3; lediglich die Fälle Sachsen-Anhalt und Schleswig-Holstein weichen nach unten und nach oben von diesem Muster ab. In Sachsen-Anhalt wurde pro Wahlperiode gerade einmal ein verfassungsändernder Gesetzentwurf eingebracht, während in Schleswig-Holstein fast zehn Mal so viele Initiativen ergriffen wurden, nämlich durchschnittlich 9,3 pro Wahlperiode.

Deutlich heterogener gestaltet sich das Bild bei angenommenen Verfassungsänderungen und zwar sowohl bezogen auf den Umfang wie auch auf die Häufigkeit. Das zeigt sich in allen Dimensionen, die in Tab. 4.1 zu finden sind. Während in Schleswig-Holstein beispielsweise fast ebenso viele Artikel geändert wurden wie die Verfassung überhaupt Artikel beinhaltet, blieb die Verfassung Sachsens so gut wie unangetastet. Auch bei den angenommenen Entwürfen pro Wahlperiode zeigt sich eine auffällige Spreizung. So wurden in Schleswig-Holstein in jeder Legislatur durchschnittlich drei verfassungsändernde Gesetze verabschiedet, in Sachsen und Sachsen-Anhalte waren es gerade einmal 0,3 bzw. 0,4.

Zusammenfassend lässt sich feststellen, dass Verfassungspolitik zweierlei Imperativen folgt: Während sich in der Entwurfs- und Willensbildungsphase ein eher homogenes Bild abzeichnet, wenn auch mit den erwähnten Ausreißern, zeigen sich bei den verabschiedeten verfassungsändernden Gesetzen heterogene Entwicklungen. Zugespitzt lässt sich sagen, Verfassungspolitik zerfällt in zwei Teile, und in diesem Auseinandertreten manifestiert sich ein Doppeltes: Erstens, die vorparlamentarische Meinungs- und Entscheidungsfindung, die beeinflusst ist von wettbewerblichen Motiven, scheint offenbar von anderen Funktionsprinzipien geprägt als die parlamentarische Entscheidungsfindung. Zweitens, der parlamentarische Entscheidungsprozess spielt in vielen Verfahren für die Annahme von Verfassungsänderungen eine wichtige Rolle. Bei angenommenen Verfassungsänderungen lässt sich durch das parlamentarische Gesetzgebungsverfahren gegebenenfalls der parteipolitisch geprägte Wettbewerb in konsensuale Entscheidungen überführen. Es gilt aber auch, dass in einigen Fällen der Konsens schon am Beginn eines verfassungsändernden Gesetzgebungsverfahrens vorliegt. Es sind daher zuerst die verfassungsändernden Gesetzgeber in den Bundesländern zu beschrieben.

4.1.2   Verfassungsändernde Gesetzgeber: „Volk" und Landesparlamente

Die Änderung einer Landesverfassung kann nur durch Gesetz erfolgen. Diese Vorgabe existiert in allen Bundesländern und soll verfassungsdurchbrechende Gesetze verhindern. Gelten soll nur das, was in der Verfassung steht. Nichts anderes. Davon abgesehen, dass dies zu einem beträchtlichen Teil kaum mehr sein dürfte als verfassungsrechtliche Fiktion, denn im Grunde gilt vor allem die Auslegung der Verfassungen durch Bundesverfassungsgericht und Landesverfassungsgerichte (Reutter 2017c). Doch immerhin legt die Vorgabe, dass eine Verfassung nur durch Gesetz zu ändern ist, nicht nur die Form fest, in der eine Verfassung zu novellieren ist, sondern sie bestimmt zudem, wer über verfassungsändernde Gesetze entscheiden darf. Und das sind die Institutionen, die auch sonst darüber befinden, was als Gesetz gelten soll: nämlich die Gesetzgeber der Bundesländer. Das sind die Landesvölker und die Landesparlamente. Sie allein genießen das Privileg, über Gesetze abschließend zu entscheiden; sie sind somit auch die verfassungsändernden Gesetzgeber in den Bundesländern. Das war allerdings keineswegs in allen Bundesländern schon immer so geregelt. In Berlin und im Saarland konnten bis 2006 bzw. 2013 allein Abgeordnetenhaus bzw. Landtag ein verfassungsänderndes Gesetzgebungsverfahren initiieren und zu Ende zu bringen (Art. 100 Abs. 4 a. F. SaarlVerf). Inzwischen sind auch in diesen Ländern Volksbegehren und Volksentscheide bei Verfassungsänderungen zulässig (Art. 63 Abs. 2 VerfBerl, Art. 99 SaarlVerf). Lediglich in Hessen ist es dem Souverän – zumindest nach der herrschenden Auffassung – verwehrt, durch

Tab. 4.2 Verfassungsändernde Gesetzgebung in acht Bundesländern: Quoren bei Volksbegehren und Volksentscheiden (Stand: 31. Dezember 2016)

Land	Volksbegehren/-antrag/-initiative		Volksentscheid			
	Unterschriftenquorum[a]	Anzahl[b]	Beteiligungsquorum	Zustimmungsquorum (v. H. d. Wahlberechtigten)	Zustimmungsquorum (v. H. d. Abstimmenden)	Anzahl
BW	16,7	0	–	50	–	0
BY[c]	10,0	5	–	25	50,0	18
BB	3,8	1	–	50	66,7	0
NI	10,0	0	–	50	66,7	0
NRW	8,0	0	50,0	–	66,7	0
SN	13,2	1	–	50	50,0	0
ST	11,0	0	–	50	66,7	0
SH	5,0	4	–	50	66,7	0

[a]In Prozent der Wahlberechtigten; teilweise eigene Umrechnung
[b]Anzahl der im Landesparlament behandelten Volksbegehren oder Volksanträge
[c]zwei Volksbegehren wurden vom Landtag abgelehnt; ein Volksbegehren zur „Rundfunkfreiheit" wurde vom Landtag in geänderter Fassung, ein weiteres ohne Änderungen angenommen; die Volksbegehren zur Abschaffung des Senats und zur Einführung des kommunalen Bürgerentscheides wurden vom Landtag abgelehnt, erhielten beim Volksentscheid aber die Mehrheit; 2013 wurden die Verfassungsänderungen in einem Gesetz vom Landtag verabschiedet, aber in fünf Volksentscheiden am 15. September 2013 einzeln angenommen
Quelle: Eigene Darstellung; Rehmet und Weber (2017, S. 11 f.)

ein Volksbegehren eine Verfassungsänderung herbeizuführen (Art. 123 Abs. 2 HesVerf). Dem demokratischen Anspruch, dass die den Gesetzen Unterworfenen auch diejenigen sein sollen, die an der Hervorbringung dieser Gesetze beteiligt sind, lässt sich mithin in zweierlei Weise entsprechen: durch Volks- und durch Parlamentsgesetzgebung.[2]

Obschon Parlaments- und Volksgesetze denselben Status aufweisen, dominiert, wie im Weiteren zu zeigen sein wird, verfassungsrechtlich und verfassungspraktisch die Parlamentsgesetzgebung das hier untersuchte Politikfeld (Tab. 4.2

---

[2]Erwähnt werden muss, dass dieser demokratische Anspruch keineswegs vollständig erfüllt wird, weil verfassungsrechtlich alle von der politischen Selbstbestimmung ausgeschlossen sind, die zu jung sind, über keine deutsche Staatsangehörigkeit verfügen oder aus anderen Gründen vom Wahlrecht ausgeschlossen sind.

Tab. 4.3 Verfassungsändernde Gesetzesinitiativen in acht Bundesländern

Initiator/en	Alle Initiativen	Erfolgreiche Initiativen	Gescheiterte Initiativen
Regierung	21	8	13
Mehrheitsfraktionen	45	13	32
Minderheitsfraktionen[a]	236	21	215
Mehrheits- und Minderheitsfraktionen	46[c]	35	10
Volksbegehren, initiativen, -anträge[b]	11	3	8
Gesamt	359	90	269

[a]Entwürfe, die von einzelnen Abgeordneten eingebracht wurden, die der Opposition angehörten oder fraktionslos waren, wurden den Minderheitsfraktionen zugerechnet
[b]vom Bayerischen Landtag angenommen wurde ein Volksbegehren, zwei weitere fanden in Volksentscheiden eine Mehrheit (Bayerischer Landtag, Drs. 7/3096, Gesetz vom 23.07.1973, Drs. 13/1252, Gesetz vom 27.10.1995, Drs., 13/8956, Gesetz vom 20.02.1998)
[c]einschl. des vom Bayerischen Senat eingebrachten Entwurfes vom 10. April 1997 (Bayerischer Landtag, Drs. 13/7850) sowie des im Landtag Brandenburg vom Hauptausschuss eingebrachten und vom Plenum angenommenen Entwurfes (Landtag Brandenburg Drs. 2/5245, Gesetz vom 18. März 1999)
Quelle: Eigene Erhebung und Zusammenstellung; Parlamentsdokumentationen der Landesparlamente

und 4.3). Diese Dominanz – in der Mehrzahl der Bundesländer ist es faktisch ein Monopol – gründet sich auf mehreren Faktoren. So wurde die ganz überwiegende Anzahl von Verfassungsänderungen vom jeweiligen Landesparlament ohne Beteiligung des „Volkes" beschlossen. Zudem ist bei verfassungsändernder Volksgesetzgebung in allen Bundesländern eine Beteiligung des Landesparlamentes vorgeschrieben ebenso wie eine Prüfung über die Zulässigkeit von verfassungsändernden Gesetzentwürfen aus dem „Volk" möglich ist; schließlich gelten bei Volksbegehren, -anträgen oder -initiativen, die einen verfassungsändernden Gesetzentwurf zum Gegenstand haben, besonders hohe Hürden. Auch sonst bleibt die Beteiligung des Souveräns entweder in den meisten Bundesländern abhängig von einer Entscheidung des Landesparlamentes. Verfassungsreferenden sind lediglich in Hessen und Bayern sowie teilweise in Berlin obligatorisch (Reutter 2008a, S. 57 ff.; Pestalozza 2014a, S. XXXIV).

Wie an anderer Stelle ausgeführt, gelten rechtliche Grundordnungen, die plebiszitär unterfüttert sind, als stabiler und mit einer höheren Legitimität ausgestattet als solche ohne direktdemokratische Anerkennung. Allerdings ist die

Sanktionierung von Landesverfassungen oder deren Änderung im Rahmen direkt-demokratischer Verfahren rare Ausnahme und fußt selten auf übergroßen Mehr-heiten. Von den 16 Landesverfassungen, die aktuell in Kraft sind, wurden gerade einmal 9 in einem Volksentscheid angenommen, und lediglich in Thüringen erhielt die Verfassung die Zustimmung von mehr als 50 % der Wahlberechtigten und das auch nur denkbar knapp (Kap. 3; Rehmet 2013, 2017). Vielleicht ist diese nicht sonderlich beeindruckende Bilanz der Hintergrund dafür, dass auch bei Verfassungsänderungen dem Souverän lediglich die Nebenrolle geblieben ist. Er wird selten initiativ und kann noch seltener sein Privileg, über eine Verfassungs-änderung abschließend zu entscheiden, in Anspruch nehmen.

Inzwischen besitzt – mit Ausnahme Hessens – in allen Bundesländern das „Volk", d. h. die Stimmberechtigten, die Möglichkeit, durch Volksbegehren ver-fassungsändernde Gesetzgebungsverfahren zu initiieren und in Volksentschei-den abschließend darüber zu befinden (das darf auch das hessische Wahlvolk). Wählerinnen und Wähler können also in fast allen Bundesländern per Volksbe-gehren verfassungsändernde Gesetzentwürfe in das Landesparlament einbringen und ggfs. ein ablehnendes Votum der Volksvertretung in einem Volksentscheid überstimmen. Das kam jedoch bisher nur in Bayern vor. In diesem Bundesland lehnte der Landtag in der 13. Wahlperiode die Volksbegehren zur Abschaffung des Senates und zur Einführung eines kommunalen Bürgerentscheides ab (Bay-erischer Landtag, Drs. 13/1252 vom 11.04.1995, PlPr 13/23 vom 04.07.1995, S. 1560; Drs. 13/8956 vom 19.08.1997, PlPr. 13/93 vom 13.11.1997, S. 6632); beide Begehren wurden jedoch in einem abschließenden Volksentscheid ange-nommen (Bayerisches Gesetz- und Verordnungsblatt Nr. 24/1995, S. 730 ff. und Nr. 7/1998, S. 42 ff.).

Zudem sind die Hürden für ein solches Verfahren durchaus beachtlich und zwar sowohl bei der Einbringung von verfassungsändernden Gesetzentwürfen durch Volksbegehren wie bei der Annahme einer Verfassungsänderung im Rah-men eines Volksentscheides. Ausnahme ist hier allein Hessen; in diesem Bundes-land ist jede Verfassungsänderung in einem Referendum per einfacher Mehrheit anzunehmen. In Bayern wurde durch den Verfassungsgerichtshof festgelegt, dass eine Verfassungsänderung einer Zustimmung von mindestens 25 % der Wahlbe-rechtigten bedürfe, obwohl sich aus dem Verfassungstext ein solches Quorum schwerlich ablesen lässt.

Wie Tab. 4.1 ausweist, behandelten die hier untersuchten Landesparlamente in 73 Wahlperioden oder 305 Parlamentsjahren insgesamt 359 verfassungsändernde

Gesetzentwürfe,[3] von denen 90 schließlich angenommen und in den Gesetzblättern der Bundesländer verkündet wurden. Knapp dreimal so viele Entwürfe – nämlich 269 – wurden abgelehnt, fanden nicht die erforderliche Mehrheit im Parlament (oder in Bayern im Referendum), wurden zurückgezogen, fielen dem Diskontinuitätsprinzip zum Opfer oder erledigten sich in anderer Weise.

Wie erwähnt und wie in Tab. 4.3 aufgeführt, stammte die überwiegende Anzahl der Entwürfe von Minderheitsfraktionen, die fast zwei Drittel aller verfassungsändernden Gesetzentwürfe – 236 von 359 – in die Landesparlamente einbrachten. Die Landesregierungen und das „Volk" waren mit 21 bzw. 11 Initiativen/Volksbegehren in diesem Stadium von Gesetzgebungsverfahren eher Randfiguren. Fast dieselbe Anzahl von Entwürfen ging auf Regierungsfraktionen und auf lagerübergreifende Initiativen zurück (45 und 46). Diese wenigen Zahlen verweisen auf ein Doppeltes: Erstens besitzt das Politikfeld eine permanente Relevanz, jedenfalls behandelte durchschnittlich jede gewählte Volksvertretung knapp fünf verfassungsändernde Gesetzentwürfe, anders gesagt: pro Jahr wurden 1,2 verfassungsändernde Gesetzentwürfe in eines der acht Landesparlamente eingebracht. Zum anderen weist dieses Politikfeld offenbar ein spezifisches Antragsverhalten der relevanten Akteure auf. Jedenfalls weicht es signifikant von den bekannten Mustern in parlamentarischen Regierungssystemen ab.

Die, abgesehen von Bayern, eher randständige Bedeutung des Souveräns in verfassungsändernden Gesetzgebungsverfahren korrespondiert damit, dass entsprechende Abstimmungen offenbar nur eine geringe mobilisierende Wirkung besitzen. So liegt die Abstimmungsbeteiligung bei den bisher in allen Bundesländern durchgeführten 25 obligatorischen Referenden zu Verfassungsänderungen bei durchschnittlich 57,8 %, wobei der Wert auf 34,9 % sinkt, wenn allein die Abstimmungen berücksichtigt werden, die nicht an einem Wahltag durchgeführt wurden (Rehmet 2013, 2017). Von den obligatorischen Referenden fanden neun in Hessen statt (einschl. eines zur Änderung des Wahlrechtes), 14 in Bayern, eines in Berlin (Reform direktdemokratischer Regelungen) und eines in Bremen (Verfassungsrevision). Anders gesagt: Stehen allein Entscheidungen über Verfassungsfragen an, nimmt nur jeder dritte Wähler bzw. jede dritte Wählerin an einer solchen Abstimmung teil (Rehmet 2013, 2017).

Zusammenfassend lässt sich somit festhalten: Verfassungstheoretisch gelten Verfassungen nicht selten als Herrschaftsverträge, denen nur dann Legitimität

---

[3]Berücksichtigt sind hier nur die ursprünglich eingebrachten Entwürfe; Änderungs- oder Ergänzungsanträge, die im Laufe eines parlamentarischen Gesetzgebungsverfahrens gestellt wurden, wurden nicht in die Analyse einbezogen.

zugeschrieben werden kann, wenn sie von den Herrschaftsunterworfenen angenommen wurden. Außer in Bayern und in Hessen bleibt diese theoretisch begründete Anforderung weitgehend Fiktion und realisiert sich ausschließlich in der
Wahl von Repräsentanten/innen, die dann – stellvertretend für den Souverän – die
entsprechenden allgemein verbindlichen Entscheidungen treffen. Zwar genießen
Wählerinnen und Wähler inzwischen in allen Bundesländern grundsätzlich das
Privileg, abschließend über verfassungsändernde Gesetze entscheiden zu dürfen. Allerdings existieren zwischen den Bundesländern beträchtliche Variationen
und zwar sowohl bei der rechtlichen Ausgestaltung als auch bei der faktischen
Inanspruchnahme dieses Rechtes. Zudem besitzen Verfassungsfragen, wie ausgeführt, offenbar eine geringe Mobilisierungskraft, jedenfalls ist die Beteiligung
bei Volksentscheiden, die nicht an Wahltagen stattfinden, gering geblieben. Das
lässt insgesamt die doppelte Schlussfolgerung zu, dass dem „Volk" in diesem
Politikfeld bestenfalls eine Nebenrolle zukommt und dass Verfassungsnormen mit
direktdemokratischer Anerkennung keine höhere Legitimität zugewachsen ist als
den parlamentarisch beschlossenen.

4.1.3   Verfassungsändernde Gesetzgebungsverfahren

Mit der Volksgesetzgebung teilt die verfassungsändernde Parlamentsgesetzgebung, dass sie verfahrenstechnisch zwischen den Bundesländern unterschiedlich
ausgestaltet ist. Auch zwischen europäischen Verfassungsdemokratien existieren
erhebliche Varianzen bei der Änderung von Verfassungen. So unterscheidet Arend
Lijphart (1999, S. 218 ff.) den Schwierigkeitsgrad, eine Verfassung zu ändern,
allein anhand der notwendigen Mehrheit (einfache, qualifizierte, Zweidrittel-
oder höhere Mehrheit). Das ist zwar eine wenig überzeugende Differenzierung,
in der zudem andere wichtige Aspekte vernachlässigt werden (wie die Zustimmung einer zweiten Kammer, die Notwendigkeit eines Referendums). Gleichwohl wird sie immer wieder herangezogen, um zu prüfen, ob und inwieweit dies
Auswirkungen hat auf die Änderungshäufigkeit (Lorenz 2004, S. 457 ff.). Lutz
unterscheidet 68 Fallkonstellationen, mit denen verfassungsändernde Gesetzgebungsverfahren beschrieben werden können und die „the combinations of virtu-
ally every amendment process in the world" erfassen sollen (Lutz 1994, S. 361).
Astrid Lorenz (2005) wiederum bestimmt die Rigidität einer Verfassung, indem
sie die erforderliche Mehrheit in jeder Abstimmungsarena (Parlamentskammern,
Referendum) berücksichtigt.
    Wie erwähnt, kommt auch Rudolf Steinberg (1992, S. 509) auf Grundlage sei-
ner Untersuchung über ostdeutsche Landesverfassungen zu der Schlussfolgerung,

dass sich in den Bundesländern keine feste Form für die Verabschiedung oder Änderung einer Verfassung etabliert hat. Diese zutreffende Feststellung verweist nicht nur auf eine heterogene Verfassungspraxis, sondern auch darauf, dass die formalen Vorgaben zur Änderung einer Landesverfassung durch ein Landesparlament beträchtlich variieren und zwar in allen drei Stadien eines Gesetzgebungsverfahrens.

Zwar konzentriert sich die Darstellung auf acht Bundesländer, doch zur Illustration seien an dieser Stelle zwei Fälle erwähnt, die nicht in die folgende Analyse eingehen: Bremen und Hamburg. In Bremen benötigt eine Verfassungsänderung drei Lesungen, die an verschiedenen Tagen stattfinden müssen. Nach der ersten Lesung ist der Antrag an einen nichtständigen Ausschuss zu überweisen, der einen Bericht zu erstellen hat, dem zwei weitere Lesungen an verschiedenen Tagen folgen (Art. 125 Abs. 2 BremVerf). In Hamburg sind zwei übereinstimmende Beschlüsse notwendig, die in einem Zeitraum von mindestens dreizehn Tagen zu fällen sind. Bei diesen Beschlüssen müssen mindestens drei Viertel der gesetzlichen Mitglieder anwesend sein, von denen wiederum zwei Drittel für eine Änderung stimmen müssen, soll diese in Kraft treten (Art. 51 Abs. 2 HmbVerf).

Diese Sonderregelungen in Bremen und Hamburg unterfüttern die Vorstellung, dass verfassungsändernde und einfache Gesetzgebung sich qualitativ unterscheiden sollten (Grimm 2007). Die Normenhierarchie, die zwischen Verfassung und einfachem Gesetz besteht, muss in einer Verfahrens- oder „Ebenendifferenzierung" einen adäquaten Ausdruck finden. Verfassungsänderungspolitik muss sich mithin qualitativ von „normaler Politik" unterscheiden. Das erhöhte Mehrheitserfordernis reicht dabei nach Grimm nicht aus. Anders gesagt: Verfassungsändernde Parlamentsgesetzgebung sollte nach anderen Verfahrens- und Funktionsprinzipien stattfinden als einfache Gesetzgebung.

Wie andere Autoren will Grimm damit Verfassungsänderungspolitik dem Parteienwettbewerb und den üblichen Funktionsprinzipien des parlamentarischen Regierungssystems entziehen, um so der herausgehobenen Bedeutung der Verfassung Rechnung zu tragen. Verfassungspolitik muss mithin „besondere" Politik sein, weil der Gegenstand, über den entschieden wird, herausragende Bedeutung hat. Einschlägige Analysen zeigen allerdings, dass auch Verfassungspolitik „normale Politik" ist, die bestenfalls noch mit anderen Mitteln ausgeübt wird (Busch 2006; Reutter 2016b). Sie wird von denselben Akteuren, in denselben Verfahren und in denselben Institutionen betrieben wie „ordinary politics" (Tarr 2014, S. 18).

Auch wenn Entscheidungsfindung und Willensbildung im Schatten des qualifizierten Mehrheitserfordernisses stattfinden, schlagen sich auch in diesem Politikfeld die Funktionsimperative parlamentarischer Regierungssysteme durch – allerdings in spezifischer Weise. Dabei haben sich in parlamentarischen Regierungssystemen

Tab. 4.4 Parlamentarisches Regierungssystem und Initiatoren von Gesetzentwürfen: Antrags- und Erfolgsquoten

	Antragsquote	
Erfolgsquote	Hoch	Gering
Hoch	Regierung	Mehrheitsfraktionen, lagerübergreifende Entwürfe
Gering	Minderheitsfraktionen	–

Quelle: Eigene Darstellung

klare Rollenmuster und Erfolgschancen herauskristallisiert. Für die Antragsquoten gilt: Regierungen bringen in der Regel die meisten Gesetzentwürfe ein, gefolgt von Minderheitsfraktionen und – an dritter Stelle – den Mehrheitsfraktionen; lagerübergreifende Entwürfe stellen ohnehin seltene Ausnahmen dar. Die Erfolgsquoten sind Resultat der Funktionslogik des neuen Dualismus (Tab. 4.4): Gesetzentwürfe von Mehrheitsfraktionen und von Regierungen finden meist, nicht selten sogar immer die erforderliche Mehrheit; Entwürfe von Minderheitsfraktionen bleiben dagegen meist erfolglos. Erfolgreich sind in aller Regel auch lagerübergreifende Entwürfe, also Gesetzesinitiativen, die von Regierungs- und Oppositionsfraktionen gemeinsam eingebracht wurden. Diese Charakterisierung, die in Tab. 4.4 in klassifikatorischer Absicht zusammengefasst ist, entspricht durchaus der Verfassungspraxis (siehe unten, Tab. 4.5).

Dieser Interpretation unterlegt ist, dass Regierung und Parlamentsmehrheit eine Handlungseinheit bilden, d.h. eine politische Schicksalsgemeinschaft sind. Denn Handlungen eines Akteurs werden beiden zugerechnet. Es werden eben nicht nur Regierungen „abgewählt", sondern auch Parlamentsabgeordnete müssen bei Wahlen um ihre Mandate fürchten. Klaus von Beyme meint daher, dass es „eigentlich zweitrangig" sei (Beyme 1997, S. 176), ob Regierung oder Parlamentsmehrheit einen Gesetzentwurf in ein Parlament einbringe. Die Frage nach der parlamentarischen Initiative reduziere sich, so Beyme, auf die „Frage nach dem Anteil der Oppositionsvorlagen" (Beyme 1997, S. 176). Dies entspricht der politikwissenschaftlichen Standardinterpretation. Zwischen Regierung und Regierungsmehrheit passt im Grunde kein Blatt Papier; ihre Mitglieder spielen im selben Team – zumindest in der öffentlichen Darstellung (Patzelt 1996, 1998a, b).

Die weitere Analyse geht allerdings von differenzierenden Annahmen aus. Ihr ist unterstellt, dass Landesparlamente sich über die Funktionsprinzipien des neuen Dualismus nicht erschöpfend erschließen lassen. Vielmehr bleiben Landesparlamente auch in parlamentarischen Regierungssystemen eigenständige Verfassungsorgane, die sich nicht ausschließlich über ihr Verhältnis zur Regierung

Tab. 4.5 Gesetzgebung in acht Bundesländern: Antrags- und Erfolgsquoten[a]

Perioden	BW 1952–2011	BY 1946–2013	BB 1994–2014	NI 1990–2016	NRW 1995–2012	SN 1990–2017	ST 1994–2011	SH 1993–2017
Antragsquoten[b]								
• Regierung	69,8	47,4	70,0	55,7	62,0	58,6	65,1	53,8
• Regierungsfraktion(en)	n/a	13,1	4,2	20,0	n/a	8,0	8,9	11,0
• Oppositionsfraktion(en)	n/a	33,6	18,6	20,6	n/a	31,2	22,8	28,9
• Lagerübergreifende E.	n/a	n/a	2,4	3,7	n/a	2,2	3,2	5,7
Erfolgsquoten[c]								
• Regierung	n/a	97,2	96,8	98,6	98,9	97,0	98,6	96,7
• Regierungsfraktion(en)	n/a	n/a	90,7	94,0	n/a	91,2	n/a	85,3
• Oppositionsfraktion(en)	n/a	n/a	8,5	7,5	n/a	5,3	n/a	16,3
• Lagerübergreifende E.	n/a	n/a	87,5	97,1	n/a	78,9	n/a	93,9

[a]Erfasst sind alle in den angegebenen Perioden eingebrachten Gesetzentwürfe
[b]Antragsquote = Anteil der vom jeweiligen Initiator eingebrachten Gesetzentwürfe an allen Gesetzentwürfen; Entwürfe einzelner Abgeordneter wurden der jeweiligen Fraktion zugerechnet
[c]Erfolgsquote = Anteil der vom jeweiligen Initiator eingebrachten und verabschiedeten Gesetzentwürfe
Quelle: Obrecht und Haas (2012, S. 187); Bayerischen Landtag (1950 ff.); Lübker und Schüttemeyer (2012, S. 204); Träger (2012, S. 390); Reuter (2013, S. 66); Patzelt (2012, S. 540); Dobner (2012, S. 562); Mielke und Bräuer (2012, S. 612); Reutter (2018b); eigene Ergänzungen und eigene Berechnungen; Landtagsdokumentationen

definieren. Für diese Interpretation sprechen empirische Untersuchungen (Reutter 2017b, 2018a), Urteile von Landesverfassungsgerichten (Kropp 1997) und vom Bundesverfassungsgericht (BVerfG, 2 Bv 4/14 vom 3. Mai 2016) sowie die Verfassungstexte selbst, die Rechte und Pflichten von Parlamenten nicht, jedenfalls nicht explizit der Mehrheit oder der Minderheit zuweisen.

Auch bei verfassungsändernden Gesetzgebungsverfahren zeigt sich, dass sich Funktionen von Landesparlamenten und Verhalten der einschlägigen Akteure nicht ausschließlich über Prinzipien des neuen Dualismus erschließen lassen. Vielmehr leben in diesem Politikfeld Funktionsprinzipien des alten Dualismus fort, die allerdings überformt und beeinflusst werden vom Parteienwettbewerb. Verfassungsändernde Gesetzgebung weicht im Detail, aber nicht grundsätzlich von den skizzierten Prinzipien ab. Sie ist „normale Politik mit anderen Mitteln" (Reutter 2016b). Verdeutlichen lassen sich Gemeinsamkeiten und Unterschiede zwischen einfacher und verfassungsändernder Gesetzgebung durch einen detaillierten Vergleich der drei Stadien eines Gesetzgebungsverfahrens: der Einbringung, der Beratung und der Verabschiedung; abschließend ist auf die Frage einzugehen, ob sich das Mehrebenensystem in den verfassungspolitischen Aktivitäten der Bundesländer bemerkbar gemacht hat.

Die Einbringung eines Gesetzentwurfes in ein Parlament markiert keineswegs den Beginn eines politischen Willensbildungsprozesses (Tab. 4.6). Eine entsprechende Initiative kann in einem Koalitionsvertrag vereinbart worden sein, oder in früheren Wahlperioden wurden bereits ähnliche Entwürfe eingebracht. So hatten 2012 in Nordrhein-Westfalen SPD und Bündnis 90/Die Grünen sich im Koalitionsvertrag vorgenommen, die „Verfassung des Landes zu reformieren" und dafür eine Kommission einzusetzen (NRWSPD – Bündnis 90/Die Grünen NRW 2012, S. 6). Und genau das haben die Koalitionsfraktionen zusammen mit der CDU, den Piraten und der Linkspartei gemacht. Sie haben einen entsprechenden Antrag in den Landtag eingebracht (Drs. 16/3428 2. Neudruck vom 17.07.2013); das Plenum hat daraufhin am 11. Juli 2013 eine Verfassungskommission eingesetzt, die mit Datum vom 27. Juni 2016 ihren Abschlussbericht vorgelegt hat (Drs. 16/12400). Gleichwohl überführt die Einbringung eines Gesetzentwurfes in ein Parlament ein politisches Anliegen in ein zeitlich befristetes und formal strukturiertes Beratungs- und Entscheidungsverfahren. Davon unberührt bleibt, dass dem formalen Verfahren eine auf Kommissionsbasis beruhende Deliberationsphase vorgeschaltet sein kann.

Soweit das Recht zur Einbringung betroffen ist, bestehen für verfassungsändernde Gesetzentwürfe keine Sonderregelungen (Tab. 4.6) – außer bei Volksbegehren. Dann können mehr Unterschriften verlangt werden als bei Volksbegehren, die ein einfaches Gesetz zum Gegenstand haben (Tab. 4.2). Wie bei einfachen

Tab. 4.6 Einbringung von verfassungsändernden Gesetzentwürfen in acht Landesparlamenten: formale Bestimmungen[a]

	Ewigkeitsgarantie	Recht auf Einbringung	Zulässigkeitsprüfung von Volksbegehren etc.
BW	Ja	Regierung; acht Abgeordnete; Fraktionen; Volksbegehren (1/6 der Wahlberechtigten)	Verfassungsgerichtshof (auf Antrag)
BY	Ja	Volksbegehren (1/10 der Stimmberechtigten) Staatsregierung (MP), einzelne Abgeordnete, Fraktionen	Bayerischer VerfGH (auf Antrag)
BB	Nein	Volksbegehren (80.000 Stimmberechtigte), LReg., Fraktionen, Abgeordnete, Ausschüsse, Präsident, Präsidium	Verfassungsgericht (auf Antrag); ggfs. Präsident/in
NI	Ja	Volksbegehren (1/10 d. Wahlberechtigten), LReg, Fraktion, mind. 10 Abgeordnete	Landesregierung
NRW	Ja	Landesregierung; Fraktionen; mind. 7 Abgeordnete; Volksbegehren (8 v. H. der Stimmberechtigten)	Landesregierung
SN	Ja	Volksantrag, Fraktion, mind. 7 Abgeordnete, Staatsregierung, Volksbegehren (15 v. H. der Stimmberechtigten	Landtagspräsident, Verfassungsgerichtshof (auf Antrag)
ST	Ja	Landesregierung, Fraktion, mindestens acht Mitgliedern; Volksbegehren (11 v. H. der Wahlberechtigten)	Landesregierung
SH	Nein	Volksinitiative (20.000 Stimmberechtigte), Fraktionen, Landesregierung, Abgeordnete	Landtag

[a]Stand: aktuelle Wahlperiode
Quelle: Eigene Zusammenstellung; Landesverfassungen; Geschäftsordnungen der Landesparlamente

Gesetzen genießen – neben dem „Volk" – Fraktionen und Landesregierungen, das Prärogativ zur Initiative; auch kann eine Mindestanzahl von Abgeordneten dieses Recht in Anspruch nehmen. Das ist in allen Bundesländern in ähnlicher Weise geregelt. In Brandenburg können darüber hinaus: Ausschüsse, Präsident/in und Präsidium und in Bayern, Nordrhein-Westfalen und Schleswig-Holstein können auch einzelne Abgeordnete von diesem Recht Gebrauch machen; und in Bayern konnte dies bis zu seiner Abschaffung auch der Senat, der in der gesamten hier betrachteten Periode nur einen einzigen verfassungsändernden Gesetzentwurf in den Landtag einbrachte.

Das Recht zur Gesetzesinitiative ist – in formaler Hinsicht – mithin weder mit einem besonderen Mehrheitserfordernis belegt noch folgt es dem Dualismus von Mehrheit und Minderheit. Den Fraktionen und den anderen genannten Gremien oder Personen steht dieses Privileg zu unabhängig von ihrem Verhältnis zur Regierung und unabhängig davon, ob der Entwurf eine realistische Aussicht hat, angenommen zu werden. Zu betonen ist allerdings, dass damit bereits auf formaler Ebene eine Privilegierung der Parlamentsgesetzgebung besteht. Denn Volksbegehren, die eine Verfassungsänderung anstreben, benötigen teilweise nicht nur eine größere Unterstützung als Volksbegehren, die ein einfaches Gesetz zum Gegenstand haben. Vielmehr kommt hinzu, dass bei solchen Begehren eine Zulässigkeitsprüfung möglich ist, die bei Parlamentsgesetzen nicht vorgesehen ist.

Tab. 4.7 zeigt darüber hinaus, dass in den untersuchten Landesparlamenten keineswegs alle Antragsberechtigten von ihrem Privileg, Gesetze in die Volksvertretung einbringen zu dürfen, in gleicher Weise Gebrauch machten. Sieht man einmal vom Senat in Bayern und den genannten Berechtigten in Brandenburg ab, die auch sonst gesetzgeberisch nicht oder selten aktiv wurden, fallen zwei Befunde auf: die Passivität der Landesregierungen und der Aktivismus der Minderheitsfraktionen. Beide Befunde verweisen auf wettbewerbliche Motive der Akteure in diesem Stadium des Gesetzgebungsverfahrens. Die Landesregierungen bringen nur ausnahmsweise verfassungsändernde Gesetzentwürfe ein, um Niederlagen zu vermeiden, d. h. um sich bei Wähler*innen nicht für Misserfolge rechtfertigen zu müssen, ganz abgesehen vom Aufwand, den ein aussichtsloser Antrag gleichwohl erfordern würde. Die Minderheitsfraktionen bringen viele verfassungsändernde Gesetzentwürfe ein, obschon davon die meisten aussichtslos sind, um sich als Alternative zur amtierenden Regierung zu profilieren. Das bedeutet aber auch, dass dasselbe Handlungsmotiv sich in divergierenden Handlungsstrategien manifestieren kann.

Neben diesem Status als Minderheits- oder Mehrheitsfraktion sind zwei weitere Faktoren für das Antragsverhalten der Fraktionen relevant: die Dauer der parlamentarischen Existenz und die grundsätzliche Kooperationsfähigkeit. Bei

Tab. 4.7 Verfassungsändernde Gesetzentwürfe in acht Bundesländern: Antrags- und Erfolgsquoten nach Initiatoren[a]

	BW	BY	BB	NI	NRW	SN	ST	SH	Σ
Zeitraum	1952–2011	1946–2013	1992–2014	1993–2013	1950–2017	1993–2013	1992–2016	1992–2017	
Anzahl WP	14	16	5	5	15	5	6	6	73
Alle Entwürfe (abs.)	69	b90	21	22	65	29	7	56	359
Eingebracht von									
Landesregierung (abs.)	7	2	3	0	9	0	0	0	21
• Antragsquote	10,1	2,2	14,3	–	13,8	–	–	–	5,8
• Erfolgsquote	100,0	100,0	100,0	–	66,7	–	–	–	85,7
Mehrheitsfraktion (abs.)	12	11	0	5	9	0	0	8	45
• Antragsquote	17,4	12,2	–	22,7	13,8	–	–	14,3	12,5
• Erfolgsquote	25,0	0,0	–	20,0	44,4	–	–	62,5	28,9
Minderheitsfraktion (abs.)	45	64	15	15	36	27	5	29	236
• Antragsquote	65,2	71,1	71,4	68,2	55,4	93,1	71,4	51,8	65,7
• Erfolgsquote	15,6	3,1	20,0	13,3	11,1	0,0	0,0	10,3	8,9
Mehrheits- und Minderheitsfraktionen (abs.)	5	b8	c2	2	11	1	2	15	46

(Fortsetzung)

Tab. 4.7 (Fortsetzung)

	BW	BY	BB	NI	NRW	SN	ST	SH	Σ
Zeitraum	1952–2011	1946–2013	1992–2014	1993–2013	1950–2017	1993–2013	1992–2016	1992–2017	
• Antragsquote	7,2	7,8	9,5	9,1	16,9	3,4	28,6	26,8	12,5
• Erfolgsquote	60,0	100,0	100,0	100,0	72,7	100,0	100,0	66,7	76,1
Volksbegehren (abs.)	0	5	1	0	0	1	0	4	11
• Antragsquote	–	5,6	4,8	–	–	3,4	–	7,1	3,1
• Erfolgsquote	–	60,0	0,0	–	–	0,0	–	0,0	27,3

[a]Antragsquote = Anteil der vom jeweiligen Initiator eingebrachten verfassungsändernden Gesetzentwürfen an allen Gesetzentwürfen; Entwürfe einzelner Abgeordneter wurden der jeweiligen Fraktion zugerechnet; Erfolgsquote = Anteil der vom jeweiligen Initiator eingebrachten und verabschiedeten Gesetzentwürfe

[b]einschließlich des Entwurfes des Senats vom (Drs. Nr. 13/7850)

[c]einschl. des vom Hauptausschuss eingebrachten Gesetzentwurfs; Landtag Brandenburg, Drs. 2/5245 vom 12.05.1998

Quelle: Eigene Erhebung; Parlamentsdokumentationen

der Dauer lässt sich als Faustregel formulieren: Je länger eine Partei im Parlament vertreten ist, umso mehr verfassungsändernde Gesetzentwürfe bringt die entsprechende Fraktion ein. Gleichzeitig scheinen – fast – alle Fraktionen als Partner infrage zu kommen; ausgenommen sind hier allein rechtspopulistische bzw. rechtsextremistische Parteien (Republikaner, DVU, NPD, AfD). Dies gilt, obgleich mit Abstrichen, auch für die Linkspartei und die Piratenpartei. Letztere war im Landtag Schleswig-Holsteins in der 18. Wahlperiode an fünf verfassungsändernden Gesetzentwürfen beteiligt, die von anderen Fraktionen unterstützt wurden. Im Übrigen zeigt sich im Landtag Schleswig-Holstein eine weitere Funktion von Anträgen von Minderheitsfraktionen. Mitunter werden abgelehnte Gesetzentwürfe später wieder aufgenommen und finden dann ausreichende Unterstützung. So lehnten CDU und FDP in der 17. Wahlperiode es ab, den in dem Bundesland lebenden Sinti und Roma einen verfassungsrechtlichen „Anspruch auf Schutz und Förderung" einzuräumen; ein Jahr später, dann schon in der 18. WP, wurde eine solche Änderung „einstimmig" angenommen (Schleswig-Holsteinischer Landtag, Drs. 17/268 vom 11.02.2010; PlPr. 17/50 vom 29.06.2011, S. 4347, Drs. 18/93 (neu 2. Fassung) vom 22.08.2012; PlPr. 18/10 vom 14.11.2012, S. 636 f.; Reutter 2018a). Gleichwohl gilt die generelle Regel: In der Opposition gibt es keine Koalition. Von den 359 verfassungsändernden Gesetzentwürfen wurden 239 von einer Fraktion eingebracht (Tab. 4.8).

Insgesamt ging in den untersuchten Landesparlamenten lediglich rund jeder zwanzigste verfassungsändernde Gesetzentwurf auf die politische Exekutive zurück (5,8 %). Bei einfachen Gesetzen betrug der Anteil der Landesregierungen an allen eingebrachten Entwürfen das Zehn- bis Fünfzehnfache (Tab. 4.5). So brachten die Landesregierungen in Baden-Württemberg von 1952 bis 2011 rund 70 % aller Gesetzentwürfe in den Landtag ein, in Brandenburg waren es zwischen 1994 und 2014 ebenfalls 70 %, in Niedersachsen betrug der Anteil für die Jahre 1990 bis 2013 rund 55 %, in Nordrhein-Westfalen lag der Anteil bei durchschnittlich 62 % (1995–2017) und in Schleswig-Holstein bei rund 54 % (1992–2017); allein in Bayern brachten die Landesregierungen in der Periode von 1950 bis 2013 mit durchschnittlich rund 47 % weniger als die Hälfte aller Gesetzentwürfe in den Landtag ein.

Ganz anders sieht das Bild bei den verfassungsändernden Gesetzgebungsverfahren aus (Tab 4.7): In vier Bundesländern traten die Landesregierungen in diesem Politikfeld als Initiatoren überhaupt nicht in Erscheinung. In Niedersachsen, Sachsen, Sachsen-Anhalt und Schleswig-Holstein brachte keine Regierung in den untersuchten Zeiträumen einen verfassungsändernden Gesetzentwurf in das jeweilige Parlament ein. Offenbar gingen alle Regierungen davon aus, in diesem Politikfeld über keinen Gestaltungsauftrag zu verfügen. Und auch in den anderen

Tab. 4.8 Verfassungsändernde Gesetzentwürfe: Antragsverhalten der Fraktionen in acht Landesparlamenten

	BW	BY	BB	NI	NRW	SN	ST	SH	Σ
Alle Entwürfe[a]	69	90	21	22	65	29	7	56	359
CDU/CSU	14	17	4	10	24	1	2	21	93
SPD	21	36	1	7	22	2	2	25	116
Grüne	12	24	3	6	12	4	1	26	88
Linke	–	–	5	3	1	18	3	1	31
FDP	22	12	3	8	17	3	1	20	86
Sonstige[b]	14	11	6	0	7	3	3	32	76
Eingebracht von									
• 1 Fraktion	51	69	14	13	38	27	5	22	239
• 2 Fraktionen	5	6	0	7	9	–	–	10	37
• ≥3 Fraktionen	6	5	2	2	9	1	2	19	46
• Sonstige[c]	7	10	5	–	9	1	–	5	37

[a]Entwürfe von einzelnen Abgeordneten wurden den jeweiligen Fraktionen zugerechnet; die von mehreren Fraktionen gemeinsam eingebrachten Entwürfe wurden bei jeder Fraktion gesondert gezählt, deswegen weicht die Summe der von den Fraktionen eingebrachten Entwürfe von der in der Tabelle genannten Anzahl aller Gesetzentwürfe ab, die zudem Volksinitiativen, Entwürfe von Landesregierungen sowie je einen Entwurf des Hauptausschusses im Landtag Brandenburg bzw. vom Bayerischen Senat einschließt
[b]Sonstige: BW: Republikaner (12), GB/BHE (2); BY: NPD (3), FW (4), FL (3), Senat (1); BB: DVU (5), Hauptausschuss (1); NRW: Piraten (7); KPD (1); SN: NPD (3); ST: DVU (3); SH: SSW (21); DVU/DLVH (4); Piraten (7)
[c]BW: Landesregierung (7); BY: Volksbegehren (5), Landesregierung (2), Senat (1), fraktionslose Abgeordnete (2); BB: Volksinitiative (1), Landesregierung (3), Hauptausschuss (1); NRW: Landesregierung (9); SN: Volksantrag (1); SH: Abgeordneter (1), Volksinitiative (4)
Quelle: Eigene Erhebung und Darstellung; Landtagsdokumentationen der Landesparlamente; Reutter (2018a)

Bundesländern wurden Landesregierungen in diesem Bereich nur ausnahmsweise aktiv, durchschnittlich nicht einmal in jeder dritten Wahlperiode. Das ist ein durchaus überraschender Befund, denn in den Bundesländern gestaltet sich das Antragsverhalten in den anderen Politikbereichen ganz im Sinne der Funktionslogik parlamentarischer Regierungssysteme. Und üblicherweise bringen Landesregierungen die meisten Gesetzentwürfe in ein Landesparlament ein (Tab. 4.5).

Das hier untersuchte Politikfeld weist allerdings systematisch von dem bekannten Muster ab. Denn der überwiegende Anteil der verfassungsändernden

Gesetzentwürfe – im Durchschnitt waren es fast zwei Drittel – ging auf Oppositionsfraktionen zurück, und zwar unbeschadet der geringen Erfolgsaussichten solcher Initiativen. Vor dem Hintergrund der erforderlichen Zweidrittelmehrheit erklärungsbedürftig scheint auch der geringe Anteil von lagerübergreifenden Entwürfen. Obschon dies als konsensdemokratisches Politikfeld zu qualifizieren ist, bringen Minderheits- und Mehrheitsfraktionen nur wenige Entwürfe gemeinsam in die Landesparlamente ein.

Das erwähnte Mehrheitserfordernis stellt mithin lediglich eine spezifische Rahmenbedingung dar für politische Strategien, es schließt wettbewerbliche Motive auch in diesem Politikfeld keineswegs aus. Regierungen und Mehrheitsfraktionen halten sich in diesem Stadium zurück, um Niederlagen zu vermeiden; Oppositionsfraktionen nehmen ihr Scheitern in Kauf, um sich als Alternative zur Regierung zu profilieren. Und wie in anderen Politikbereichen sind lagerübergreifende Entwürfe seltene Ausnahmen, da die beteiligten Akteure grundsätzlich miteinander in Konkurrenz stehen. Doch unbeschadet dieser theoretischen Einordnung ist festzuhalten: Verfassungspolitik findet fast ausschließlich im Parlament statt. Jedenfalls gehen die meisten Initiativen von parlamentarischen Akteuren aus, was die Möglichkeit der Exekutive für Ebenen übergreifende Verhandlungen beschränkt, wenn nicht unmöglich macht.

Die Beratungsphase eines Entwurfes, also das zweite Stadium eines Gesetzgebungsverfahrens, wird gemeinhin mit dem Begriffspaar: Rede- und Arbeitsparlament erfasst. Auch Landesparlamente gelten als Mischtypus aus Rede- und Arbeitsparlament (Reutter 2008a, S. 171 ff.). Gesetzentwürfe werden danach im Plenum beraten und verabschiedet, während sie in Ausschüssen fachlich bearbeitet und gegebenenfalls geändert werden. Mit dieser – leicht vereinfachten – Vorstellung korrespondiert die strukturelle Differenzierung in Landesparlamenten, in denen in den Vollversammlungen der Abgeordneten Gesetzesvorlagen öffentlich diskutiert und entschieden werden, während die Hilfsorgane des Plenums die Gesetzentwürfe fachlich beraten, gegebenenfalls ändern und die Beschlüsse des Plenums vorbereiten. Diese idealtypisierende Vorstellung verweist zurecht darauf, dass Parlamentsfunktionen unterschiedlich erfüllt werden können, ohne dass der demokratische Gehalt dieser Institution infrage gestellt ist. Das britische *House of Commons,* der Prototyp eines Redeparlamentes, ist mithin nicht das demokratietheoretisch allein Seligmachende (Marschall 2005, S. 188 ff.; Steffani 1979, S. 92 ff.).

Bei den verfassungsändernden Gesetzgebungsverfahren in den Landesparlamenten fallen darüber hinaus zwei Differenzierungen auf (Tab. 4.9): Zum einen zeigt die Analyse der formalen Bestimmungen, dass auch das zweite Stadium des Gesetzgebungsverfahrens durchaus variantenreich ausgestaltet ist. In manchen

Tab. 4.9 Verfassungsändernde Gesetzentwürfe in acht Landesparlamenten: formale Regeln für die Beratung

	Mindestanzahl Lesungen	1. Lesung	2. Lesung	3. Lesung	Ausschüsse
BW	Drei	Beratung der Grundsätze, Überweisung an Ausschuss möglich	Allgemeine Aussprache; Einzelberatung	Beratung der Grundsätze; Schlussabstimmung	Grds. nichtöffentlich
BY	Zwei (ggfs. drei)	Beratung der Grundsätze; Ablehnung möglich (Aussprache auf Antrag)	Einzelberatung; Schlussabstimmung	Auf Antrag	Grds. öffentlich
BB	Drei	Beratung der Grundsätze; Ablehnung möglich	Einzelberatung; Ablehnung möglich	Schlussabstimmung (ggfs. weitere Lesung)	Grds. öffentlich
NI	Zwei (ggfs. drei)	Beratung der Grundsätze; Ausschussüberweisung (30 Abgeordnete); Direktüberweisung möglich	Allgemeine Aussprache, Einzelberatung (ggfs. weitere Lesung)	Ggfs. Geänderte Fassungen (ggfs. weitere Lesung möglich)	Grds. öffentlich
NRW	Drei	Beratung der Grundsätze; Ablehnung möglich	Einzelberatung	Ggfs. Beratung; Schlussabstimmung	Grds. öffentlich
SN	Zwei	Direktüberweisung an Ausschuss, Beratung der Grundsätze auf Antrag der Antragsteller; Überweisung durch ¼ MdL	Allgemeine Aussprache und Einzelbestimmungen; Schlussabstimmung	–	Grds. nichtöffentlich

(Fortsetzung)

Tab. 4.9 (Fortsetzung)

	Mindestanzahl Lesungen	1. Lesung	2. Lesung	3. Lesung	Ausschüsse
ST	Drei	Grundzüge des Gesetzentwurfes, Direktüberweisung möglich, Überweisung an Ausschuss (24 Abgeordnete)	Allgemeine Aussprache, Einzelberatung möglich; erneute Überweisung an Ausschuss möglich	Abschließende Beratung; Schlussabstimmung	Grds. nichtöffentlich
SH	Zwei (ggfs. drei)	Allgemeine Grundsätze; Überweisung an Ausschuss	Einzelberatung; Schlussabstimmung	Auf Beschluss des Landtags; Schlussabstimmung	Grds. öffentlich

Quelle: Eigene Zusammenstellung; Geschäftsordnungen der Landesparlamente; Reutter (2018a)

Landesparlamenten sind drei Lesungen vorgeschrieben, in Sachsen genügen zwei Beratungen; in drei Landesparlamenten tagen die Ausschüsse nichtöffentlich, in fünf öffentlich. Zudem können in manchen Landtagen Gesetzentwürfe ohne erste Lesung an einen Ausschuss überwiesen werden. Im Sächsischen Landtag genügen 25 % der Abgeordneten, um einen Entwurf an einen Ausschuss zu überweisen (§ 44 Abs. 4 GO); im Niedersächsischen Landtag sind es 30 und im Landtag von Sachsen-Anhalt 24 Abgeordnete (§ 27 Abs. 2 GO). In allen anderen Fällen bedarf es der Mehrheit der Abstimmenden. Zum anderen besteht in drei Landesparlamenten die Möglichkeit, einen Gesetzentwurf in der ersten Lesung abzulehnen, also nicht an einen Ausschuss zu überweisen.

Wie Tab. 4.10 zeigt, wurden die 359 verfassungsändernden Gesetzentwürfe an insgesamt 554 Ausschüsse überwiesen, d.h. an einem Gesetzentwurf waren durchschnittlich 1,5 Ausschüsse beteiligt. Die Abgeordneten trafen sich 645 Mal im Plenum, um diese Gesetzentwürfe zu beraten, was wiederum rechnerisch knapp

Tab. 4.10 Parlamentarische Behandlung von verfassungsändernden Gesetzentwürfen

	BW	BY	BB	NI	NRW	SN	ST	SH	∑/Ø
Anzahl der Wahlperioden	14	16	5	5	16	5	6	6	73
Entwürfe (abs.)	69	90	21	22	65	29	7	56	359
Lesungen (gesamt)[a]	125	148	41	23	143	42	18	105	645
Lesungen pro Entwurf	1,8	1,6	2,0	1,0	2,2	1,4	2,6	1,9	1,8
Protokollseiten (gesamt)	1040	1004	276	226	1028	403	86	1632	5695
Protokollseiten pro Entwurf	15,1	11,2	13,1	10,3	15,8	13,9	12,3	29,1	15,9
Redner/innen (gesamt)[b]	586	696	208	154	635	388	61	933	3661
Redner/innen pro Entwurf	8,5	7,7	9,9	7,0	9,8	13,4	8,7	16,7	10,2
Beteiligte Ausschüsse (Anzahl)	47	119	27	32	126	96	10	97	554
Ausschüsse pro Entwurf	0,7	1,3	1,3	1,5	1,9	3,3	1,4	1,7	1,5
Dauer der Verfahren pro Entwurf (Tage)[c]	158	159	117	204	240	298	138	208	190

[a]Ohne 1. Lesungen mit Direktüberweisung; wurden mehrere Entwürfe in einer Lesung gemeinsam behandelt, wurde nur eine Lesung berücksichtigt
[b]tauchen Redner/innen mehrmals in einer Debatte auf, wurden sie nur einmal gezählt
[c]Verfahrensdauer: von Datum der Drucksache bis abschließende 2. oder 3. Lesung oder Tag, an dem sich das Verfahren in anderer Weise erledigte; bei Verfahren, die sich mit Ablauf der Wahlperiode erledigten, wurde der Tag der ersten Lesung als Verfahrensende angenommen
Quelle: Eigene Erhebung; Landtagsdokumentationen; Reutter (2018a)

zwei Plenardebatten pro Gesetzentwurf bedeutet. Aktiv beteiligt in Form von Reden, Zwischenrufen oder Fragen waren rund 10 Redner/innen pro Gesetzentwurf. Sicherlich sind die Daten ebenso wie die daraus resultierenden Durchschnittswerte mit einiger Vorsicht zu genießen, zumal zwischen den Landesparlamenten doch beträchtliche Unterschiede existieren. Doch unbeschadet dieser Unterschiede und methodischen Einschränkungen, lässt sich auf Grundlage der Daten immerhin feststellen, dass Landesparlamente in verfassungsändernden Gesetzgebungsprozessen grundsätzlich den theoretischen Erwartungen entsprechen. Im Plenum werden in Rede und Gegenrede die Entwürfe diskutiert, während in den Ausschüssen die Sacharbeit stattfindet und die Entscheidungen des Plenums vorbereitet werden.

Dennoch verweisen die erwähnten Unterschiede bereits darauf, dass die typologische Einordnung von Landesparlamenten als Rede- und Arbeitsparlament der Qualifizierung bedarf. So findet in Niedersachsen im Durchschnitt jeder verfassungsändernde Gesetzentwurf nur einmal seinen Weg auf die Tagesordnung des Plenums; im Landtag von Sachsen-Anhalt ist es fast dreimal so häufig. Oder: Im Landtag Baden-Württemberg wird – wieder im Durchschnitt – nicht einmal jeder verfassungsändernde Gesetzentwurf an einen Ausschuss überwiesen; in Sachsen sind an jedem Verfahren mehr als drei Ausschüsse beteiligt. Hinzu kommt, dass die statistischen Durchschnittwerte wichtige Abweichungen ausblenden. Denn keineswegs alle eingebrachten verfassungsändernden Gesetzentwürfe durchlaufen die in der Geschäftsordnung vorgesehenen Stationen. So endeten 83 der insgesamt 359 eingebrachten Entwürfe – das ist immerhin fast ein Viertel – noch vor der 2. Lesung, weil sie abgelehnt wurden, die Antragsteller den Entwurf zurückzogen, die Entwürfe für erledigt erklärt wurden oder schlicht nicht weiter behandelt wurden und sich mit Ablauf der Legislaturperiode erledigten. Die parlamentspraktischen Befunde und die formalen Bestimmungen werfen damit die Frage auf, ob und inwieweit die idealtypisierende Begrifflichkeit vom Rede- und Arbeitsparlament die Wirklichkeit der hier untersuchten Landtage erschöpfend erfassen kann. Sie gilt ohne Zweifel für verabschiedete Gesetze, die das vorgesehene Verfahren durchlaufen müssen und auch durchlaufen haben. Bei abgelehnten Entwürfen spielen jedoch andere Kriterien eine Rolle. Bei aussichtslosen Anträgen besteht schon formal die Möglichkeit, Verfahren mit möglichst geringem Aufwand zu betreiben und frühzeitig zu beenden. Diese Differenzierung steht nicht nur quer zu den erwähnten arbeits- und redeparlamentarischen Funktionsprinzipien, sondern unterläuft auch die Vorstellung, dass verfassungsändernde Gesetzgebungsverfahren grundsätzlich konsensdemokratisch grundiert sind.

Zu ähnlichen Schlussfolgerungen kommt man, wenn das letzte Stadium eines verfassungsändernden Gesetzgebungsverfahrens beleuchtet wird: die Entscheidung (Tab. 4.11). Gemeinhin wird unterstellt, dass verfassungsändernde

Tab. 4.11   Parlamentarische Behandlung von verfassungsändernden Gesetzentwürfen: die Entscheidung[a]

	Schlussabstimmung möglich nach	Anwesenheit	Mehrheit der Abstimmenden	Mehrheit der Abgeordneten	Volksentscheid
BW	3. Lesung	2/3 MdL	Zwei Drittel	Mind. 50 v. H. der MdL	Fakultativ, durch Landtagsbeschluss[b]
BY	2. Lesung	–	Zwei Drittel	2/3 der MdL	Obligatorisch
BB	3. Lesung	–	Zwei Drittel	2/3 der MdL	Nicht vorgesehen
NI	2. Lesung	–	Zwei Drittel	2/3 der MdL	Nicht vorgesehen
NRW	3. Lesung	–	Zwei Drittel	2/3 der MdL	Fakultativ durch Landtag oder Landesregierung[c]
SN	2. Lesung	–	Zwei Drittel	2/3 der MdL	Fakultativ, durch Landtagsbeschluss
ST	3. Lesung	–	Zwei Drittel	2/3 der MdL	Nicht vorgesehen
SH	2. Lesung	–	Zwei Drittel	2/3 der MdL	Nicht vorgesehen

[a]Ohne Volksgesetzgebung
[b]nach Art. 60 Abs. 2 BWVerf kann die Landesregierung ein beschlossenes Gesetz dem Volk zur Abstimmung vorlegen, wenn ein Drittel des Landtages dies beschließt und das Gesetz nicht erneut mit Zweidrittelmehrheit beschlossen worden ist
[c]nach Art. 69 Abs. 3 NRWVerf können sowohl Landesregierung als auch der Landtag einen abgelehnten Gesetzentwurf in einem Volksentscheid verabschieden lassen
Quelle: Eigene Erhebung und Darstellung. Landesverfassungen und Geschäftsordnungen der Landesparlamente

Gesetzgebungsverfahren unter dem Schatten einer qualifizierten Mehrheit stattfinden. In ihnen manifestiert sich der Staat der Großen Koalition daher in besonderer Weise. Denn sie verlangen Verhandlungen und münden in Kompromissen, wobei die beiden großen Volksparteien, wenn sie noch so bezeichnet werden können, die entscheidenden Akteure darstellen.

Allerdings sind auch im abschließenden Stadium eines verfassungsändernden Gesetzgebungsverfahrens qualifizierende Einschränkungen vorzunehmen und zwar in dreierlei Hinsicht: Zum ersten ist festzustellen, dass in Baden-Württemberg lediglich eine Mehrheit von mindestens 50 % der Mitglieder des Landtages für einen entsprechenden Beschluss erforderlich ist. Denn Art. 64 Abs. 2 BWVerf verlangt für die Annahme einer Verfassungsänderung zwei Drittel der

Abstimmenden bei Anwesenheit von zwei Dritteln der Mitglieder des Landtages; umgerechnet entspricht dies nicht einmal 44 % der gesetzlichen Mitglieder des Landtages. Gleichzeitig legt die Verfassung fest, dass mehr als die Hälfte der gesetzlichen Mitglieder des Landtages für die Änderung stimmen muss. Unbeschadet der formalen Bestimmung wurden aber auch in Baden-Württemberg 17 von 20 angenommenen Verfassungsänderungen mit übergroßer Mehrheit verabschiedet (Reutter 2016b, S. 141).

Zum zweiten: Die Verfahrensabschlüsse sind unterschiedlich ausgestaltet (Tab. 4.11). In Bayern muss jede vom Landtag mit Zweidrittelmehrheit beschlossene Verfassungsänderung vom Souverän ratifiziert werden; in Baden-Württemberg, Nordrhein-Westfalen und Sachsen kann der Landtag beschließen, einen Volksentscheid durchzuführen; in NRW kann dies auch die Landesregierung. In den anderen Bundesländern besteht eine solche Option nicht, d. h. eine plebiszitäre Unterfütterung parlamentarisch beschlossener Verfassungsänderungen ist nicht möglich. Zum dritten: Das qualifizierte Mehrheitserfordernis gilt nur für die Schlussabstimmung und nur für die Annahme einer Verfassungsänderung. Bis dahin kann das Landesparlament mit Mehrheiten von weniger als zwei Drittel das Verfahren steuern oder auch beenden. Erwähnt wurde bereits, dass die Ausschussüberweisung entweder mit einfacher Mehrheit oder durch eine festgelegte Anzahl von Abgeordneten erfolgen kann, darüber hinaus können Entwürfe oder Einzelbestimmungen in zweiter Lesung abgelehnt oder nicht zur Schlussabstimmung zugelassen werden. Das mag zwar insoweit bedeutungslos sein, als daraus keine positiven Rechtsfolgen entstehen. Es ist aber parlamentarismustheoretisch relevant, weil solche Verfahren in dem hier untersuchten Politikfeld die Mehrzahl bilden.

Schließlich ist im vorliegenden Zusammenhang noch der Frage nach dem Einfluss des Mehrebenensystems nachzugehen. Interessanterweise findet sich für die generelle Überlegung, dass zwischen Bundes- und Landesverfassungspolitik eine – asymmetrische – Beziehung besteht, bisher kein überzeugender Beleg. Dieser doch etwas überraschende Befund mag aber auch auf methodische Probleme zurückzuführen sein. Wie erwähnt, ist der Einfluss des Bundes auf die Verfassungspolitik in den Bundesländern schwer zu operationalisieren. So ist schon unklar, was es bedeutet, wenn in einem Bundesland verfassungsändernde Gesetzesinitiative zu beobachten sind in einem Politikfeld, in dem grundgesetzliche oder andere bundesrechtliche Vorgaben bestehen. In den Initiativen lässt sich dann mit guten Gründen entweder ein landespolitischer Reflex aus Strukturvorgaben des Mehrebenensystems sehen, oder sie gelten – mit ebenso guten Gründen – als eine Manifestation der Verfassungsautonomie der Länder. Hinzu kommt, dass sich der Einfluss des Bundes nicht unmittelbar erheben oder „messen" lässt. Eine

Beweisführung kann mithin nur indirekt und mit einer ganzen Reihe von Annahmen erfolgen, die nicht ganz zu Unrecht als heroisch betrachtet werden können. Denn weder aus den Experteninterviews noch in den Dokumenten ergaben sich Hinweise darauf, dass die Verfassungsänderungspolitik vom Grundgesetz determiniert, vom Bundesgesetzgeber überformt oder innerhalb der Parteien Ebenen übergreifend koordiniert war. So betonte z. B. ein Gesprächspartner in einem Interview vom 12. Juni 2015 aufgrund mehrfacher Nachfragen, dass Verfassungspolitik reine Landespolitik sei und dass Mehrheitsverhältnisse im Bund in diesem Bereich keine Rolle spielen würden.

Trotz dieser Schwierigkeiten soll an dieser Stelle der Vermutung einer Ebenen übergreifenden Koordination nachgegangen werden; weiter verfolgt wird diese Annahme in den folgenden Unterkapiteln. Unterstellt wird dabei, dass sich die verfassungspolitischen Profile in den Bundesländern nach der Regierungskonstellation unterscheiden müssten (Tab. 4.12). Das heißt, wenn im Bund dieselbe Partei wie in dem jeweiligen Land die Regierungschefin oder den Regierungschef stellt, müssten die verfassungspolitischen Strategien ein anderes Muster aufweisen als in Perioden, in denen die Regierungschefs von divergierenden Parteien kommen. Das jedenfalls war eine der prinzipiellen Ausgangsüberlegungen des Forschungsprojektes.

Tab. 4.12 Mehreneneneinfluss: Auswahl der Fälle und Untersuchungszeiträume[a]

Fragmentierung	Kongruente Regierungen[b]	Inkongruente Regierungen[c]
Maximal	• Schleswig-Holstein (4,8/ CDU/28.10.2009–12.06.2012) • Sachsen (4,3/CDU/28.10.2009– 17.12.2013) • Sachsen-Anhalt (4,2/ SPD/17.10.1998–26.05.2002)	• Brandenburg (4,3/ SPD/06.11.2009–28.03.2013) • Sachsen-Anhalt (4,1/ CDU/22.10.2002–22.11.2005) • Baden-Württemberg (3,8/ CDU/27.10.1998–12.06.2001)
Minimal	• Sachsen (2,5/CDU/16.10.1994– 26.10.1998) • Bayern (2,6/CSU/16.10.1994– 26.10.1998) • Nordrhein-Westfalen (2,7/ SPD/17.07.1995–26.10.1998)	• Bayern (2,4/CSU/07.10.2003– 22.11.2005) • Niedersachsen (2,6/ SPD/21.06.1990–20.06.1994)

[a]Angaben in (): Fragmentierung/stärkste Regierungspartei/Zeitraum, für den die Merkmale zutrafen
[b]größte Regierungspartei im Land gleich wie auf Bundesebene
[c]im Land ist die größte Regierungspartei eine andere als im Bund
Quelle: Eigene Darstellung; eigene Erhebung; Landtagsdokumentationen

Tab. 4.13 Verfassungspolitische Profile nach Perioden: Anzahl der verfassungsändernden Initiativen und Gesetze

Fragmentierung	Kongruente Regierung	Inkongruente Regierung
Minimal[a]	Gesamt: 24 (4); Davon: SN 11 (1); ST 3 (0); SH 10 (3)	Gesamt: 7 (3); Davon: BB 4 (2); ST 1 (1); BW 2 (0)
Maximal[a]	Gesamt: 13 (0); Davon: SN 1 (0); NRW 4 (0); BY 7 (0)	Gesamt: 5 (4); Davon: NI 5 (4); BY 0 (0)

[a]In () Anzahl der verabschiedeten verfassungsändernden Gesetze
Quelle: Eigene Darstellung

Tab. 4.13 kann für diese Schlussfolgerung lediglich Indizien liefern, sie bietet keine empirisch belastbaren Belege, die eine Verifikation oder Falsifikation der oben erwähnten Zusammenhänge erlauben könnten. Immerhin entsprechen die Unterschiede bei den hier interessierenden Dimensionen zumindest teilweise den Erwartungen: So wurden bei kongruenten Regierungskonstellationen, wenn also in Bund und Land dieselbe Partei den/die Regierungschef/in stellte, mehr verfassungsändernde Gesetzentwürfe eingebracht als bei inkongruenten Regierungskonstellationen (37 vs. 12). Auch bei der Fragmentierung ergeben sich Unterschiede: Bei einer geringen Fragmentierung wurden deutlich öfter Gesetzesinitiativen ergriffen als bei einer großen Anzahl effektiver Parteien (31 vs. 18). Die Daten sind allerdings nicht mehr als statistisch konstruierte Größen und beruhen auf den zu Beginn des Kapitels formulierten Überlegungen und der in Tab. 4.12 zusammengefassten Fallauswahl. Die Fälle werden hier zu Fallkonfigurationen verdichtet, also in einem beträchtlichen Maße aggregiert. Die Befunde sind daher mit Vorsicht zu interpretieren und lassen kaum weiterreichende Schlussfolgerungen zu, zumal bei den angenommenen Entwürfen die oben beschriebenen Differenzen wieder eingeebnet, teilweise sogar konterkariert werden. Insgesamt ergeben sich daraus keine Belege, die die Stichhaltigkeit der die Untersuchung leitenden Ausgangsvermutungen überzeugend be- oder widerlegen könnten. Die Befunde lassen in dieser Hinsicht keine Aussage zu.

4.1.4 Verfassungsändernde Gesetzgebung: zusammenfassende Betrachtung

Inwieweit die dargestellten Befunde sich auf Faktizität und Geltung von Verfassungsnormen oder auf deren Inhalte auswirken, lässt sich nicht abschließend beurteilen. Im vorliegenden Kapitel ging es vor allem darum, die Institutionen und

Verfahren vorzustellen, in denen auf Ebene der Bundesländer Verfassungsänderungen beraten und beschlossen werden. Insgesamt lassen sich aus den Befunden drei Schlussfolgerungen ziehen: Erstens, verfassungsändernde Gesetzgebung ist weit entfernt von den eingangs skizzierten Vorstellungen über eine als legitim geltende Verfassungsänderungspolitik. Sie vollzieht sich vielmehr ganz überwiegend in den institutionellen Regeln und Formen wie einfache Gesetzgebung – unbeschadet der erwähnten Sonderregelungen und unbeschadet der Möglichkeit zur Volksgesetzgebung. Zwar werden in Einzelfällen umfassende Verfassungsnovellen in speziellen Kommissionen oder Ausschüssen vorbereitet (wie in Schleswig-Holstein die Verfassungsreformen 1990 und 2014), ehe das formal vorgegebene Gesetzgebungsverfahren in Gang gesetzt wird (Landtag Schleswig-Holstein Drs. 10/637 und 638, Gesetz vom 13.06.1990; Drs. 18/2115, Gesetz vom 12.11.2014). Doch ändert dies nichts an dem generellen Befund: Sieht man von den erhöhten Mehrheitserfordernissen ab, werden Verfassungsänderungen in den Landesparlamenten im Rahmen der üblichen Verfahrensschritte beraten und verabschiedet. Insoweit ist Verfassungspolitik in den Bundesländern „normale Politik". Gleichzeitig ist zu beachten, dass das hier untersuchte Politikfeld ein spezifisches Profil aufweist. Regierungen und Mehrheitsfraktionen bringen nur wenige, Minderheitsfraktionen dagegen viele Gesetzentwürfe in die Landesparlamente ein. Verfassungsändernde Gesetzgebungsverfahren weichen also in relevanter Hinsicht von den bekannten Mustern parlamentarischer Willensbildung und Entscheidungsfindung ab. Insoweit ist dies „normale Politik mit anderen Mitteln".

Zweitens, verfassungsändernde Gesetzgebung stellte sich als ausgesprochen parlamentslastiges Politikfeld dar und zwar nicht nur deswegen, weil außer in Bayern Volksgesetzgebung in diesem Politikfeld so gut wie keine Rolle spielt. Allein in Bayern hat „das Volk" nicht nur eine Reihe von verfassungsändernden Volksbegehren in den Landtag eingebracht; es muss zudem alle entsprechenden Landtagsentscheidungen in einem Referendum sanktionieren, und es hat in zwei Fällen sogar Beschlüsse des Landtages revidiert. Insoweit gehen in Bayern in diesem Politikfeld die „Uhren anders" als im Rest der Republik (Reutter 2015a). Gleichwohl gilt: Der ganz überwiegende Anteil der Gesetzentwürfe stammte aus den Parlamenten selbst, also von Fraktionen. Andere Antragsteller wie der Hauptausschuss in Brandenburg treten nur in Ausnahmefällen als Initiatoren auf. Die in anderen Politikbereichen dominierenden Landesregierungen stellten bei der Verfassungspolitik jedoch lediglich nicht einmal 6 % aller Entwürfe; sie waren also durchschnittlich bei jedem zwanzigsten Entwurf die Initiatorin.

Drittens: Gemeinhin gilt Verfassungspolitik als klassisches Beispiel dafür, dass die Bundesrepublik Deutschland ein „Staat der Großen Koalition" ist. Gemeint ist damit, dass das erhöhte Mehrheitserfordernis parlamentarische Entscheidungsfindung dominiert und dem Politikfeld seine Prägung gibt. Verfassungspolitik ist folglich „consensual policy-making" (McRae 1997; Schmidt 1996), bei der der Parteienwettbewerb und einfache Mehrheitsentscheidungen suspendiert sind und ersetzt werden von Konsens und Kompromiss, also von einer „Großen Koalition". Darüber hinaus wird das erhöhte Mehrheitserfordernis nicht selten herangezogen, um die Häufigkeit von Verfassungsänderungen zu erklären (Lorenz 2005). Je leichter eine Verfassung zu ändern ist, umso häufiger wird sie geändert, so die durchaus einleuchtende Argumentation (Pestalozza 2014a, Rz 39). Dieser vielfach geprüfte Zusammenhang (Hölscheidt 1995; Lutz 1994; Ferejohn 1997, S. 523 ff.; M. Flick 2008; Reutter und Lorenz 2016; Reutter 2017a; Lorenz 2004, 2008, S. 72; Roberts 2009; Contiades und Fotiadou 2013, S. 458 f.), dem im Verlaufe der Untersuchung noch weiter nachzugehen sein wird, beeinflusste zwar die parlamentarischen Gesetzgebungsverfahren insbesondere in der Einbringungs- und Entscheidungsphase. Doch kann weder in formaler noch in parlamentspraktischer Hinsicht von einer Suspendierung wettbewerblicher Motive gesprochen werden. Formal reicht bis zur Schlussabstimmung eine einfache Mehrheit – bisweilen sogar eine Minorität der Stimmen – aus, um Entscheidungen in einem verfassungsändernden Gesetzgebungsverfahren zu treffen. Kurz gesagt: Bis zur Schlussabstimmung werden verfassungsändernde Gesetzgebungsentwürfe wie andere parlamentarische Vorgänge nach mehrheitsdemokratischen Prinzipien behandelt. In dieser Hinsicht ist Verfassungspolitik nichts weiter als „normale Politik mit anderen Mitteln" (Busch 2006, S. 51; Reutter 2016b).

4.2 Die Verfassungspolitik in den Bundesländern und der „Schatten des Grundgesetzes": csQCA und Mehrebenenanalyse

Wie erwähnt, gehen viele Rechts- und Politikwissenschaftler*innen davon aus, dass die Verfassungspolitiken der Bundesländer im „Schatten des Grundgesetzes" stehen. Gemeint ist damit ein Doppeltes: Zum einen bedeutet dies, dass die Ordnungs- und Integrationsfunktion, die eine Verfassung zu erfüllen hat, nicht von den rechtlichen Grundordnungen der Bundesländer erbracht wird, sondern vom Grundgesetz. Das Grundgesetz ist folglich in dieser Hinsicht der normative Fixpunkt, an dem sich das Verfassungsleben orientiert. Landesverfassungen bleiben vor diesem Hintergrund ohne eigene Strahl- und Gestaltungskraft auf das gesellschaftliche Zusammenleben und die politische Ordnung. Zum anderen hat dies Folgen darauf, wie Verfassungsänderungspolitiken in den Bundesländern betrachtet und eingeordnet werden. Sie sind dann inhaltlich bestenfalls Ergänzungen bundesrechtlicher Vorgaben, politisch Teil von Ebenen übergreifenden parteipolitischen

Strategien und Ergebnis von Verhandlungen zwischen verflochtenen Akteuren. Der im letzten Kapitel angestellte Vergleich der Verfassungspolitiken in ausgewählten Bundesländern konnte für diese Sichtweise allerdings keine Belege liefern. Im Gegenteil, die vergleichende Fallstudie in Abschn. 4.1 zeigt die Verankerung der Verfassungspolitik in den Bundesländern. Akteure, institutionelle Verarbeitung und Entscheidungsprozesse, die bei verfassungsändernden Gesetzgebungsverfahren eine Rolle spielen, sind dezidiert landespolitisch grundiert und bieten keine Anknüpfungspunkte für eine Ebenen übergreifende Koordinierung, wie sie etwa in der Theorie der Politikverflechtung unterstellt ist (Kropp 2010; Laufer und Münch 2010; Hesse 1993). Auch in den Experteninterviews finden sich keine Hinweise darauf, dass die Bundespolitik in den durch die Länder eigenständig zu gestaltende Verfassungsräume übergreifen würde. Landesverfassungspolitik scheint in einer prozessorientierten Perspektive primär Ausfluss und Manifestation zu sein der Eigenstaatlichkeit der Länder.

Gleichwohl wäre es nachgerade fahrlässig, föderative Einflussfaktoren zur Erklärung der Verfassungspolitiken in den Bundesländern auszuschließen. Dagegen spricht schon, dass in der einschlägigen Literatur ganz überwiegend auf die prägende Wirkung des Bundes auf die Verfassungspolitik der Länder verwiesen wird. Wie ausgeführt, betonen etwa Martina Flick (2008, S. 226), Andrea Stiens (1997), Christian Pestalozza (2014a, S. XXXVII) oder Stefan von Braunschweig (1993, S. 88 ff.), dass, so Flick, die „Anpassung von Landes- an Bundesrecht ein häufiges Motiv für Verfassungsänderungen" in den Bundesländern war (M. Flick 2008, S. 226). Mit Patricia Popelier lässt sich sogar generell für Verfassungspolitik in Mehrebenensystemen konstatieren: „[W]e cannot examine the constitutional system at one level without having regard for its impact on and interplay with the other levels" (Popelier 2014, S. 7). Es ist daher davon auszugehen, dass Verfassungspolitik in den Bundesländern eingebettet ist in bundesstaatliche Rahmenbedingungen, die in entsprechenden Gesetzgebungsverfahren ihren Ausdruck finden können.

Die Herausforderung besteht nun darin, wie diese gut begründete und plausible Vermutung in ein wissenschaftliches Erklärungsmodell übersetzt werden kann. Das verfassungsrechtlich ausgestaltete Mehrebenensystem ist folglich von einer Rahmenbedingung oder von einem Datum für Entscheidungen in einen kausalen Faktor zu überführen. Methodisch gesprochen: Der Einfluss des kooperativen Föderalismus auf die Verfassungspolitik in den Bundesländern muss operationalisiert werden. Dies ist schon deswegen ein schwieriges Unterfangen, weil sich die Folgen des kooperativen Föderalismus in diesem Politikfeld nicht unmittelbar erschließen lassen. Der Einfluss lässt sich mithin nicht „messen" oder

mit einem intervallskalierten Merkmalsträger erheben. Ebenen übergreifende Verhandlungen finden in diesem Politikfeld nicht statt. Zudem haben die Fallstudien
gezeigt, dass eine prozess- oder institutionenorientierte Sichtweise hier kaum
weiterhilft, denn weder die eine noch die andere lässt Schlüsse zu auf den Einfluss des Bundes auf die Verfassungspolitik in den Ländern. Vielmehr scheinen
sich Einflüsse eher themenorientiert und vermittelt über parteipolitische Präferenzen bemerkbar zu machen wie etwa Astrid Lorenz (2015) bei Rechten von Kin-
dern und Jugendlichen illustriert hat. Aber auch in dieser Untersuchung bleibt die
Beweisführung indirekt und erfolgt über das Ergebnis, d. h. es wird unterstellt,
dass, wenn eine Partei auf Bundes- und Landesebene dieselbe Strategie verfolgt
und zu ähnlichen Ergebnissen kommt, ein kausaler Zusammenhang besteht.

Daran anschließend untersuche ich am Beispiel der Schuldenbremse, inwieweit das Mehrebenensystem verfassungspolitische Entscheidungen auf Landesebene geprägt haben. Begründen lässt sich das ausgewählte Themenfeld mit seiner
Relevanz für die Fragestellung, aber auch damit, dass die befragten Experten
Verfassungspolitik zwar einhellig als Landespolitik verstanden und qualifiziert
haben, dass aber auf Nachfrage zugestanden wurde, dass bei der jeweiligen Diskussion um die Schuldenbremse auch bundespolitische Faktoren eine Rolle spielten. Typisch ist etwa die Bemerkung eines Abgeordneten, der erst „nicht sehen
[konnte], inwieweit die Bundespolitik auf die […] Verfassungsgesetzgebung [des
Landes] Einfluss gehabt hat." Auf Nachfrage betonte er allerdings: „Das war
ein Punkt. Genau. Schuldenbremse, sehr richtig. Eindeutig ja." (Interview vom
16. März 2015, S. 9) Angenommen wird zudem, dass sich die Entscheidung,
eine Schuldenbremse in eine Landesverfassung aufzunehmen, nicht allein auf
bundespolitische Faktoren zurückführen lassen. Wichtig ist darüber hinaus, wie
rigide eine Verfassung ausgestaltet ist, d. h. also, welche Mehrheit für eine Änderung notwendig ist und ob das Entscheidungsverfahren als insgesamt konsensual
bezeichnet werden kann.

Für die Beantwortung dieser Frage bietet sich eine *crisp-set Qualitative Comparative Analysis* (csQCA) an und zwar aus drei Gründen: Das Outcome lässt
sich, erstens, binär bestimmen (eine Schuldenbremse wurde aufgenommen oder
nicht); eine csQCA erlaubt, zweitens, Konfigurationen von Bedingungen zu
berücksichtigen, also mehrere Faktoren in eine Analyse einzubeziehen; schließlich lassen sich auch die Bedingungen binär kalibrieren, d. h. ihnen kann wie dem
Outcome der Wert „0" oder „1" zugewiesen werden.

Abweichend von einer früheren Analyse, die ebenfalls auf einer csQCA
beruhte (Reutter 2014b), werden hier drei Annahmen geprüft: der Einfluss des
Mehrebenensystems auf entsprechende verfassungsändernde Gesetzesinitiativen

in sieben Bundesländern (a),[4] der Effekt der Rigidität von Verfassungen (b) sowie die konsensuale Prägung der Entscheidungsprozesse (c). a) Ein Einfluss des Mehrebenensystems wird wie in den rekonstruierenden Fallstudien angenommen, wenn auf Bundes- und Landesebene dieselbe Partei den Regierungschef oder die Regierungschefin stellt; darüber hinaus muss hier aber als weitere Voraussetzung gegeben sein, dass die Regierungsfraktion(en) den verfassungsändernden Gesetzentwurf initiiert hat(ben). b) Die Rigidität wird mit dem von Martina Flick (2008) entwickelten und oben erläuterten Index gemessen, wobei unterstellt wird, dass eine Verfassung „rigide" ist, wenn sie lediglich mit einer Mehrheit von zwei Dritteln der gesetzlichen Mitglieder oder mehr geändert werden kann. Ist eine geringere Mehrheit erforderlich, gilt eine Verfassung als nicht rigide. c) Und eine „konsensuale" Prägung des Entscheidungsverfahrens wird unterstellt, wenn die antragstellenden Fraktionen über die notwendige verfassungsändernde Mehrheit verfügen. Untersuchungseinheiten sind 22 verfassungsändernde Gesetzgebungsverfahren, die in sieben Bundesländern angestrengt wurden (Tab. 4.14). Ehe die genannten Annahmen überprüft werden können, sind in aller Kürze die Debatte um die Einführung der Schuldenbremse sowie das Analyse-Verfahren, also die csQCA, zu erläutern.

Nach Art. 109 Abs. 3 GG sind die Haushalte von Bund und Ländern „grundsätzlich ohne Einnahmen aus Krediten auszugleichen." Doch sind Ausnahmen von dieser Regel möglich bei „einer von der Normallage abweichenden konjunkturellen Entwicklung" sowie bei „Naturkatastrophen oder außergewöhnlich[en] Notsituationen, die sich der Kontrolle des Staates entziehen und die staatliche Finanzlage erheblich beeinträchtigen" (Art. 109 Abs. 3). Den Ländern ist zudem das Recht eingeräumt, die nähere Ausgestaltung im Rahmen ihrer verfassungsrechtlichen Kompetenzen selbst zu regeln, wobei allerdings keine Einnahmen aus Krediten zugelassen sind. Diese am Europäischen Stabilitäts- und Wachstumspakt angelehnte Konstruktion greift weit in die Haushaltsrechte der Länder ein und hat aus diesem Grunde nicht wenig Kritik erfahren (Ciagla und Heinemann 2012; Sturm 2011a; Steinbach und Rönicke 2013; Berlitt 2011; Buscher und Fries 2013). Der Landtag Schleswig-Holstein hat sogar im Rahmen einer Bund-Länder-Streitigkeit Klage gegen die Schuldenbremse beim Bundesverfassungsgericht erhoben, das den Antrag allerdings als unzulässig zurückgewiesen hat (BVerfG, 2 BvG 1/10 vom 19. August 2011).

---

[4]In Sachsen-Anhalt wurde während der untersuchten Periode kein Gesetzentwurf eingebracht, um eine Schuldenbremse in die Verfassung aufzunehmen; dieses Bundesland bleibt daher im Weiteren unberücksichtigt.

Tab. 4.14 Verfassungsändernde Gesetzentwürfe zur Einführung einer Schuldenbremse in sieben Landesparlamenten[a]

Land	WP	Regierung	Einbringer	Datum des Entwurfs	Drs. Nr.	Tag der Ablehnung	Tag der Annahme
BW	15	Grüne/SPD	CDU	29.09.2011	632	14.12.2012	–
	15	Grüne/SPD	FDP	16.09.2011	503	14.12.2012	–
	15	Grüne/SPD	FDP	15.03.2013	3239	17.07.2013	–
	15	Grüne/SPD	FDP	19.08.2014	5637	12.11.2014	–
	13	CDU/FDP	Grüne	17.02.2005	4070	20.04.2005	–
	12	CDU/FDP	Republikaner	18.01.1999	3652	06.10.1999	–
BY	16	CSU/FDP	CSU, FDP, SPD, FW	10.12.2012	15140	–	20.06.2013
	16	CSU/FDP	SPD	17.10.2012	14090	17.10.2012	–
	16	CSU/FDP	CSU, FDP	10.10.2012	13930	–	–
BB	5	SPD/Linke	CDU, FDP, Grüne	23.09.2010	2045	07.10.2010	–
NI	17	SPD/Grüne	CDU, FDP	05.03.2013	22	Ende WP	–
	16	CDU/FDP	CDU, FDP	22.06.2011	3748	26.09.2012	–
	16	CDU/FDP	SPD	18.09.2012	5178	26.09.2012	–
NRW	15	SDP/Grüne	CDU	17.01.2011	1068	Ende WP	–
	14	CDU/FDP	Regierung	03.12.2009	10358	24.03.2010	–
	12	SPD/Grüne	CDU	15.04.1996	891	12.03.1999	
	10	SPD	FDP	29.11.1989	4895	08.02.1990	–
SN	5	CDU/FDP	CDU, SPD, FDP, Grüne	30.04.2013	11838	–	10.07.2013
SH	17	CDU/FDP	CDU, FDP	14.01.2010	193	–	19.05.2010
	17	CDU/FDP/	SPD	13.01.2010	186	28.01.2010	–
	16	SPD/Grüne/ SSW	CDU	30.06.2009	2746	16.09.2009	–
	16	SPD/Grüne/ SSW	Grüne	04.06.2009	2711	Ende WP	–

[a]In Sachsen-Anhalt wurde kein entsprechender Gesetzentwurf eingebracht
Quelle: Eigene Erhebung; Parlamentsdokumentationen

Die Bundesländer haben von der grundgesetzlich vorgesehenen Möglichkeit, eine eigene verfassungsrechtliche Regelung zur Schuldenbremse zu treffen, unterschiedlich Gebrauch gemacht (Tab. 4.14; Sturm 2011a, b). Von den im vorliegenden Kontext herangezogenen sieben Bundesländern wurde allein im Landtag Sachsen-Anhalt kein entsprechender Gesetzentwurf eingebracht; dieses Bundesland wird daher im Weiteren nicht berücksichtigt. Von den restlichen sieben Bundesländern änderten drei ihre Verfassung. Nachrichtlich sei noch erwähnt, dass von allen 16 Bundesländern 8 ihre Verfassung änderten, wobei allein FDP und Linkspartei in Bund und Ländern dieselbe Politik vertraten. Während die Linkspartei auf beiden staatlichen Ebenen die Aufnahme einer Schuldenbremse in die Verfassung ablehnte, unterstützte die FDP entsprechende Gesetzentwürfe in allen Bundesländern. In Bayern, Sachsen und Schleswig-Holstein wurden die Verfassungen 2010 und 2013 geändert.

Aus methodischer Perspektive ist allerdings zu klären, was die Aufnahme einer Schuldenbremse in die Landesverfassung überhaupt bedeutet. Ist sie Ausfluss der grundsätzlichen Verfassungsautonomie oder bloße Ergänzung bundesrechtlicher Vorgaben? Diese Frage verweist – wie oben bereits angedeutet – noch einmal darauf, dass der Einfluss des Mehrebenensystems schwer zu operationalisieren und die Operationalisierung von theoretischen Prämissen geleitet ist. Denn beide Interpretationen scheinen, wie ausgeführt, möglich und plausibel. Im vorliegenden Kontext wird unterstellt, dass es sich um Letzteres handelt, weil das Grundgesetz den Ländern vorgibt, wie groß – oder wie klein – der verfassungsrechtliche Raum ist, den die Länder ausgestalten können. Es wird also angenommen, dass eine Verfassungsänderung in einem Bundesland sich kausal auf die grundgesetzlichen Bestimmungen zurückführen lässt. Mittels einer *crisp-set Qualitative Comparative Analysis* wird überprüft, ob die oben genannten Faktoren erklären können, warum dieser durch die Länder unterschiedlich genutzt wurde.

Die von Charles C. Ragin (1987) entwickelte Methode der *Qualitative Comparative Analysis* (QCA) ist Resultat eines wahrgenommenen doppelten methodischen Defizits (Reutter 2017a). Ragin war mit beiden methodischen Welten unzufrieden, die er Mitte der 1980er Jahre vorfand: Während er den Informationsgehalt und die Realitätsnähe qualitativer Studien schätzte und positiv bewertete, schienen ihm diese gleichzeitig idiosynkratisch und bar der Möglichkeit, allgemeine Schlussfolgerungen zu ziehen, die über den untersuchten Einzelfall hinausreichten. Vergleiche zwischen Fällen schienen Ragin zudem eher zufällig und für Dritte nach kaum nachvollziehbaren Kriterien zu erfolgen. Bei quantitativen Studien beeindruckte ihn, dass sie die wissenschaftliche Anforderung nach Objektivität erfüllten und über ein hohes Generalisierungspotenzial verfügten, sie jedoch die Besonderheiten der Einzelfälle ignorierten. Ragin wollte mit seiner auf der Booleschen Algebra basierenden Herangehensweise die Vorteile beider methodischen Welten kombinieren und deren Nachteile eliminieren oder zumindest minimieren: Er wollte die Tiefenschärfe qualitativer Fallstudien bewahren und gleichzeitig den Vergleich zwischen Fällen objektivieren und systematisieren (Berg-Schlosser et al. 2009, S. 3 ff.; Schneider und Wagemann 2007). Hinzu kommt, dass die auf QCA beruhenden Verfahren mit einer mittleren Anzahl von Fällen operieren. Eine QCA sollte zwischen fünf und fünfzig Fälle umfassen, was für eine statistische Analyse eine zu geringe und für einen qualitativen Vergleich eine zu große Fallzahl darstellt (Schneider und Wagemann 2007, S. 19 ff.).

Die QCA hat in den letzten Jahren einen beträchtlichen Aufschwung erfahren. Neben den Werken von Charles C. Ragin liegen inzwischen diverse Lehrbücher, Sammelbände und Untersuchungen vor, die zur Verbreitung dieser Methode beigetragen haben (Legewie 2013; Schneider und Wagemann 2007; Rihoux et al. 2013; Ragin 1987, 2000; Berg-Schlosser et al. 2009; Berg-Schlosser und De Meur 2009; Rihoux und De Meur 2009; Rihoux und Ragin 2009). Hinzu kommt, dass auch frei verfügbare Software zur Verfügung steht, mit denen sich Rohdaten „kalibrieren", Wahrheitstafeln erstellen und notwendige Reduktionsschritte vornehmen lassen (Ragin et al. 2006). Die im Weiteren dargestellte Analyse schließt dabei an meine früher durchgeführte Untersuchung an (Reutter 2014a), weicht aber sowohl in der Fallauswahl wie in der Kalibrierung der kausalen Bedingungen davon ab.

Eine QCA zeichnet sich durch Merkmale aus, die sie für die Beantwortung der hier interessierenden Frage prädestinieren. Sie ist fallorientiert, erlaubt einen systematischen, nachvollziehbaren Vergleich und ermöglicht Generalisierungen (Reutter 2017a; Marx und Dusa 2011, S. 104 ff.; Sehring et al. 2013; Wagemann und Schneider 2007; Schneider und Wagemann 2010). Die Fallorientierung manifestiert sich darin, dass eine QCA komplexe Bedingungskonfigurationen erlaubt und damit dem in der qualitativen Forschung wichtigen Postulat, Fälle möglichst umfassend zu beschreiben, zu entsprechen sucht. Der Vergleich von Fällen erfolgt zudem nach nachvollziehbaren Kriterien und in systematischer Manier. Dies soll die Verknüpfung der empirischen Befunde mit theoretischen Überlegungen erleichtern.

Wie jede vergleichende Methode – viele halten QCA auch für einen veritablen Forschungsansatz (Reutter 2017a, S. 5 ff.; Schneider und Wagemann 2007, S. 19 ff.; Ragin 2000; Rihoux et al. 2011, S. 11 ff.) – sollen mit einer QCA Unterschiede zwischen und Gemeinsamkeiten von untersuchten Fällen entdeckt werden, um kausale Beziehungen zwischen Bedingungen und zu erklärendem Outcome untersuchen zu können (Berg-Schlosser et al. 2009; Ragin 2009). Anders als Regressionsanalysen, die probabilistische Schlüsse nach sich ziehen, führt eine QCA zu deterministischen Aussagen, weil die Bedingungen benannt

werden, die für ein Ergebnis notwendig und/oder hinreichend sind. Zugespitzt lässt
sich sagen: Bei einer QCA geht es um „wenn-dann"-Hypothesen, während statistische Verfahren „je-mehr-desto"-Hypothesen prüfen. Illustrieren lässt sich dies etwa
wie folgt: Statistisch testen lässt sich die Hypothese: je rigider eine Verfassung,
desto seltener wird sie geändert. Übersetzt in die QCA-Terminologie bedeutet
dies: Wenn eine Verfassung rigide ist, dann wird sie nicht geändert. Dies bedeutet
auch, dass sich bei QCA Fälle nicht durch Variablen repräsentieren lassen, sondern
anhand von Bedingungskonfigurationen zu beschreiben sind (Tab. 4.14). Es ist, um
bei dem Beispiel zu bleiben, also festzulegen, wann eine Verfassung als rigide gilt,
und was es heißt, dass eine Verfassung nicht geändert wird.

Die „Kalibrierung" von Bedingungen und Outcome verlangt ein Doppeltes:
Zum einen sind die Bedingungen zu bestimmen, die aufgrund theoretischer Überlegungen für das zu erklärende Phänomen als kausal gelten können; zum anderen
ist darzulegen, ob ein Fall eine solche Bedingung erfüllt.[5] Dabei kann es durchaus vorkommen, dass eine spezifische Bedingung unterschiedliche Effekte aufweisen kann, abhängig von der jeweiligen Konfiguration. Im Verlaufe der Debatte
entwickelten sich unterschiedliche Varianten der QCA. Die hier herangezogene
crisp-set Qualitative Comparative Analysis (csQCA) kennt im Anschluss an die
Boolesche Algebra nur zwei Mitgliedschaftswerte, nämlich 0 und 1.

Tab. 4.15 fasst die dichotom transformierten Rohdaten für die einzelnen
Gesetzgebungsverfahren zusammen. Wie erwähnt, habe ich „Rigidität" mit dem
von Martina Flick entwickelten Index gemessen, also als Addition aus dem Anteil
der abgegebenen Stimmen, die für ein verfassungsänderndes Gesetz notwendig
ist, und dem Anteil der Abgeordneten, die mindestens an einer Abstimmung teilnehmen müssen. In den meisten Fällen ergibt dies den Wert von 1,33 (2/3 plus
2/3). Für Baden-Württemberg resultiert aus der Berechnung der Wert von 1,17
(2/3 plus 1/2). Wie Martina Flick (2008, S. 233 f.) habe ich für Bayern zum
Indexwert von 1,33 das für jede Verfassungsänderung vorgesehene Referendum
als zusätzliche Hürde einbezogen und mit einem Wert von 0,5 berücksichtigt; für
Bayern beträgt der Index also 1,83. Zu beachten ist, dass nicht die An-, sondern
die Abwesenheit der Bedingung „Rigidität" als hinreichend oder notwendig für
die Annahme einer Verfassungsänderung betrachtet wird. Liegt der Index also
unter 1,33, erhält diese Bedingung den Wert von 1, liegt er bei 1,33 oder darüber
wird ihr der Wert 0 zugewiesen.

---

[5]Das verwendete Programm „csQCA" ist verfügbar unter: http://www.compasss.org/soft-
ware.htm oder unter http://www.socsci.uci.edu/~cragin/fsQCA/software.shtml; vgl. dazu
auch Ragin (2008), Ragin et al. (2006), Drass (1998).

Tab. 4.15 Schuldenbremse: Bedingungskonfigurationen für Verfassungsänderungen

Fall[a]	RIG (Rigidität)[b]	BUND (kongruente Regierung)[c]	CONS (konsensuale Prägung)[d]	Änderung
BW_12_3652	1	0	0	0
BW_13_4070	1	0	0	0
BW_15_503	1	0	0	0
BW_15_632	1	0	0	0
BW_15_3239	1	0	0	0
BW_15_5637	1	0	0	0
BY_16_13930	0	1	0	0
BY_16_14090	0	0	0	0
BY_16_15140	0	1	1	1
BB_5_2045	0	0	0	0
NI_16_3748	0	1	0	0
NI_16_5178	0	0	0	0
NI_17_22	0	0	0	0
NRW_10_4895	0	0	0	0
NRW_12_891	0	0	0	0
NRW_14_10358	0	1	0	0
NRW_15_1068	0	0	0	0
SN_5_11838	0	1	1	1
SH_16_2711	0	0	0	0
SH_16_2746	0	1	0	0
SH_17_193	0	1	0	1
SH_17_186	0	0	0	0

[a]Die Fallnummer gibt an: Bundesland, Wahlperiode und Drucksachennummer
[b]Summe aus notwendigem Anteil der Stimmen und Mindestanteil der Abstimmenden für die Annahme einer Verfassungsänderung
[c]Partei führt in Bund und Land die Regierung und ist am Gesetzentwurf initiativ beteiligt
[d]Sitzanteil der Gesetzesinitiatoren beträgt mindestens zwei Drittel der Mitglieder des Landesparlamentes
Quelle: Eigene Darstellung

Die Bedingung „Bund" repräsentiert den Einfluss des Mehrebenensystems auf verfassungspolitische Entscheidungen des jeweiligen Landes. Empirisch beschrieben werden mit der Bedingung allerdings nicht Vorgaben des Grundgesetzes oder anderer rechtlicher Bestimmungen des Bundes für den Landesverfassungsgeber, sondern Ebenen übergreifende parteipolitische Strategien. Unterstellt wird, dass Parteien auf Bundes- und Landesebene ähnliche verfassungsrechtliche Strategien verfolgen, dass also Initiativen, die von der stärksten Regierungspartei auf der einen Ebene ergriffen werden, ein Echo finden auf der anderen Ebene. Konkret: Bringt eine Partei/Fraktion, die im Bund und im Bundesland die Regierungschefin bzw. den Regierungschef stellt, einen verfassungsändernden Gesetzentwurf zur Schuldenbremse in ein Landesparlament ein, wurde dies mit dem Wert von 1 kalibriert.

Eine konsensuale Prägung, die dritte Bedingung eines verfassungsändernden Gesetzgebungsverfahrens, liegt vor, wenn bereits die Initiatoren über die notwendige Zweidrittelmehrheit verfügen. Unterstellt wird hier, dass konsensdemokratische Effekte ein verfassungsänderndes Gesetzgebungsverfahren prägen, wenn sie von Beginn an vorhanden sind.

Die auf dieser Grundlage konstruierte dichotomisierte Datenmatrix (Tab. 4.15) ist in einem weiteren Schritt in eine Wahrheitstafel zu überführen, d. h. es wird überprüft, welche logisch möglichen Bedingungskonfigurationen mit empirisch auffindbaren übereinstimmen. Logisch möglich sind bei drei Bedingungen insgesamt acht Konfigurationen ($=2^3$), die allerdings keineswegs alle in der Verfassungswirklichkeit eine Entsprechung gefunden haben. Insgesamt ergeben sich aus der Wahrheitstafel fünf Lösungswege, die die Annahme bzw. Nichtannahme einer Schuldenbremse in die Verfassungen der sieben Bundesländer erklären. Dabei handelt es sich um die in Tab. 4.17 aufgeführten Bedingungskonfigurationen.

Wie Tab. 4.16 und 4.17 zeigen, lassen sich zwei Konfigurationen als kausal für eine Verfassungsänderung qualifizieren, während drei Lösungswege die Ablehnung entsprechender Gesetzentwürfe beinhalten. Zum einen führen „rig*-BUND*CONS" sowie „rig*BUND*cons" zum zu erklärenden Outcome, also zu einer Verfassungsänderung. Die Rigidität einer Verfassung war im vorliegenden Zusammenhang damit insoweit von Bedeutung, als in beiden Varianten hohe Änderungshürden existierten („rig"). Eine konsensuale Prägung war in einem Lösungsweg als Bedingung relevant, in dem anderen blieb sie ohne Bedeutung. Allein der Faktor „BUND" figuriert in beiden Lösungswegen und in allen drei Fällen, aber stets in Kombination mit zwei anderen Elementen.

Erhellend ist auch die Analyse der abgelehnten Fälle, also der 19 Gesetzentwürfe, die in den Landesparlamenten keine Mehrheit gefunden haben. Erklärt wird dieses Ergebnis mit drei Lösungswegen, wobei in keinem eine konsensuale

Tab. 4.16 Schuldenbremse: Wahrheitstafel für 22 Entscheidungen

	RIG	BUND	CONS	Änderung	Anzahl Fälle	Fälle
1	0	0	0	0	9	BY_16_14090; BB_5_2045; NI_16_5178; NI_17_22; NRW_10_4895; NRW_12_891; NRW_15_1068; SH_16_2711; SH_17_186
2	1	0	0	0	6	BW_12_3652, BW_13_4070, BW_15_503, BW_15_632; BW_16_3239; BW_15_5637
3	0	1	0	0	4	BY_16_13930; NI_16_3738; NRW_14_10358; SH_16_2746;
4	0	1	1	1	2	BY_16_15140; SN_5_11838
5	1	1	1	1	0	–
6	0	1	0	1	1	SH_17_193
7	1	0	1	1	0	–
8	0	0	1	1	0	–

Quelle: Eigene Darstellung; Berechnung mit fsQCA 2.5

Tab. 4.17 Lösungswege zur Annahme/Ablehnung einer Schuldenbremse[a]

Nr.	Lösungsweg	Outcome	Anzahl der Fälle
1.	rig*bund*cons	→ sb	9
2.	RIG*bund*cons	→ sb	6
3.	rig*BUND*cons	→ sb	4
4.	rig*BUND*CONS	→ SB	2
5.	rig*BUND*cons	→ SB	1

[a]Großbuchstaben zeigen an, dass eine Bedingung gegeben ist, Kleinbuchstaben, dass sie nicht gegeben ist; ein Sternchen („*") bedeutet „und". Ein Lesebeispiel: Der formale Ausdruck „rig*bund*cons → sb" meint, dass das Outcome, also die Ablehnung der Schuldenbremse (sb), darauf zurückzuführen ist, dass die Änderungshürde hoch war („rig"), dass auf Bundes- und Landesebene inkongruente Regierungskonstellationen bestanden („bund") und dass der Entscheidungsprozess von keinem Konsens geprägt war („cons")
Quelle: Eigene Darstellung

Prägung vorlag. Die Abwesenheit eines lagerübergreifenden Konsenses kann jedoch kaum überraschen, wenn erklärt werden soll, dass eine Schuldenbremse nicht in die Verfassung aufgenommen wurde. Eine zu Beginn eines verfassungsändernden Gesetzgebungsverfahrens vorhandene Zweidrittelmehrheit ist insoweit zwar nicht notwendige Voraussetzung für die Annahme einer Schuldenbremse, ihre Abwesenheit scheint aber hinreichend bei den Fällen, bei denen eine Schuldenbremse verfassungsrechtlich nicht kodifiziert wird. Die Bedingung einer schwer zu ändernden Verfassung (RIG = 0) war in zwei Lösungswegen abwesend und in einem präsent; ebenso spielte das Mehrebenensystem in zwei Lösungswegen keine Rolle und in einem lag eine entsprechende kongruente Regierungskonstellation vor.

Diese Befunde lassen übergreifende theoretische Schlussfolgerungen kaum zu. Gleichwohl ist festzuhalten, dass es offenbar unterschiedliche Bedingungskonfigurationen gibt, mit denen sich das Outcome – die verfassungsrechtliche Aufnahme der Schuldenbremse in eine Landesverfassung oder deren Ablehnung – erklären lässt. Dabei spielt die Anzahl der Fälle keine Rolle. Denn grundsätzlich ist jede Bedingungkonfiguration relevant, mit der sich das Outcome erklären lässt (Berg-Schlosser et al. 2009, S. 9). Hinzu kommt, dass für zwei Konfigurationen keine empirische Korrespondenz existiert. Diese „logischen Reste" können unterschiedliche Ursachen haben, sie können etwa auf die Fallauswahl zurückzuführen sein oder auf die Art und Weise, wie die Bedingungen konfiguriert und kalibriert wurden.

Sieht man einmal davon ab, dass dies nach meiner Kenntnis erst den zweiten Versuch darstellt, Verfassungsänderungspolitik auf Grundlage einer csQCA zu analysieren, es also in methodischer Hinsicht durchaus noch Korrekturbedarf geben kann, hat die Analyse immerhin einige Aspekte zutage gefördert. Insgesamt ist hervorzuheben, dass keine der angeführten Bedingungen die Verfassungsänderungspolitik alleine erklären kann. Das mag als allgemeiner Befund kaum überraschen, verweist aber darauf, dass keine in Kap. 2 aufgeführten Theorien die Verfassungsänderungspolitik erschöpfend erklären kann. Das gilt auch für Ansätze, die Landespolitik quasi monokausal auf Effekte des Mehrebenensystems oder auf Vorgaben des Bundes zurückführen.

Darüber hinaus gilt, dass in den Bundesländern der „Staat der Großen Koalition" nur in drei Fällen das Outcome erklären kann. Zumindest gilt diese Aussage, wenn die hier operationalisierte Variante des Staates der Großen Koalition zugrunde gelegt wird. Dieser Befund steht in Kontrast zu einer von mir 2014 veröffentlichten Studie, in der ein Parteienkonsens als ein „crucial element for explaining amendments as well as for failed attempts to change sub-national constitutions" erkannt wurde (Reutter 2014a, S. 237). Doch auch dort wurde festgehalten, dass es auf darauf ankomme, den parlamentarischen Willensbildungs- und Entscheidungsprozess zu beleuchten, um herauszufinden, wann in Gesetzgebungsverfahren ein Konsens erzielt wird. Insgesamt heißt dies, dass auf Grundlage der bisher durchgeführten Analysen, immer noch unklar ist, in welcher

Weise und in welchem Ausmaß sich der deutsche Bundesstaat in der Verfassungspolitik der Bundesländer niederschlägt. Bei der Einführung der Schuldenbremse
hat die grundgesetzliche Vorgabe jedenfalls keine eindeutigen Reaktionen in den
hier untersuchten Bundesländern provoziert. Immerhin ließ sich herausarbeiten,
dass bei einer angenommenen Schuldenbremse eine Ebenen übergreifende kongruente parteipolitische Konstellation notwendig war.

4.3 Bedingungskonfigurationen und „unscharfe Mengen": fsQCA und Verfassungsänderungspolitik

Bisher wurden die Verfassungspolitiken in den Bundesländern theoretisch eingeordnet und in Fallstudien qualitativ rekonstruiert und verglichen; darüber hinaus
wurden auf Grundlage einer *crisp-set Qualitative Analysis* Anhaltspunkte dafür
gesucht, welche Effekte das Mehrebenensystem, sprich die Funktionsprinzipien
des kooperativen Föderalismus, in dem hier untersuchten Politikfeld zeitigen.
Überraschenderweise zeigte sich dabei, dass die gängigen Annahmen, mit denen
die Verfassungspolitiken in den Bundesländern gemeinhin erklärt werden, bisher
ohne Bestätigung blieben. Die Verfassungspolitiken in den Bundesländern sind
weder bloßes Korollar bundespolitischer Vorgaben noch stehen sie „im Schatten
des Grundgesetzes". Sie sind auch keine Manifestation des Grand Coalition State,
also ausschließliches Ergebnis konsensdemokratischer Entscheidungsmuster.

Charakterisieren lässt sich die Verfassungspolitik in den Bundesländern nach
dem bisherigen Stand der Analyse in zweierlei Hinsicht: Erstens, Verfassungspolitik ist ein parlamentslastiges Politikfeld. Verfassungsgesetzgebung ist Parlamentsgesetzgebung. Und zwar nicht nur deswegen, weil es außer in Bayern
ausschließlich die Landesparlamente sind, die über Verfassungsänderungen verbindlich entscheiden. Darüber hinaus gilt, dass der ganz überwiegende Anteil
der verfassungsändernden Gesetzesinitiativen aus den Landesparlamenten selbst
stammt. Landesregierungen bringen in Einzelfällen zwar verfassungsändernde
Gesetzesinitiativen ein, die allerdings spezifische und politisch nicht kontroverse
Themen behandeln. Zweitens, der Rückgriff auf konsensdemokratische Entscheidungsmuster reicht nicht, um die Verfassungspolitik in den Bundesländern
zu erklären. Offenbar sind die Strategien der relevanten politischen Akteure auch
durch wettbewerbliche Motive geprägt. In den Bundesländern lässt sich Verfassungspolitik mithin nicht – zumindest nicht allein – auf die Funktionsprinzipien
des Staates der Großen Koalition zurückführen. Parteienwettbewerb und mehrheitsdemokratische Imperative sind also zwingend zu berücksichtigen, um die

Verfassungspolitik in den Bundesländern zu erklären. Besonders deutlich wird dies bei der Behandlung von angenommenen und abgelehnten verfassungsändernden Gesetzentwürfen.

In diesem Teil der Untersuchung wird eine weitere analytische Perspektive eingenommen, das an die in Abschn. 4.2 durchgeführte csQCA methodisch anknüpft. Im Anschluss an meinen in *Government and Opposition* (Reutter 2017a) veröffentlichten Beitrag und an die von Arvind und Stirton (2010) vorgelegte Studie wird versucht, mittels einer *fuzzy-set Qualitative Comparative Analysis* (fsQCA) die notwendigen und hinreichenden Bedingungen für Verfassungsänderungen in den Bundesländern herauszuarbeiten. Im Unterschied zur oben herangezogenen csQCA wird in einer fsQCA, wie der Name sagt, die Mitgliedschaft in einer Menge als „unscharf" oder variabel definiert. Während in einer csQCA lediglich bestimmt wird, ob ein Fall Teil einer Menge ist, werden in einer fsQCA Grad und Qualität einer Mitgliedschaft berücksichtigt.

Auch für diese Variante besteht eine frei verfügbare Software, mit der sich Rohdaten „kalibrieren", also in „Fuzzy-Werte" transformieren lassen, mit der Wahrheitstafeln gebildet und Reduktionsschritte vorgenommen werden können (Ragin et al. 2006). Die Anwendung der fsQCA zur Untersuchung von Verfassungsänderungen in den Bundesländern war inspiriert von einer Studie aus der historischen Rechtswissenschaft. Arvin und Stirton (2010) hatten mittels einer fsQCA die Bedingungen zu identifizieren versucht, die zur Übernahme des Code Napoleon in den Staaten des ehemaligen Rheinbundes führte. Im Anschluss an diese Untersuchung wurden in dem 2017 veröffentlichten Beitrag die notwendigen und hinreichenden Bedingungen herausgearbeitet, die erklären sollen, warum manche Verfassungen häufiger und weitreichender geändert wurden als andere. Nicht angenommene Gesetzentwürfe spielen in diesem Zusammenhang keine Rolle.

Im Vergleich zu den bisherigen Analysen ist auf eine weitere Spezifik hinzuweisen, die mit der fsQCA einhergeht. Denn die fsQCA bezieht alle 16 Bundesländer ein und operiert folglich mit entsprechend aggregierten Daten und mit Durchschnittswerten. Die fsQCA beruht mithin auf „gemachten Fällen". Diese sind Resultat theoretischer Annahmen über die Konsistenz von Verfassungspolitik in einem Bundesland; sie beruhen darüber hinaus auf empirischen Befunden zur Anzahl der verfassungsändernden Gesetze, zur Qualität der Akteure und der zu ändernden rechtlichen Grundordnung (Kap. 2).

Im Unterschied zu einer csQCA setzt eine fsQCA voraus, dass der Grad der Mitgliedschaft des Falles in einer Bedingung oder in einem Outcome festgelegt wird. Der Grad der Mitgliedschaft muss „kalibriert" werden. Die „Kalibrierung" von Bedingungen und Outcome darf aber nicht mit der Operationalisierung und „Messung" von Variablen verwechselt oder gleichgesetzt werden. Die Kalibrierung ist Teil eines iterativen Forschungsprozesses, bei dem die Werte nicht vorab unverrückbar gesetzt werden, sondern gemäß den Daten und Informationen der – „gemachten" (s. o.) – Fälle immer wieder neu justiert werden (Tab. 4.18 und 4.19).

Tab. 4.18 Verfassungsänderungen: konfigurative Bedingungen

	[a]WP	[b]Rigidität	[c]Länge	[d]Alter	[e]Fragmen-tierung	[f]Groko	[g]Kongruenz	[h]VÄI
	(abs.)	–	(Artikel)	(Jahre)	(ENP)	(Amtszeit in %)	(Amtszeit in %)	–
BW	15	1,17	95	63,2	2,8	31,4	60,8	3,1
BY	16	1,83	189	70,1	2,4	19,4	70,1	1,9
BE	17	1,33	90	66,3	2,9	41,2	53,1	8,0
BB	5	1,33	118	24,4	3,3	20,9	29,5	3,7
HB	17	1,45	156	69,2	2,7	35,3	29,6	4,5
HH	19	1,17	77	64,6	2,5	6,5	30,7	2,2
HE	18	1,50	160	70,1	2,7	5,9	34,0	0,4
MV	6	1,33	81	23,6	3,2	15,2	57,8	0,9
NI	17	1,23	61	65,8	2,8	15,8	44,9	2,7
NRW	15	1,33	93	66,6	2,6	0,0	59,9	2,8
RP	16	1,33	145	69,7	2,5	5,7	54,6	7,7
SL	15	1,33	134	69,1	2,7	26	41,0	6,5
SN	5	1,33	123	24,6	2,8	0,0	70,5	0,2
ST	6	1,33	102	24,5	3,3	0,0	68,9	0,6
SH	18	1,33	53	67,1	2,8	12,6	54,0	3,8
TH	5	1,33	107	23,2	2,9	20,4	70,5	1,0

[a]Anzahl der Wahlperioden
[b]Mittelwert über alle Wahlperioden
[c]Anzahl der Artikel in der ersten angenommenen Verfassung
[d]berechnet vom Tag des Inkrafttretens bis 31. Dezember 2016
[e]Anzahl der effektiven Parteien berechnet nach Sitzanteilen; Durchschnittswerte über alle Wahlperioden
[f]Zeitanteil, in dem eine Regierung sich auf mehr als zwei Drittel der Mitglieder eines Landesparlamentes stützen konnte
[g]Zeitanteil, in dem im Bund und in dem jeweiligen Bundesland dieselbe Partei den Regierungschef bzw. die Regierungschefin stellte
[h]VÄI (Verfassungsänderungsindex) = (verfassungsändernde Gesetze/WP) × (geänderte Artikel/WP)$^{1/2}$
Quelle: Eigene Erhebungen und Berechnungen

Tab. 4.19 fsQCA: Schwellenwerte und Ankerpunkte[a]

	Berechnungs-grundlage	Volle Mitglied-schaft (1,0)	Ankerpunkt („cross-over-point") (0,5)	Keine Mitglied-schaft (0,0)
Rigidität	Index	1,00	1,33	1,50
Alter	Jahre	66,0	53,9	25,3
Länge	Artikel	137	104,5	86
Fragmentierung	ENP	2,5	3,0	3,4
Große Koalition	Amtszeiten (%)	40	25	10
Kongruenz	Amtszeiten (%)	60	50	40
VÄI	Änderungsraten	1,73	1,0	0,71

[a]Siehe Text für Erläuterungen
Quelle: Eigene Darstellung

„Kalibrierung" bedeutet mithin, qualitative Bedingungen in Grade von Mitglied-schaft zu übersetzen, sprich: in quantitative Werte zu überführen (Schneider und Wagemann 2007, S. 180 ff.; Ragin 2000, S. 181 und 200; Ragin 2009, S. 89 f.; Reutter 2017a, S. 5 f.).

Damit sollen die oben erwähnten Vorteile von qualitativen und quantitativen Forschungsmethoden bewahrt und deren Nachteile vermieden werden: Die Tie-fenschärfe und der Informationsreichtum von qualitativen Untersuchungen sol-len ebenso berücksichtigt werden wie die Möglichkeit für „objektive" Vergleiche geschaffen werden soll (Legewie 2013; Arvind und Stirton 2010; Ragin 2000, S. 309 ff.; Ragin 1987; Berg-Schlosser et al. 2009). Zudem erlaubt QCA „kausale Komplexität", d. h., in einer fsQCA ist es möglich, dass ein Ergebnis mehr als eine Ursache aufweisen kann, dass unterschiedliche Konfigurationen von Bedingungen zu demselben Ergebnis führen können und dass dieselbe Konfiguration von Bedin-gungen zu unterschiedlichen Ergebnissen führen kann (Legewie 2013, S. 2 f.).

Im Anschluss an Wagemann und Schneider (2007; Schneider und Wagemann 2007, S. 266 ff.) sowie an frühere Überlegungen (Reutter 2017a) wird dabei wie folgt vorgegangen: Zuerst wird erläutert, was die Änderungsneigung einer Ver-fassung bedeutet und wie sie operationalisiert werden kann. Dafür wird ein Index gebildet, der VÄI, der „Verfassungsänderungsindex", ein unschönes Komposi-tum, das allerdings den zu erklärenden Sachverhalt am besten beschreibt. Berech-net wird der VÄI, indem die Anzahl der Änderungen pro Wahlperiode mit der Wurzel aus der Anzahl der geänderten Artikel pro Wahlperiode multipliziert wird (Tab. 4.18). Zuerst gilt es also, das Outcome – das sind im vorliegenden Kontext die Häufigkeit und Reichweite von Verfassungsänderungen – zu kalibrieren, was zweierlei impliziert: Zum ersten ist ein Maß zu entwickeln, mit dem sich das Outcome beschreiben lässt (a), sodann ist zu bestimmen, wann ein „Fall", also eine Landesverfassung, zu welchem Grad als Teil der Menge von änderungsfähigen Verfassungen gelten kann (b).

a) Das Outcome wird als Änderungsneigung einer Verfassung definiert oder als VÄI, als „Verfassungsänderungsindex". Der VÄI ist ein intervallskaliertes Maß, er enthält, obschon der Begriff dies zu implizieren scheint, keine theoretische Implikation. Er erfasst lediglich, ob eine Verfassung als änderbarer gilt als eine andere. Bezogen auf die vorliegende Untersuchung ist zu bestimmen, welche Verfassung eine hohe Änderungsneigung aufweist und welche nicht. Denn das zu erklärende Phänomen sind Anzahl und Reichweite von Verfassungsänderungen in Bundesländern. Wie erwähnt, helfen die gängigen Verfassungstheorien hier nicht weiter. Sie haben keine Kriterien entwickelt, um festzulegen, aus welchen Gründen wie oft eine Verfassung zu ändern ist. Sie geben allein an, dass die Ordnungs- und Integrationsfunktion von Verfassungen gegebenenfalls durch Änderungen zu garantieren ist. Doch resultieren aus diesen allgemeinen Anforderungen weder funktionale noch empirisch überprüfbare Kriterien.

Die meisten Untersuchungen, die Ursachen für Verfassungsänderungen zu erklären suchen, haben daher induktiv empirische Änderungsraten konstruiert, also statistische Artefakte, die sich aus der Anzahl der verfassungsändernden Gesetze und/oder der Anzahl der geänderten Artikel ergeben. Die so berechneten Raten wurden dabei meist auf das Alter einer Verfassung bezogen (Reutter 2017a, S. 6 ff.; Lutz 1994; Roberts 2009; Lorenz 2008, S. 19 ff.; Lorenz 2005). Beispielsweise bestand das Grundgesetz am 31. Dezember 2016 rund 67,7 Jahre; daraus ergibt sich bei 62 verfassungsändernden Gesetzen, in denen 238 Artikel gestrichen, neu eingefügt oder geändert wurden, eine gesetzliche Änderungsrate von rund 0,9 und eine auf die Artikel bezogene Änderungsrate von rund 3,5. Solche Indices dienen vor allem dazu, die verfassungsrechtlichen Dynamiken zwischen Fällen mess- und vergleichbar zu machen.

An diese Überlegungen anschließend (Reutter 2017a, S. 6 ff.), sie aber gleichzeitig weiterführend, habe ich die in diesen Studien entwickelten Maße angepasst und zwar in dreierlei Hinsicht: Erstens kombiniere ich beide Raten, indem ich sie miteinander multipliziere, wobei die Änderungsrate für die Artikel nur als radizierter Wert in die Gleichung eingeht. Zweitens, ich beziehe die Anzahl und die Reichweite von Verfassungsänderungen nicht auf das Alter einer Verfassung, sondern auf die Anzahl der Wahlperioden, in denen ein Landesparlament eine Verfassung ändern konnte. Der Index berücksichtigt damit immer noch das Alter einer Verfassung, denn mit der Zahl der Legislaturperioden eines Landesparlamentes steigt auch das Alter der jeweiligen Landesverfassung.[6] Darüber hinaus erlaubt der in dieser Hinsicht angepasste Index wechselnde parlamentarische Mehrheitsverhältnisse zu berücksichtigen, zumal anzunehmen ist, dass jede gewählte Volksvertretung eine Landesgrundordnung ändern kann. Drittens, die Anzahl der geänderten Artikel geht nicht direkt in die Berechnung ein, sondern, wie erwähnt, lediglich deren radizierter Wert. Vermieden werden soll damit, dass große Verfassungsrevisionen das Ergebnis verfälschen. Rechnerisch ergibt sich der VÄI damit aus der Multiplikation: der gesetzlichen Änderungsrate und der Wurzel der Artikeländerungsrate. Die Artikeländerungsrate geht also abweichend von früheren Überlegungen nicht unmittelbar in die Formel ein, sondern als radizierter Wert, d. h. aus der ursprünglichen Rate wird die Quadratwurzel gezogen. Damit ergibt sich folgende Formel:

$$\text{VÄI} = (\text{Änderungsgesetze/WP}) * (\text{geänderte Artikel/WP})^{1/2}$$

In den hier untersuchten Bundesländern variiert der so berechnete VÄI zwischen 0,2 (Sachsen) und 8,0 (Berlin) (der Mittelwert beträgt 3,1, der Median 2,8 und die Standardabweichung 2,4). Die „Kernfrage" (Schneider und Wagemann 2007, S. 180) ist nun, wie diese intervallskalierten Werte in Fuzzy-Mitgliedswerte, die von 0 bis 1 reichen, transformiert werden. Eine bloß linear-proportionale Umrechnung lehnen Schneider und Wagemann ab; sie plädieren vielmehr dafür, die Kalibrierung von Fuzzy-Werten „theoretisch an das Konzept, das sie beschreiben sollen," anzubinden (Schneider und Wagemann 2007, S. 181). Um die Fälle nun der Menge der änderungsfähigen Verfassungen zuzuweisen, sind „qualitative Anker" (Schneider und Wagemann 2007, S. 184; Ragin 2000, S. 163 und passim) oder „Schwellenwerte" zu definieren, die den Grad und die Qualität der Mitgliedschaft festlegen.

Ich nehme daher an, dass eine Verfassung als veränderungsfähig gilt, wenn durchschnittlich jede gewählte Volksvertretung zumindest einen Artikel geändert hat. Der VÄI beträgt dann genau 1, denn dann wurde im Durchschnitt pro Legislaturperiode ein verfassungsänderndes Gesetz verabschiedet und mindestens ein Artikel ergänzt, gekürzt, eingefügt oder gestrichen. Da die Wurzel aus 1 ebenfalls 1 ist, stimmt in diesen Fällen der Ursprungswert mit dem kalkulierten Wert überein. Es kann natürlich auch sein, dass lediglich in jeder zweiten Wahlperiode zwei Artikel oder in jeder zehnten Wahlperiode zehn Artikel geändert wurden; auch

---

[6]Ignoriert wird dabei, dass Legislaturperioden unterschiedlich lange dauern und Landesparlamente vorzeitig aufgelöst werden können. So dauerte im Saarland eine Wahlperiode zwischen 1947 und 2017 durchschnittlich rund 4,7 Jahre und in der Freien und Hansestadt Hamburg 3,5 Jahre.

dann ergeben die Berechnungen den Wert 1, der als „cross-over point" definiert ist, d. h. ihm wird der Fuzzy-Wert 0,5 zugewiesen. Ändern Bundesländer im Durchschnitt mindestens drei Artikel pro Wahlperiode, gelten ihre Verfassungen als änderungsfähig (VÄI $\geq$ 1,73). Eher nicht oder kein Mitglied dieser Menge sind Länder, wenn nicht einmal jede zweite gewählte Volksvertretung die Verfassung geändert hat (VÄI $\leq$ 0,71). Anhand dieser Schwellenwerte wurden die Rohdaten mittels der fsQCA Software 2.5 (Tab. 4.19 und 4.20) in Fuzzy-Werte transformiert.[7]

Wie erwähnt, werden Fälle in einer fsQCA als Bedingungskonfigurationen beschrieben. Diese Bedingungen sind keine Variablen, weil sie als hinreichend und/oder notwendig für das Outcome betrachtet werden (Ragin 2000, S. 64 ff. und 203 ff.). Die Bedingungen werden dabei in derselben Weise wie das Outcome kalibriert, das heißt, es muss über die Festlegung entsprechender qualitativer Anker und Schwellenwerte festgelegt werden, wann und zu welchem Grad ein Fall Teil einer Menge ist.

Im Vergleich zu einer früheren Untersuchung (Reutter 2017a) wurden dabei folgende Änderungen vorgenommen: Die Stärke linker Parteien wurde nicht in die Analyse einbezogen, weil sich diese Bedingung als nicht relevant erwiesen hatte. Neu aufgenommen wurden dagegen die Bedingungen: „Rigidität" und „Kongruenz". Die erste erfasst die Änderungshürden, die zweite den Einfluss des Mehrebenensystems auf die Verfassungspolitik in den Bundesländern. Berechnet wurde die „Rigidität", wie oben ausgeführt, über die Addition der erforderlichen Mehrheit der Abstimmenden und der erforderlichen Mehrheit der Abstimmungsberechtigten (M. Flick 2008, S. 233 f.). Kongruenz wurde angenommen, wenn in Bund und Land dieselbe Partei den Regierungschef oder die Regierungschefin stellte. Da in diesem Teil der Untersuchung nicht, wie oben, mit einzelnen Gesetzgebungsverfahren operiert wird, sondern mit Durchschnittswerten oder anderen statistischen Größen, muss das Ausmaß der Kongruenz operationalisiert werden. Gemessen wurde sie über den Zeitanteil (in Tagen), in dem eine solche Konstellation vorlag. Insgesamt lassen sich damit aus den theoretischen Überlegungen sechs Bedingungen ableiten, mit denen die Fälle zu konfigurieren sind und die als ursächlich gelten für das Outcome. Einzelne Bedingungen wurden zum Teil schon diskutiert.

Verfassungstheoretische Dimensionen (Rigidität, Alter, Länge): Wie erwähnt, gilt für viele die Schwierigkeit, eine Verfassung zu ändern, als eine zentrale Ursache zumindest für die Häufigkeit von Verfassungsänderungen. Das erscheint

---

[7]Die Software ist frei erhältlich unter: www.socsci.uci.edu/~cragin/fsQCA/software.shtml; vgl. auch Ragin und Davey (2014), Ragin (2010).

Tab. 4.20 Fuzzy-Werte: konfigurative Bedingungen für Verfassungsänderungen[a]

	Rigidität	Länge	Alter	Fragmentierung	Groko	Kongruenz	VÄI
BW	0,81	0,18	0,91	0,77	0,78	0,96	1,00
BY	0,00	1,00	0,98	0,97	0,25	1,00	0,94
BE	0,50	0,09	0,96	0,65	0,96	0,72	1,00
BB	0,50	0,78	0,04	0,10	0,31	0,00	1,00
HB	0,11	0,99	0,98	0,86	0,89	0,00	1,00
HH	0,81	0,01	0,93	0,95	0,02	0,00	0,97
HE	0,05	0,99	0,98	0,86	0,02	0,01	0,02
MV	0,50	0,02	0,04	0,18	0,12	0,91	0,41
NI	0,71	0,00	0,95	0,77	0,14	0,18	0,99
NRW	0,50	0,13	0,96	0,92	0,01	0,95	1,00
RP	0,50	0,98	0,98	0,95	0,02	0,8	1,00
SL	0,50	0,94	0,98	0,86	0,55	0,06	1,00
SN	0,50	0,85	0,04	0,77	0,01	1,00	0,01
ST	0,50	0,40	0,04	0,10	0,01	1,00	0,07
SH	0,50	0,00	0,96	0,77	0,08	0,77	1,00
TH	0,50	0,56	0,04	0,65	0,28	1,00	0,43

[a]Für Erläuterungen vgl. Anmerkungen in Tab. 4.18 sowie Text
Quelle: Eigene Berechnungen; Ragin und Davey (2014)

plausibel, denn je höher die Hürden sind, desto seltener sollten die notwendigen Mehrheiten zustande kommen. Allerdings taucht unmittelbar die Frage auf, wann eine Verfassung als rigide zu gelten hat und wann nicht. Die einschlägige Literatur kommt bei dieser Frage zu keiner eindeutigen Antwort. Für den vorliegenden Kontext gilt eine Verfassung als rigide bei einem Wert von mehr als 1,50. Denn dann ist nicht nur eine Mehrheit im Parlament gefragt, sondern auch eine im Referendum. Dies trifft auf Bayern und Hessen zu. Als „cross-over point" gilt der Wert von 1,33, denn dann ist eine Mehrheit von mindestens zwei Drittel der gesetzlichen Mitglieder eines Landesparlamentes gefordert. Als nicht rigide gelten Verfassungen, wenn grundsätzlich eine Regierungsmehrheit, also die Mehrheit der gesetzlichen Mitglieder eines Landesparlamentes ausreicht. Da angenommen wird, dass eine geringe Rigidität Verfassungsänderungen erleichtert, ist eine volle Mitgliedschaft dann gegeben, wenn der Wert bei dieser Bedingung möglichst gering ist. Auch für Alter und Länge von Verfassungen gibt es keine theoretisch begründbaren Kriterien für deren Kalibrierung. Herangezogen wurde daher für die Länge ein statistisches Maß (der Median), um den „crossover point" (104,5) und die beiden Schwellenwerte (137 und 86) zu bestimmen. Beim Alter wurde der arithmetische Durchschnitt (53,9) als „cross-over point" herangezogen, der obere und der untere Schwellenwert wurden durch das Inkrafttreten des Grundgesetzes und die deutsche Vereinigung festgelegt (66 und 25,3 Jahre). Tab. 4.20 enthält die entsprechenden Fuzzy-Werte.

Parteitheoretische Dimensionen und Konsensdemokratie (Fragmentierung und Groko): Wie schon in einer Regressionsanalyse gezeigt (Reutter und Lorenz 2016, S. 118 ff.) und in den Fallstudien herausgearbeitet, sind Parteien bzw. deren parlamentarische Vertretungen – das sind Fraktionen – zentrale verfassungspolitische Akteure. Für die an dieser Stelle durchgeführte fsQCA werden diese Bedingungen in doppelter Hinsicht konfiguriert: Zum einen wird geprüft, inwieweit „große" oder „übergroße" Koalitionen – verstanden als Regierungen, die sich auf eine Mehrheit von mindestens zwei Drittel der Abgeordneten eines Landesparlamentes stützen können – sich auf Häufigkeit und Reichweite von Verfassungsänderungen auswirkten. Dabei kommt es nicht auf das Regierungsformat an. Denn in Einzelfällen konnten sogar Einparteienregierungen auf eine solche Mehrheit zurückgreifen (wie z. B. die CSU in Bayern in der 15. WP [2003/08]). Da im Unterschied zur Bundesebene in den – meisten (s. u.) – Bundesländern andere Vetospieler nicht in Betracht kommen, lässt sich in einer solchen Konstellation begründet annehmen, dass Landesregierungen, die sich auf eine übergroße Mehrheit im Parlament stützen können, ihre verfassungspolitischen Vorstellungen umsetzen können. Solche Regierungen existierten in den meisten Bundesländern, wenn auch zu unterschiedlich langen Zeiträumen. Lediglich Sachsen, Sachsen-Anhalt und Nordrhein-Westfalen besaßen bisher keine Regierung, die über eine Zweidrittelmehrheit im Parlament verfügte. Hinzu kommt, dass in Bayern und Hessen bei Verfassungsänderungen Referenden obligatorisch sind, was eine Umsetzung von verfassungspolitischen Vorstellungen auch dann unmöglich machen oder zumindest erschweren kann, wenn eine Regierung sich auf eine verfassungsändernde Mehrheit im Parlament stützen kann. Der „Ankerpunkt" ist erreicht, wenn die Amtszeiten von solchen Landesregierungen mindestens 25 % betragen, wobei jeweils Beginn und Ende einer Legislaturperiode herangezogen wurden. Der obere Schwellenwert wurde bei 40, der untere bei 10 % festgelegt.

Zum anderen wurde angenommen, dass die Anzahl der effektiven Parteien, also die Fragmentierung des Parteiensystems, ein kausaler verfassungspolitischer Faktor darstellen kann. Entgegen konsensdemokratischen Überlegungen, wurde mit Roberts (2009, S. 101) und Lorenz (2008, S. 70 und S. 77 f.) unterstellt, dass eine hohe Anzahl effektiver Parteien Verfassungsänderungen erschweren. Berechnet wurde die Fragmentierung mittels des von Laakso und Taagepera (1979) entwickelten Indexes, wobei parlamentarische Sitzanteile am Beginn einer Legislaturperiode als Berechnungsbasis dienten. Der Anker oder der „cross-over point" wurde bei 3,0 gesetzt, weil dann – statistisch betrachtet – zwei große und zwei kleine Parteien notwendig sind, um eine Zweidrittelmehrheit aufzubringen. Der obere Schwellenwert liegt bei 2,5 der untere bei 3,4.

Mehrebenensystem (Kongruenz): Verfassungspolitik findet in Bundesländern nicht in einem Vakuum statt. Das ist nicht mehr als eine Binsenweisheit, für die die durchgeführte csQCA Hinweise lieferte (Abschn. 4.2). Um jedoch bundespolitische Einflüsse auf Landespolitik als kausal nachweisen zu können, muss dieser Einfluss operationalisiert und „gemessen" werden. Die methodische Herausforderung besteht mithin darin darzulegen, wie ein Entscheidungsdatum zu einem Entscheidungsgrund wird. Für die vorliegende Untersuchung wurde unterstellt, dass sich eine kausale Beziehung zwischen Bundes- und Landesebene in diesem Politikfeld politisch übersetzen muss. Anders gesagt: Stellt im Bund und in einem Bundesland dieselbe Partei den Regierungschef oder die Regierungschefin, kann ein höherer verfassungspolitischer Aktivismus erwartet werden. Hinzu kommt eine weitere Annahme. Denn unterstellt wird, dass je höher der Zeitanteil ist, in dem eine kongruente Regierungskonstellation existiert, umso mehr und umso weitreichendere Änderungen können erwartet werden. Für eine fsQCA bedeutet dies, dass eine kongruente Regierungskonstellation eine Voraussetzung ist für Verfassungsänderungen, weil dann verfassungspolitische Initiativen auf der einen Ebene auf der anderen Ebene unterfüttert oder ergänzt werden können. Zudem wurde angenommen, dass lange Phasen von kongruenten Regierungskonstellationen eher die Möglichkeit bieten, solche Ebenen übergreifenden Strategien zu realisieren. Unterstellt wurde, dass ein Zeitanteil von 50 % als „cross-over point" gelten kann, während ein Zeitanteil von 60 und mehr Prozent als oberer und ein Zeitanteil von 40 und weniger Prozent als unterer Schwellenwert festgelegt wurde.

In Tab. 4.20 finden sich die in Fuzzy-Werte übersetzten Rohdaten, die auf Grundlage der in Tab. 4.19 angegebenen Schwellenwerte und Ankerpunkte kalibriert wurden. Mit diesen Daten lassen sich die notwendigen und hinreichenden Bedingungen identifizieren. Für die Interpretation der Lösungswege und der Analyse der hinreichenden und notwendigen Bedingungen können zwei Maße herangezogen werden, mit denen sich die Abdeckung und die Konsistenz der jeweiligen Aussagen numerisch darstellen lassen. Dabei handelt es sich um folgende Maße (Schneider und Wagemann 2007, S. 202 ff.): Das Konsistenzmaß erfasst den Anteil der Fälle, die mit der Lösungsformel übereinstimmen. Berücksichtigt werden dabei nicht nur alle einschlägigen Fälle, sondern auch deren

Mitgliedschaftsgrad (Schneider und Wagemann 2007, S. 203 ff.). Je mehr Fälle sich mit den hinreichenden und/oder notwendigen Bedingungen oder Bedingungskonfigurationen erklären lassen und je höher der Grad der Mitgliedschaft dieser Fälle, desto höher ist auch das Konsistenzmaß. Das Abdeckungsmaß erfasst den Anteil der Fälle im Verhältnis zur Gesamtzahl aller Fälle; auch hier gehen die Fälle mit dem Grad der Mitgliedschaft gewichtet in die Analyse ein. Differenziert wird dabei zwischen drei unterschiedlichen Formen der Abdeckung: Die „Rohabdeckung" beschreibt den Anteil der Fälle, die mit der derselben Konfiguration das Outcome erklären; die „Gesamtabdeckung" erfasst die Fälle, die durch alle hinreichenden Bedingungen insgesamt erfasst werden; die „alleinige Abdeckung" schließlich bezieht sich ausschließlich auf die Fälle, die durch eine Lösung erklärt werden (Schneider und Wagemann 2007, S. 203 ff.). Auf dieser Grundlage lassen sich – erneut mit der von Ragin und Davis entwickelten Software – folgende drei Analyse- und Reduktionsschritte vornehmen.

In einem ersten Schritt sind nach Schneider und Wagemann (2007, S. 197 ff.) und Ragin (2000, S. 203 ff.) die für das Outcome (VÄI) – oder das Nicht-Outcome (~VÄI) – notwendigen Bedingungen zu identifizieren (Tab. 4.21). Notwendig heißt, dass ein Ergebnis ohne das Vorliegen der Bedingung oder der

Tab. 4.21 Verfassungsänderungen: notwendige Bedingungen

Bedingung[a] (Abkürzung)	VÄI		~VÄI	
	Konsistenz	Abdeckung	Konsistenz	Abdeckung
Rigidität (r)	0,538851	0,851802	0,502404	0,279039
Alter (a)	0,822635	0,904364	0,298077	0,115135
Länge (l)	0,472128	0,705808	0,692308	0,363636
Groko (g)	0,375845	1,000000	0,127404	0,119101
Fragmentierung (=ENP) (f)	0,781250	0,831087	0,620192	0,231806
Kongruenz (k)	0,532939	0,674145	0,759615	0,337607
~Rigidität (~r)	0,543919	0,756757	0,733173	0,358402
~Alter (~a)	0,195101	0,441683	0,752404	0,598470
~Länge (~l)	0,574324	0,841584	0,439904	0,226485
~Groko (~g)	0,668919	0,685714	1,000000	0,360173
~Fragmentierung (=ENP) (~f)	0,277872	0,675565	0,548077	0,468172
~Kongruenz (~k)	0,476351	0,849398	0,266827	0,167169

[a]Die Tilde ~ zeigt an, dass eine Bedingung oder ein Outcome abwesend ist
Quelle: Eigene Berechnungen

Bedingungskonfiguration nicht möglich ist. Im vorliegenden Fall erreicht allerdings keine der aufgeführten Bedingungen einen ausreichend hohen Konsistenzgrad von 0,9 (Schneider und Wagemann 2007, S. 232 ff.; Koole und Vis 2012, S. 14). Dies heißt aber auch, dass keine der theoretisch hergeleiteten und in einschlägigen Studien geprüften Faktoren gegeben sein muss, damit Verfassungen in dem definierten Sinne als änderbar gelten. Logisch kann ein Nicht-Ereignis – d. h. in diesem Fall: eine änderungsresistente Verfassung – auf andere Ursachen rückführbar sein als das Eintreten eines Ereignisses. Bestätigt wird dies auch in dieser Untersuchung, da für veränderungsresistente Verfassungen die Abwesenheit einer verfassungsändernden Mehrheit (~Groko) als notwendige Bedingung figuriert. Jedenfalls ist dies die einzige Bedingung, die einen Konsistenzgrad von 1,0 aufweist, aber über einen Abdeckungsgrad von gerade einmal 0,36 verfügt. Weitergehende Schlussfolgerungen sind damit ausgeschlossen.

Nach Schneider und Wagemann (2007, S. 232 ff.) sind in einem zweiten Schritt die Bedingungen herauszuarbeiten, die hinreichend sind. Solche Bedingungen sind vorhanden, wenn das Ergebnis vorhanden ist. Anders gesagt: Liegt die Bedingung oder die Bedingungskonfiguration vor, liegt das zu erklärende Ergebnis vor. Um die entsprechenden Bedingungen bzw. Bedingungskonfigurationen herauszufinden, ist eine Wahrheitstafel zu erstellen, in der die logisch möglichen und die empirisch vorfindbaren Bedingungskonfigurationen abgeglichen werden. Mathematisch führt eine Konfiguration mit sechs Bedingungen zu 64 logisch möglichen Konfigurationen ($=2^6$). Allerdings lassen sich keineswegs für alle logisch möglichen Konfigurationen empirische Fälle finden (Tab. 4.22). Tatsächlich existieren nur fünf Bedingungskonfigurationen, mit denen sich das Outcome erklären lässt; 59 Bedingungskonfigurationen sind mithin „Residuen", „logische Reste". Ihnen entspricht kein empirischer Fall. Die Realität ist unterkomplex.

Die Anzahl der Lösungswege lässt sich in einem dritten Schritt weiter reduzieren, indem in der Software ein Konsistenzgrad vorgegeben wird (Ragin 2000,

Tab. 4.22 Verfassungsänderungsindex: Wahrheitstafel

Rigidität	Länge	Alter	Fragmentierung	Groko	Kongruenz	Fälle	Rohkonsistenz
1	0	1	1	0	0	2	1,000000
1	0	1	1	1	1	1	1,000000
0	1	1	1	1	0	1	1,000000
0	1	1	1	0	1	1	0,983425
0	1	1	1	0	0	1	0,538462

Quelle: Eigene Darstellung

S. 107 ff.). Obschon das Softwareprogramm einen Wert von 0,8 als Minimum festlegt, wurde ein Wert von 0,9 eingegeben, was zu insgesamt vier Lösungswegen führt, die fünf Fälle abdecken. Für die weitere Analyse ist zudem wichtig, wie mit „Residuen" umgegangen wird. Das Programm bietet dafür drei Möglichkeiten an: „Residuen" können vernachlässigt werden, was „komplexe Lösungen" („complex solutions") hervorbringt, sie können alle berücksichtigt werden und damit „sparsame Lösungen" („parsimonious solutions") ermöglichen, oder sie können manuell ausgewählt und einbezogen werden, was zu „intermediären Lösungen" („intermediate solutions") führt (Tab. 4.25) (Ragin 2009, S. 111; Maggetti und Levi-Faur 2013, S. 200). Obschon Ragin die „intermediate solutions" für die wichtigste Variante betrachtet (Ragin 2009, S. 111; Grassi und Luppi 2014, S. 9 f.), werden im Weiteren alle drei Lösungen präsentiert (Maggetti und Levi-Faur 2013, S. 200; Schneider und Wagemann 2013).

Die komplexe Lösung weist vier Lösungswege auf, die für fünf Bundesländer (Hamburg, Niedersachsen, Bremen, Bayern und Baden-Württemberg) gelten (Tab. 4.23). In allen vier Lösungswegen tauchen alle sechs Bedingungen (Rigidität [r], Länge [l], Alter [a], Fragmentierung [f], Groko [g] und Kongruenz [k]) auf. In allen Lösungswegen ist eine Verfassung mindestens 53,9 Jahre alt und die effektive Zahl der Parteien darf höchstens 3,0 betragen. Diese beiden Bedingungen (das sind „a" und „f") sind stets gegeben, evozieren das Outcome aber in jeweils unterschiedlichen Kombinationen. Denn alle anderen Bedingungen (Rigidität, Länge, übergroße Mehrheiten [Groko] und Kongruenz) waren entweder vorhanden oder nicht. Die Gesamtkonsistenz fällt mit über 0,99 hoch aus, die Gesamtabdeckung bleibt mit 0,50 auf einem eher geringen Niveau.

Tab. 4.23 Komplexe Lösung: hinreichende Bedingungen für Verfassungsänderungen[a]

No.	Konfigurationen	Fälle	Rohabdeckung	Einzelabdeckung	Konsistenz
1.	r*~l*a*f*~g*~k	HH, NI	0,173986	0,128378	1,000000
2.	~r*l*a*f*g*~k	HB	0,135980	0,109797	1,000000
3.	~r*l*a*f*~g*k	BY	0,150338	0,113176	0,983425
4.	r*~l*a*f*g*k	BW	0,142736	0,084459	1,000000

[a]Die Tilde (~) zeigt an, dass eine Bedingung oder ein Outcome abwesend ist; das Sternzeichen (*) bedeutet „und"
Gesamtabdeckung: 0,502534; Gesamtkonsistenz: 0,994983
Quelle: Eigene Darstellung und Berechnung

Intermediäre Lösung: Wie erwähnt, bei der Berechnung der intermediären Lösung werden Annahmen über das Profil der Bedingungskonstellationen getroffen (Tab. 4.24). Aus den bisherigen Studien und den dargestellten theoretischen Überlegungen wurden drei Annahmen abgeleitet: Gesetzt wurde, dass nur solche Lösungswege in die Analyse einbezogen werden, bei denen die Verfassungen älter als 53,9 Jahre waren, bei denen große oder übergroße Mehrheiten länger als ein Viertel der in die Untersuchung einbezogene Regierungszeit amtierte und bei denen mindestens für die Hälfte der Zeit in Bund und Land dieselbe Partei eine Regierung führte. Das Alter einer Verfassung war in einer Anzahl von Untersuchungen als erklärender Faktor herausgearbeitet worden und zeigte sich auch in einer Regressionsanalyse von Bedeutung (Reutter und Lorenz 2016, S. 118 ff.); übergroße Mehrheiten gelten in theoretischen Konzepten zum Staat der Großen Koalition als eine zwingende Voraussetzung für die Verabschiedung von Verfassungsänderungen; und auf die Bedeutung des Faktors Mehrebenensystem wurde schon mehrfach verwiesen. Insgesamt werden damit alle drei der oben genannten theoretischen Dimensionen berücksichtigt, wobei zuzugestehen ist, dass Operationalisierung und Kalibrierung des Einflusses des Mehrebenensystems einen vorläufigen Charakter aufweisen. Für die Analyse wurde daher vorgegeben, dass „Alter", „Groko" und „Kongruenz" vorhanden sein mussten. Die drei anderen Bedingungen (Rigidität, Länge, Fragmentierung) konnten anwesend oder abwesend sein.

Bei der intermediären Lösung ergibt sich eine zwar leicht höhere Gesamtabdeckung als bei der komplexen Variante, sie bleibt mit 0,57 aber immer noch relativ gering; die Gesamtkonsistenz ist mit 0,99 nahe am Idealwert von 1,0. Die Analyse führt zu drei Wegen: 1) Die erste Konfiguration („f*a*~l*r") erklärt drei Fälle: Hamburg, Baden-Württemberg und Niedersachsen. In diesen Bundesländern besteht ein geringer Fragmentierungsgrad, eine Verfassung, die älter ist als 53,9 Jahre sowie weniger als 104,5 Artikel umfasst und die vergleichsweise

Tab. 4.24 Intermediäre Lösung: hinreichende Bedingungen für Verfassungsänderungen

No.	Konfiguration der Bedingungen	Fälle	Rohabdeckung	Alleinige Abdeckung	Konsistenz
1.	f*a*~l*r	HH, BW, NI	0,342905	0,287162	0,992665
2.	k*f*a*l*~r	BY	0,170608	0,098818	0,971154
3.	g*f*a*l*~r	HB	0,173986	0,109797	1,000000

Gesamtabdeckung: 0,572635; Gesamtkonsistenz: 0,991228
Quelle: Eigene Berechnung und Darstellung

Tab. 4.25 Sparsame Lösung: hinreichende Bedingungen für Verfassungsänderungen

Konfiguration der Bedingungen	Fälle	Rohabdeckung	Alleinige Abdeckung	Konsistenz
1. g	BE, HB, BW, SL	0,375845	0,074324	1,000000
2. k	BY, SN, ST, TH, BW, NRW, MV, RP, SH, BE	0,532939	0,102196	0,674145
3. ~l	NI, SH, HH, MV, BE, NRW, BW, ST	0,574324	0,056588	0,841584
4. r	BW, HH, NI	0,538851	0,016047	0,851802

Gesamtabdeckung: 0,882601; Gesamtkonsistenz: 0,766691
Quelle: Eigene Berechnungen

einfach zu ändern ist.[8] Die Konsistenz weist mit über 0,99 einen mehr als befriedigenden Wert auf, allerdings kann der Lösungsweg lediglich 34 % der Fälle erklären. Die alleinige Abdeckung war mit 0.28 sogar noch geringer. 2) Der zweite Lösungsterm („k*f*a*l*~r") findet nur in Bayern eine empirische Entsprechung, was theoretisch gleichwohl relevant ist. Hier treten Kongruenz, geringe Fragmentierung, hohes Alter und große Länge der Verfassung zusammen mit einer hohen Änderungshürde auf. Der Konsistenzgrad ist auch hier mehr als zufriedenstellend, allerdings sind die Abdeckungsgrade mit 0,17 und 0,09 äußerst gering. 3) Die letzte Konfiguration („g*f*a*l*~r") erfasst ebenso nur einen Fall, nämlich Bremen. Hier zeigen sich übergroße Mehrheiten, geringe Fragmentierung, hohes Alter und Länge der Verfassung sowie eine hohe Änderungshürde als ursächlich für die Änderungsneigung.

Bei der „sparsamen Lösung" ergeben sich keine belastbaren Befunde. Zwar weist die Gesamtabdeckung mit 0,88 den höchsten Wert aller drei Lösungen auf, dafür schließt aber die Gesamtkonsistenz von 0,76 weiterreichende Schlussfolgerungen aus. Auf eine detaillierte Diskussion wird daher an dieser Stelle verzichtet und die Ergebnisse der Analyse werden nur nachrichtlich in Tab. 4.25 zusammengefasst.[9]

---

[8]In dem Lösungsweg repräsentiert das Zeichen „r" eine geringe Änderungshürde; in diesem Fällen ist für eine Verfassungsänderung eine Mehrheit von weniger als zwei Drittel der Mitglieder eines Landesparlamentes notwendig. Die Rigidität beträgt also durchschnittlich weniger als 1,33.

[9]Verzichtet wird auch auf eine detaillierte Analyse der Ursachen für veränderungsresistente Verfassungen. Weder erlauben die Theorien Schlussfolgerungen über entsprechende Zusammenhänge noch hat eine entsprechende Analyse signifikante Ergebnisse zutage gefördert; sowohl Abdeckungs- wie Konsistenzgrade bleiben unterhalb des Wertes von 0,5.

Bisher war Ziel der Darstellung, Fälle systematisch und objektiv zu vergleichen, um notwendige und hinreichende Bedingungen zu identifizieren. Der dritte
Schritt besteht nun darin, die empirischen Befunde auf Basis der theoretisch entwickelten Vermutungen und Zusammenhänge zu diskutieren und einzuordnen.
Die Analyse lässt dabei mehrere Schlussfolgerungen zu. Zuerst ist festzuhalten,
dass keine der genannten Bedingungen gleichzeitig sowohl hinreichend als auch
notwendig ist. Anders gesagt: Weder bedarf es einer großen Koalition noch einer
kongruenten Regierungskonstellation, um die Änderungsneigung einer Landesverfassung zu erklären. Gleichzeitig weisen die komplexen und die intermediären Lösungen mehrere Bedingungskonfigurationen auf, die als ursächlich gelten
können für das Outcome. Kausale Komplexität ist mithin ein zentrales Merkmal,
will man Verfassungsänderungen in den Bundesländern erklären. Es reicht mithin keineswegs, sich auf einen Faktor zur Erklärung von Verfassungsänderungen
zu beschränken. Es war stets eine konfigurative Bedingungskonstellation, die sich
als kausal herausstellte, um die Änderungsneigung von Verfassungen kausal zu
erschließen. Abschließend ist darauf hinzuweisen, dass zwei Bedingungen als
zentral gelten können: das Alter einer Verfassung und eine geringe Anzahl von
effektiven Parteien. Sie kommen in allen drei Lösungswegen vor. Gleichzeitig
heißt das, dass die anderen Bedingungen die Änderungsneigung einer Verfassung
zwar in Einzelfällen erklären können, sie aber keineswegs stets vorhanden sein
müssen. Dies schließt auch ein: Kongruenz und übergroße Mehrheiten. Anders
gesagt: Zentrale Faktoren der deutschen Konsensdemokratie, nämlich bundesstaatliche und parteipolitische Kooperations- und Koordinationsmechanismen,
spielten auf Landesebene in diesem Politikfeld keine zentrale Rolle. Die deutsche
Konsensdemokratie, so wie sie gemeinhin verstanden wird, findet auf Ebene der
Länder keine Grundlage.

4.4   Verfassungsänderungen als Gegenstand von Regressionsanalysen

Folgt man Gschwend und Schimmelfennig (2007), stellen die bisher durchgeführten Analysen Y-zentrierte Untersuchungen dar (Kap. 2). Analysen, die eine solche
Forschungsperspektive einnehmen, wollen ein Outcome erklären, indem möglichst viele Faktoren herangezogen werden. Die in Abschn. 4.1 vorgestellten Fallstudien erfüllen daraus resultierende Anforderungen in hohem Maße. Die beiden
mittels QCA-Verfahren durchgeführten Untersuchungen weisen jedoch in ihrer
methodologischen Grundstruktur durchaus eine Reihe von Ähnlichkeiten mit der
in diesem Kapitel vorgestellten Regressionsanalyse auf und folgen damit teilweise den Imperativen einer X-zentrierten Forschungslogik. Die in diesem Teil

durchgeführte Untersuchung, die sich in methodologischer Hinsicht an andere Analysen zur Änderungshäufigkeit von Verfassungen anlehnt, lassen sich allerdings ohne Abstriche den in Kap. 2 erläuterten X-zentrierten Designs zuordnen. Sie beruhen zudem auf einem „most similar systems design" (Reutter und Lorenz 2016; M. Flick 2008; Lutz 1994; Roberts 2009). X-zentriert oder „vorwärtsblickend" sind sie, weil sie die Wirkung unabhängiger Variablen auf ein zu erklärendes Phänomen untersuchen. Einem „most similar systems design" (Pzreworski und Teune 1970) folgen sie, weil sie versuchen, über die Auswahl möglichst ähnlicher Fälle die Faktoren zu kontrollieren, die als ursächlich gelten können für das zu erklärende Phänomen.

Die hier vorgelegte Analyse folgt beiden methodologischen Programmen. Denn mittels einer multiplen Regressionsanalyse werden die im zweiten Kapitel erläuterten theoretischen Ansätze empirisch überprüft. Konkret wird untersucht, inwieweit die noch zu erläuternden unabhängigen Variablen Anzahl und Reichweite von Verfassungsänderungen erklären können.[10] Gleichzeitig kann aufgrund der Einbettung des Politikfeldes in das föderale Mehrebenensystem und dem erwähnten Homogenitätsgebot unterstellt werden, dass für alle Bundesländer fast identische Rahmenbedingungen gelten.[11] Im Unterschied zu Abschn. 4.1 und 4.2 werden im Weiteren alle Bundesländer in die Analyse einbezogen; zudem bleiben nicht verabschiedete Gesetzentwürfe unberücksichtigt. Tab. 4.26 gibt einen Überblick über die verfassungspolitischen Profile der in der Analyse berücksichtigten Bundesländer. Zu beachten ist, dass die in Tab. 4.26 aufgeführten Daten über den oben beschriebenen Zeitraum hinausgreifen, da hier alle Wahlperioden einbezogen sind, die bis zum 31. Dezember 2017 ihr Ende gefunden haben. Zudem beruht die Regressionsanalyse, wie erwähnt, auf Wahlperioden, also nicht auf den angegebenen Durchschnittswerten. Die Fälle sind mithin als „Objekte" zu identifizieren, d. h. sie existieren unabhängig von der empirischen Analyse und werden mit entsprechenden Merkmalsträgern beschrieben. Wiederum abweichend von

---

[10]C. Engel hat mich darauf hingewiesen, dass eine Korrelation zwischen zwei Variablen lediglich eine notwendige Bedingung für eine Kausalbeziehung darstellt, keine hinreichende. Eine Hypothese über einen Ursache-Wirkungs-Zusammenhang muss drei Voraussetzungen erfüllen: es muss ein statistischer Zusammenhang zwischen den beiden Variablen bestehen, die Ursache X liegt zeitlich vor der Wirkung Y und der statistische Zusammenhang zwischen X und Y besteht auch dann, wenn Drittvariablen eliminiert wurden. Wie oben erwähnt, lassen sich diese Bedingungen in sozialwissenschaftlichen Untersuchungen nur annäherungsweise erfüllen.

[11]Durchgeführt wurde die Regressionsanalyse von Christin Engel (Universität Leipzig). Ihr gilt mein besonderer Dank.

Tab. 4.26 Verfassungspolitik in den Bundesländern: zentrale Merkmale (Stand: 31. Dezember 2017)[a]

	Jahr des Inkraft-tretens	Alter (Jahre)	Anzahl Artikel[b]	Rigi-di-tät[c]	Links-par-teien[d]	Konzen-tration[e]	Frag-men-tie-rung[f]	Regie-rungs-stär-ke[g]	Regie-rungs-kon-gruenz[h]	Anzahl Ände-rungsgesetze[i]	Anzahl geänderter Artikel[j]
BW	1953	64,2	95	1,17	38,2	80,4	2,8	62,4	60,8	23	51
BY	1946	71,1	189	1,83	34,2	87,7	2,4	63,3	70,1	16	57
BE	1950	67,3	102	1,33	53,8	79,5	2,8	66,3	53,1	43	122
BB	1992	25,4	118	1,33	69,8	56,8	3,3	61,7	29,5	8	23
HB	1947	70,2	156	1,33	57,4	78,3	2,7	64,9	29,6	30	120
HH	1952	65,6	77	1,17	54,8	82,2	2,5	57,3	30,7	18	135
HE	1946	71,1	151	1,50	49,9	81,9	2,7	53,5	34,0	8	13
MV	1993	24,6	81	1,33	59,6	71,8	3,2	63,9	57,8	5	15
NI	1951	66,8	78	1,33	47,3	83,1	2,8	59,9	44,9	18	29
NRW	1950	67,6	93	1,33	49,8	86,9	2,6	54,0	59,9	22	55
RP	1947	70,7	145	1,33	44,8	87,7	2,5	59,2	54,6	38	166
SL	1947	70,1	134	1,33	40,2	84,6	2,6	60,0	41,0	29	170
SN	1992	25,6	123	1,33	37,8	68,9	2,8	58,7	70,5	1	3

(Fortsetzung)

Tab. 4.26 (Fortsetzung)

	Jahr des Inkraft-tretens	Alter (Jahre)	Anzahl Artikel[b]	Rigidi-tät[c]	Links-par-teien[d]	Konzen-tration[e]	Frag-men-tie-rung[f]	Regie-rungs-stär-ke[g]	Regie-rungs-kon-gruenz[h]	Anzahl Ände-rungsgesetze[i]	Anzahl geänderter Artikel[j]
ST	1992	25,6	102	1,33	53,6	67,1	3,3	53,4	68,9	2	17
SH	1950	68,1	60	1,33	46,5	84,2	2,8	55,5	54,0	28	126
TH	1992	24,2	107	1,33	48,8	70,5	2,9	60,3	70,5	4	7

[a]Die Berechnung der Durchschnittswerte beruht auf allen vor dem 31. Dezember 2017 abgeschlossenen Wahlperioden
[b]Anzahl der Artikel im Jahr des Inkrafttretens
[c]Stand: Dezember 2017
[d]Durchschnittswerte; Basis: Sitzanteile von SPD, B90/Die Grünen, Linkspartei, KPD und Piratenpartei
[e]Durchschnittswerte; Sitzanteile für CDU bzw. CSU und SPD;
[f]Durchschnittswerte; berechnet nach den Sitzanteilen in den Landesparlamenten, Laakso und Taagepera (1979, S. 4)
[g]Sitzanteile für Regierungspartei(en); Durchschnittswerte
[h]Anteil der Zeit, in denen im Bund und im Land dieselbe Partei den/die Regierungschef/in stellte
[i]Anzahl der verabschiedeten Änderungsgesetze
[j]Anzahl der geänderten Artikel
Quelle: Eigene Zusammenstellung und Berechnung; M. Flick (2008, S. 231 ff.); www.verfassungen.de; https://www.beck-online.de; Pestalozza (2014b)

Abschn. 4.3 werden im Weiteren nicht Durchschnittswerte als empirische Grundlage herangezogen. Vielmehr werden die erklärenden und die zu erklärenden Variablen auf einzelne Wahlperioden bezogen.

Regressionsanalysen stellen statistische Verfahren dar, mit denen Zusammenhänge zwischen Variablen untersucht werden können, um Hypothesen zu testen und damit den Erklärungsgehalt von Theorien zu prüfen. In die Regressionsanalyse eingegangen sind 288 verfassungsändernde Gesetze, mit denen insgesamt 1099 Artikel gestrichen, ergänzt oder eingefügt wurden und zwar unabhängig davon, ob dies im Rahmen einer Volks- oder Parlamentsgesetzgebung erfolgte. Verabschiedet wurden diese Gesetze in allen 16 Bundesländern in 210 Wahlperioden, die zwischen 1946 und Dezember 2016 abgeschlossen wurden. Diese breite empirische Grundlage lässt belastbare Aussagen über Kausalbeziehungen zu.

Vorauszuschicken ist noch, dass in einer früheren Regressionsanalyse (Reutter und Lorenz 2016), die allerdings weniger Fälle umfasste und in der Mehrebeneneffekte nicht berücksichtigt waren, die einbezogenen Variablen gerade einmal 11 % der Varianz erklären konnten, was nach Cohen (1992) auf eine geringe bis mittlere Effektstärke hinweist (Reutter und Lorenz 2016, S. 118 ff.). In dieser Analyse ohne Effekte blieben zwei Variablen: die Stärke linker Parteien und – durchaus überraschend – die Konzentration, also die Stärke der beiden großen Volksparteien. Als signifikant erwiesen sich dagegen die Variablen: effektive Anzahl der Parteien (0,243*), die Stärke von Landesregierungen (0,187***), das Alter (0,279***) und die Länge (0,208*) von Verfassungen sowie deren Rigidität (−0,274**).[12] Auf Grundlage eines erweiterten und aktualisierten Datensatzes werden diese Zusammenhänge erneut überprüft.

Um die noch zu entwickelnden Hypothesen testen zu können, sind Merkmalsträger zu bilden, mit denen die jeweiligen Ausprägungen gemessen und statistische Zusammenhänge untersucht werden können (Westle 2009) Wie bereits erläutert, lassen sich dabei mehrere theoretische Konzepte identifizieren, mit denen Verfassungsänderungen erklärt werden (Kap. 2 sowie Abschn. 4.2 und 4.3). An diese Überlegungen anschließend, werden im Weiteren insgesamt acht Hypothesen aus drei theoretischen Referenzmodellen abgeleitet sowie dargelegt, mit welchen Variablen die jeweiligen Merkmalsausprägungen überprüft werden. Grundlage dafür sind: verfassungstheoretische (a) und parteitheoretische Konzepte (b) sowie Ansätze zur Wirkung von Mehrebenensystemen (c). Danach wird

---

[12]Das negative Vorzeichen bei der Rigidität entspricht den Erwartungen, denn hier wird im Unterschied zu den vorstehenden Analysen unterstellt, dass eine Verfassung umso häufiger geändert wird, je geringer die Rigidität ist.

dargelegt, wie die abhängigen Variablen, also die Häufigkeit und Reichweite von Verfassungsänderungen operationalisiert wurden (d). Daran anschließend erfolgt die Regressionsanalyse (e).

a) Verfassungstheoretische Konzepte postulieren, wie oben bereits ausgeführt (Abschn. 2.2), dass die Merkmale einer Verfassung erklären, warum diese wie häufig und wie weitreichend geändert wird (Lorenz 2008, S. 29 f.; Hölscheidt 1995; Lutz 1994; Ferejohn 1997; Reutter und Lorenz 2016, S. 114 ff.). Insoweit lassen sich diese Ansätze dem weiten Feld der Institutionentheorien zuordnen (March und Olsen 1989). Institutionen, also verhaltensorientierende Normen, Organisationen und Strukturen, sind in dieser Perspektive die zentralen erklärenden Faktoren. In solchen Ansätzen gilt das Axiom, dass die Institutionenordnung sowohl das Verhalten von Akteuren als auch das Ergebnis politischer Handlungen prägen, wenn nicht determinieren. Institutionen formen mithin die Handlungsstrategien, strukturieren den Entscheidungsprozess und beeinflussen das Politikergebnis. Prominent vertreten wird eine solche Perspektive etwa in Manfred G. Schmidts These von der Politik des mittleren Weges oder von der Qualifizierung der Bundesrepublik Deutschland als Konsensdemokratie (Schmidt 1987, 2008; Lehmbruch 2000; Holtmann und Voelzkow 2000; Lijphart 1999). Eine solche Interpretation ist – selbstredend – nicht ohne Kritik geblieben (Kaiser 1998; Ganghof 2005, 2016). Im vorliegenden Kontext findet sie eine Entsprechung in dem häufig überprüften Zusammenhang, dass Häufigkeit und Reichweite von Verfassungsänderungen – konkret: Anzahl der Änderungsgesetze und Anzahl der geänderten Artikel – aus der Rigidität, dem Alter und/oder der Länge einer Verfassung resultieren. Danach gilt: Je schwieriger eine Verfassung zu ändern ist, desto seltener wird sie geändert (H1); je länger (H2) und je älter (H3) eine Verfassung ist, desto häufiger wird sie geändert.

Diese Hypothesen scheinen unmittelbar einleuchtend. Denn hohe Änderungshürden sollen häufige Verfassungsänderungen ausschließen; längere Verfassungen enthalten mehr und detailliertere Regelungen als kürzere, verfügen also über ein höheres Änderungspotenzial; und ältere Verfassungen sind öfter an sich wandelnde Zeitläufte anzupassen als jüngere. All dies sind gängige Hypothesen, die in einer ganzen Reihe von Untersuchungen überprüft und getestet wurden – allerdings mit unterschiedlichen Ergebnissen: Während Lutz (1994, S. 365) die variierende Änderungshäufigkeit der von ihm untersuchten Verfassungen auf die Variablen „Länge" und „Rigidität" zurückführt, finden andere Studien für diese und ähnliche Zusammenhänge keine Bestätigung (Roberts 2009; Lorenz 2008, S. 458 f.; Contiades und Fotiadou 2013, S. 459). Dies mag auch damit zusammenhängen, dass die Variablen unklar definiert sind.

Rigidität misst die formale Hürde, die überwunden werden muss, um eine Verfassung zu ändern. Die Konstruktion dieser Hürde lässt viele Varianten zu: qualifizierte Mehrheiten, Zustimmung mehrerer Kammern, obligatorische Referenden, Abstimmungen an mehreren Tagen und anderes mehr können Bausteine einer solchen Hürde sein und in unterschiedlicher Weise kombiniert werden. Lutz (1994, S. 368) hat in seiner Untersuchung allein 68 solcher Kombinationen aufgeführt. Dieser Index und seine variierende Operationalisierung sind daher vielfach auf Kritik gestoßen (Lorenz 2005; Albert 2013; Rasch und Congleton 2006). Für die vorliegende Untersuchung werden zwei Aspekte herangezogen, mit denen die Rigidität einer Verfassung bestimmt wird: das Mehrheitserfordernis sowie, ob ein Referendum obligatorisch ist. Wie bereits ausgeführt, ist allein in Hessen und Bayern jede vom Landtag beschlossene Verfassungsänderung dem Souverän zur Annahme vorzulegen. In Berlin ist ein Referendum ebenfalls obligatorisch, wenn die Verfassungsänderung Regelungen von Art. 62 und 63 (Volksbegehren und Volksentscheid) betreffen (Art. 100 BlnVerf). Dies ist bisher erst einmal vorgekommen[13] und wird daher vernachlässigt. Ebenfalls nicht berücksichtigt werden die variierenden Bestimmungen zur Volksgesetzgebung.

Bestimmt wird der Index mit Flick durch die Addition zweier Vorgaben: aus der Summe der Mehrheit der Abstimmenden und der Mehrheit der Abgeordneten, die an einer Abstimmung teilnehmen müssen. Bei Bayern und Hessen wird zudem noch dem Umstand Rechnung getragen, dass ein Referendum durchgeführt werden muss, bei dem allerdings die einfache Mehrheit der Abstimmenden ausreicht, um die Änderung anzunehmen. Der Rigiditätsindex streut dabei zwischen 1,17 (Baden-Württemberg) und 1,83 (Bayern; zwei Drittel der gesetzlichen Mitglieder plus 0,5 für Referendum); die Mehrheit der Fälle weist einen Index von 1,33 aus. In Baden-Württemberg kann eine Verfassung vom Landtag mit der Hälfte seiner Mitglieder angenommen werden, wenn mindestens zwei Drittel aller Abgeordneten an der Abstimmung teilgenommen haben und davon wiederum zwei Drittel für die Änderung gestimmt haben. Außer Baden-Württemberg weist nur noch die Verfassung von Hamburg einen niedrigeren Index auf. Denn nach Art. 51 HmbVerf kann die Bürgerschaft die Verfassung ändern, wenn sie „zwei übereinstimmende Beschlüsse" fasst, „zwischen denen ein Zeitraum von mindestens dreizehn Tagen liegen muss" und die „bei Anwesenheit von drei Vierteln der gesetzlichen Mitglieder und mit einer Mehrheit

---

[13]Im Jahre 2006 wurden die Hürden für Volksbegehren und Volksentscheide gesenkt; angenommen wurden die Änderungen in einem Volksentscheid am 17. September 2006; vgl. Mehr Demokratie Berlin-Brandenburg (2007, S. 13 f.).

von zwei Dritteln der anwesenden Abgeordneten" gefasst werden müssen. Daraus resultiert ebenfalls ein Index von 1,17 für Hamburg. Hinzu kommt, dass in Niedersachsen (1993) und Bremen (1994) das Mehrheitserfordernis geändert wurde, das Rigiditätsmaß war daher entsprechend anzupassen. In Bremen wurde die Änderungshürde in der 13. Wahlperiode den anderen Landesverfassungen angepasst, damit war der Index von 1,5 auf 1,33 zu senken; in Niedersachsen wurde die Schwelle in der 12. Wahlperiode verändert, damit war der Index ab der 13. Wahlperiode von 1,17 auf 1,33 zu erhöhen. Diese Änderungen stellen für die Analyse jedoch kein Problem dar, da die Untersuchung ohnehin auf Grundlage von Wahlperioden durchgeführt wurde.

Die Längenhypothese, also die Annahme, dass in der Länge einer Verfassung eine Ursache liegt für Verfassungsänderungen, nimmt ebenfalls Bezug auf formale Merkmale der rechtlichen Grundordnung. Die methodische Herausforderung besteht nun darin, wie die Länge einer Verfassung bestimmt wird. In den vorhergehenden Kapiteln wurde – wie in den meisten einschlägigen Untersuchungen (Lutz 1994, S. 357 f.; Busch 1999, 2006; Lorenz 2008, S. 69; M. Flick 2008, S. 235; Roberts 2009) – schlicht die Anzahl der Artikel herangezogen. Das scheint plausibel, denn eine Verfassung mit einer großen Anzahl von Artikeln sollte länger sein als eine mit wenigen. Das ist allerdings nicht in allen Fällen ein befriedigendes Maß. Im internationalen Vergleich können sprachliche Aspekte, Rechtstraditionen oder ähnliches eine Rolle spielen. Auch kann ein Artikel aus nur einem Satz bestehen oder sich über mehrere Absätze erstrecken und eine Vielzahl von Sätzen umfassen. So bestand zum Beispiel das Asylgrundrecht des Art. 16 Abs. 2 Satz 2 GG a. F. aus dem ebenso schlichten wie majestätischen Satz: „Politisch Verfolgte genießen Asylrecht". Dieser Satz, der aus gerade einmal vier Worten bestand, wurde durch Gesetz vom 28. Juni 1993 als Absatz 1 Teil des neu ins Grundgesetz eingefügten Art. 16a, der aus fünf Absätzen und, wenn mein Textprogramm richtig gezählt hat, 280 Worten besteht. Damit wurde das Grundgesetz zwar um einen Artikel länger, doch sagt dies über den substanziellen Gehalt der Änderung nichts aus. Oder: Die amerikanische Verfassung besteht formal aus lediglich sieben Artikeln mit insgesamt 21 Abschnitten; hinzu kommen 27 Amendments, die teilweise wieder aufgehoben wurden. Insoweit lässt sich mit dem herangezogenen Maß lediglich die Anzahl der Artikel bestimmen. Inhaltliche Unterschiede werden dabei nivelliert oder auch künstlich erzeugt.

Die Vorteile dieses Maßes bestehen in der einfachen Handhabung, der unaufwendigen Erhebung und der Vergleichbarkeit, die mit diesem Maß gegeben ist. Alternativ ließen sich auch die Wörter oder die Absätze zählen. Doch kovariieren in den Landesverfassungen die Anzahl der Artikel und die Anzahl der Worte in hohem Maße (Abb. 4.1). Der Korrelationskoeffizient von 0,84 zeigt, dass beide

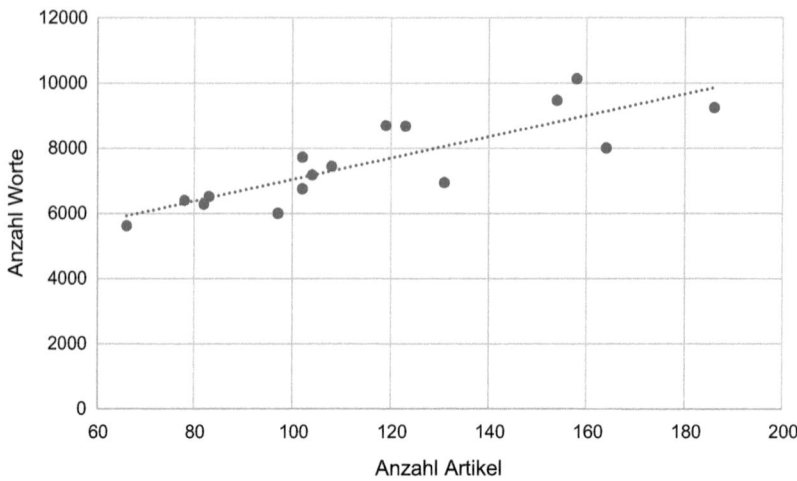

Abb. 4.1 Länge von Landesverfassungen: Anzahl der Worte und Anzahl der Artikel (Stand: 31. März 2014). (Quelle: Eigene Erhebung und Darstellung)

Maße fast deckungsgleich sind, dass also Verfassungen mit einer hohen Anzahl von Artikeln auch eine hohe Anzahl von Worten umfassen. Insoweit scheint es angemessen, die Anzahl der Artikel als dem einfacheren und handhabbareren Index für die Regressionsanalyse heranzuziehen.

Das Alter einer Verfassung lässt sich bestimmen über die Anzahl der Jahre zwischen Inkrafttreten der rechtlichen Grundordnung und dem Zeitpunkt, an dem eine Verfassungsänderung verabschiedet wird. Ende Dezember 2017 waren die Verfassungen der Bundesländer zwischen 71,1 (Bayern und Hessen) und 24,2 Jahre (Thüringen) alt. Die großen Verfassungsrevisionen in Bremen (1994), Rheinland-Pfalz (1991 und 2000), Niedersachsen (1993), Schleswig-Holstein (1990), Berlin (1995), Hamburg (1996 und 2001) und im Saarland (1956) werden dabei wie andere Verfassungsänderungen behandelt. Sie beruhten auf bestehenden Verfassungen und wurden in den üblichen Verfahren novelliert, auch wenn sie teilweise durch Sonderkommissionen vorbereitet wurden.

b) Eine zweite theoretische Debatte fokussiert Parteien sowie Parteiensysteme als erklärende Faktoren für Ergebnisse politischer Entscheidungen. Im Vordergrund steht dabei insbesondere die Frage, inwieweit die Zusammensetzung von Regierungen ursächlich ist für die Varianz zwischen „policy choices and policy outputs in constitutional democracies" (Schmidt 1996, S. 155). Kurz und verein-fachend gesagt lautet die Behauptung: wer regiert, bestimmt! In dieser Perspektive sollte es einen Unterschied machen, ob eine „linke" oder eine „rechte" Partei die Regierung stellt bzw. führt. Anders gesagt, je nach-dem, ob CDU/CSU einerseits oder SPD, Grüne oder Linkspartei andererseits den Regierungschef oder die Regierungschefin stellt, sollte die Politik anders ausfal-len. Dieser Zusammenhang zwischen parteipolitischer Färbung von Regierun-gen und Politikergebnissen war Gegenstand von international vergleichenden Studien (Hibbs 1977; Cameron 1984; Schmidt 1982); aber auch die Staatstä-tigkeit der Bundesländer wurde auf Grundlage solcher Fragestellungen unter-sucht (Schmidt 1980; Turner 2011a, b; Hildebrandt und Wolf 2008; Jeffery et al. 2014). Auch Häufigkeit und Reichweite von Verfassungsänderungen wurden auf Parteien und Strukturen des Parteiensystems zurückgeführt (Lorenz 2008; Benz 1993, 2013; Busch 1999; Burgess und Tarr 2012, S. 15 ff.; Karlsson 2015; Contiades und Fotiadou 2013, S. 426 f.; Fusaro und Oliver 2011a; Contiades 2013, S. 426; Dixon und Holden 2012, S. 213). Aufgrund der angenommenen engen Verknüpfung von Parteien und Parteiensystem einerseits und Verfassungs-politik andererseits gehen manche Autoren/innen davon aus, dass Letzteres nichts anderes sein könne als „normale Politik" oder „ordinary politics" (Tarr 2014, S. 18; Busch 2006; Reutter 2016b). Sie wird, wie oben ausgeführt, von densel-ben Akteuren (eben Parteien) in denselben Institutionen (eben Parlamenten) und denselben Entscheidungsverfahren (eben Gesetzgebungsverfahren) betrieben wie „normale Politik". Allerdings scheinen viele einschlägige Untersuchungen eher auf „anecdotical evidence" (Tarr 2014, S. 18) zu beruhen denn auf systematisch erhobenen und nach anerkannten Methoden ausgewerteten Daten. So beklagt Ferejohn (1997, S. 524), dass Parteien in den einschlägigen Untersuchungen als „unmeasured determinants of amendment rates" (Ferejohn 1997, S. 524) betrach-tet werden oder als Hilfsvariablen, die erst herangezogen werden, wenn alle ande-ren Erklärungsansätze gescheitert sind (vgl. auch Kotzur 2013, S. 140; Fusaro und Oliver 2011b, S. 424 und 427).

Die methodische Herausforderung besteht in diesem Zusammenhang darin, die Variable „Einfluss von Parteien" so zu operationalisieren, dass sie für eine Regressionsanalyse herangezogen werden kann. Für den vorliegenden Kontext reicht es nicht aus, allein die erwähnte Differenzhypothese zu prüfen, schon weil die bisher durchgeführten Analysen gezeigt haben, dass sich in der Verfassungs-politik Landesregierungen passiv verhalten und nur in Ausnahmefällen gesetz-geberisch initiativ werden. Der Einfluss der Parteien ist daher ausgreifender zu erfassen. Drei Dimensionen sind in diesem Kontext relevant (Reutter und Lorenz 2016, S. 116 ff.):

- Erstens wird im Anschluss an die Differenzhypothese unterstellt, dass Parteien, die sich links von der politischen Mitte bewegen, staatsinterventionistische Maßnahmen privilegieren. Diese Schlussfolgerung legt jedenfalls eine ganze Reihe von einschlägigen Studien nahe (Schmidt 1980, 1982; Cameron 1984; Hibbs 1977; Jeffery et al. 2014; Turner 2011b). Übertragen auf das hier interessierende Politikfeld lässt sich argumentieren, dass Verfassungen nicht nur ein Regelsystem sind, um öffentliche Herrschaft zu organisieren und zu begrenzen, sondern ein Instrument zur „Ordnung des Politischen". Sie dienen also auch zur zielorientierten Gestaltung von Gesellschaft. Daher lässt sich vermuten, dass Parteien links von der Mitte – das sind in diesem Fall: SPD, B90/Die Grünen, Die Linke und die Piratenpartei – eher dazu neigen, Verfassungen zu ergänzen und Änderungen anzunehmen, als Parteien rechts von der Mittel, das sind hier: FDP, CDU und CSU. Hinzu kommt, dass mit der Aufnahme von Staatszielen oder sozialen Grundrechten in die Verfassung Politik verstetigt und – zumindest ansatzweise – unabhängig gemacht wird von politischen Mehrheitsverhältnissen. Die Hypothese 4 lautet also: Je stärker linke Parteien in den Landesparlamenten vertreten sind, umso häufiger und weitreichender werden Landesverfassungen geändert.
- Zweitens: Parteien handeln nicht im unstrukturierten Niemandsland, sondern sind Teil eines Systems, das sie aufeinander bezieht und ihre Beziehungen strukturiert (Schmidt 1996, S. 157 f.; Karlsson 2015, S. 5 f.; Turner 2011a; Contiades und Fotiadou 2013, S. 426 f.). Und nach Arend Lijphart sind Mehrparteiensysteme ein zentrales Merkmal für Konsensdemokratien, während ein Zweiparteiensystem eher als konkurrenzdemokratisches Charakteristikum gilt (Lijphart 1999, S. 2 f. und S. 62 ff.). Die Bundesrepublik Deutschland ist dabei mit einer durchschnittlichen Anzahl von 2,93 effektiver Parteien weder klar dem einen noch dem anderen Typus zuzuordnen (Lijphart 1999, S. 76). Gleichwohl lässt sich annehmen, dass sich in Politikfeldern, die wie die Verfassungspolitik grundsätzlich einen lagerübergreifenden Kompromiss erfordern, ein moderat pluralistisches Parteiensystem eher einen Konsens ermöglichen als stark fragmentierte Parteiensysteme. Empirische Studien kommen dabei zu divergierenden Schlussfolgerungen (Roberts 2009, S. 101; Lorenz 2008, S. 66 ff.). Daher wird im Weiteren unterstellt: je geringer die Anzahl effektiver Parteien (H5) in den Landesparlamenten und je größer die Konzentration, also die Sitzanteile von CDU/CSU einerseits und SPD andererseits (H6), umso häufiger sollten Verfassungsänderungen beschlossen werden,

weil dann die Anzahl der Akteure gering ist (Fusaro und Oliver 2011b, S. 427; Karlsson 2015, S. 6; Contiades und Fotiadou 2013, S. 426).

• Schließlich lässt sich prüfen, ob die Stärke von Regierungen sich auf Anzahl und Häufigkeit von Verfassungsänderungen niederschlägt. Wie erwähnt, zeigt die Verfassungspolitik Merkmale, die eine aktive, gestaltende Rolle der politischen Exekutive eher als Ausnahme markieren. Gleichwohl wird unterstellt, dass Regierungen mit großen Mehrheiten im Parlament zu mehr Verfassungsänderungen führen (H7).

Der Einfluss von Parteien und die Effekte des Parteiensystems auf Anzahl und Reichweite von Verfassungsänderungen werden folglich mit vier Variablen erfasst: mit der Stärke von linken Parteien, mit der Fragmentierung (=Anzahl effektiver Parteien [ENP]), mit der Stärke der Volksparteien (Konzentration) und der Stärke der Regierung. Grundlage zur Bestimmung all dieser Maße waren die Sitzanteile der jeweiligen Parteien in den Landesparlamenten zu Beginn der Legislaturperioden. Bei der Bestimmung der Fragmentierung wurde das von Laakso und Taagepera (1979) entwickelte Maß herangezogen, das sich ergibt aus dem Kehrwert der Summe der quadrierten Sitzanteile aller in einem Parlament vertretenen Parteien.

c) Uneindeutig scheinen in diesem Politikfeld die Zusammenhänge zwischen Bundes- und Landesebene (Benz 2011; Behnke und Benz 2009). Denn, wie ausgeführt, grundsätzlich genießen die Bundesländer Staatsqualität und damit Verfassungsautonomie. Gleichzeitig sind sie eingebettet in das föderative Mehrebenensystem und müssen nach dem Homogenitätsgebot in ihrer Verfassungspolitik die Grundsätze des Grundgesetzes beachten. Mehr noch: Nicht wenige unterstellen, wie oben ausgeführt, dass die Verfassungspolitik in den Bundesländern unter dem „Schatten des Grundgesetzes" steht. Damit stellt sich eine doppelte Frage: eine theoretische und eine methodische. Zuerst zur theoretischen, die oben bereits schon einmal angesprochen wurde. Was repräsentiert eine Verfassungsänderung auf Landesebene? Einerseits kann am Beispiel der Schuldenbremse argumentiert werden, dass eine solche Verfassungsänderung überformt und geprägt ist von bundespolitischen Vorgaben. Das ist die Standardauffassung. Danach ist die Aufnahme einer Schuldenbremse in eine Landesverfassung kausal zurückzuführen auf die grundgesetzliche Vorgabe. Letztere bildet folglich den Grund für verfassungsändernde Initiativen und markiert die Grenzen, in denen der Landesverfassungsgeber agieren kann. Die Aufnahme einer Schuldenbremse in eine Landesverfassung kann andererseits aber auch verstanden werden als Ausfluss der Staatsqualität der Länder. Denn immerhin regeln die Länder diesen

Gegenstand dann in eigener Zuständigkeit, wenn auch im engen Rahmen bundes-
gesetzlicher Vorgaben. Aber wie bei anderen Verfassungsänderungen sind dafür
die notwendigen Mehrheiten im Landesparlament und ggfs. bei den Wählerinnen
und Wählern zu beschaffen.

An diese Überlegungen anschließend, wird im Weiteren daher vor allem untersucht, ob und inwieweit sich Ebenen übergreifende politische Konstellationen in
verfassungspolitischen Ergebnissen niedergeschlagen haben, ob also politische
Mehrheitskonstellationen in Bund und Ländern sich auf Erfolgschancen von
verfassungspolitischen Initiativen ausgewirkt haben. Eine der – zugegeben: eher
heuristisch begründeten – Kernhypothesen des Projektes bestand mithin darin,
dass sich Anzahl und Reichweite von verfassungspolitischen Strategien aus der
Kongruenz oder Inkongruenz von Regierungen in Bund und Ländern erklären lassen. Unterstellt wird damit, dass bei kongruenten Regierungen in Bund und Land
mehr Verfassungsänderungen verabschiedet werden. Angenommen wird zudem,
dass bei einer kongruenten Regierungskonstellation, wenn also in Bund und Land
dieselbe Partei den Regierungschef oder die Regierungschefin stellt, die Möglichkeit besteht, eine konsistente verfassungspolitische Strategie über Ebenen und
Landesgrenzen hinweg zu verfolgen (H8).

Ausführlicher zu erläutern ist das Maß, um den Einfluss des Mehrebenensystems auf die Verfassungspolitik in den Ländern zu bestimmen. Oder: Welcher
Grad von Kongruenz besteht hinsichtlich der Regierungen von Bund und Ländern? Sind Regierungen auf Bundesebene in ihrer parteipolitischen Zusammensetzung identisch mit derjenigen auf Landesebene, kann vermutet werden, dass
durch Diffusionsprozesse und gleiche weltanschauliche Orientierungen ähnliche
verfassungspolitische Strategien verfolgt werden. Dabei geht es nicht um ein pau-
schales Übergreifen oder eine strukturelle Dominanz des Bundesverfassungsge-
bers auf die Länder, vielmehr soll lediglich herausgearbeitet werden, inwieweit
Landesakteure bundespolitische Rahmenbedingungen berücksichtigen und Ebenen übergreifende verfassungspolitische Strategien zu entwickeln versuchen.
Wohlgemerkt existieren für diese Annahme auch bezogen auf andere Politikfelder
keine belastbaren Studien, und auch in den durchgeführten Experteninterviews
finden sich darauf keine Hinweise. Im Gegenteil, Verfassungspolitik wurde von
allen befragten Expertinnen und Experten als Landeskompetenz verstanden.

Angenommen wird im vorliegenden Kontext gleichwohl, dass eine Ebenen
übergreifende verfassungspolitische Strategie verfolgt wird, wenn auf Bundes- und
Landesebene dieselbe Partei die Regierung führt. Offensichtlich kann eine Peri-
ode der Kongruenz durch Regierungswechsel sowohl im Bund als auch in den
Bundesländern beendet oder begonnen werden. Berechnet wurde daher für jede
Wahlperiode der Zeitanteil, in dem die Kongruenz gegeben war. Beispielsweise

betrug im Fall Thüringen eine kongruente Konstellation in der zweiten Wahlperiode 1472 Tage, weil mit dem Antritt der rot-grünen Bundesregierung am 27. Oktober 1998 nicht mehr wie in Thüringen die CDU die Regierung führte, sondern die SPD. Insgesamt haben damit in dieser Wahlperiode 82,1 % der Zeit als kongruent zu gelten.

d) Die abhängige Variable oder der zu erklärende Gegenstand sind Verfassungsänderungen, d. h. Gesetze, die den Wortlaut einer Verfassung ändern, indem zumindest ein Artikel, Absatz oder ein Wort eingefügt, gestrichen oder in anderer Weise verändert wird. Hinter dieser Minimalbestimmung verbergen sich zwei Dimensionen: die Anzahl und die Reichweite von Verfassungsänderungen (Abb. 4.2 und 4.3). Denn es macht naturgemäß einen Unterschied, ob eine Verfassungsänderung lediglich eine technische Anpassung darstellt oder in einer umfassenden Revision mündet. Zudem muss berücksichtigt werden, dass die Länge der Wahlperioden variiert. Deswegen werden im Weiteren vier Maße überprüft: die Anzahl der Änderungen in einer Wahlperiode, die Anzahl der geänderten Artikel in einer Wahlperiode sowie beide jeweils bezogen auf die Jahre. Abb. 4.2 und 4.3 zeigen, dass diese Maße ebenfalls in hohem Maße kovariieren. Dementsprechend hoch sind die Korrelationskoeffizienten von 0,85 bzw. 0,79.

e) Da alle Wahlperioden und alle angenommenen Verfassungsänderungen in die Analyse einbezogen sind, lassen sich mit einer multiplen Regressionsanalyse

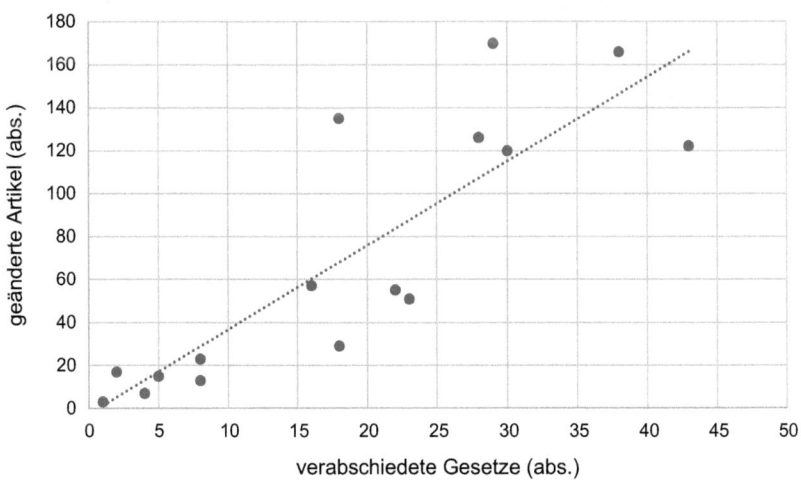

Abb. 4.2 Anzahl der verfassungsändernden Gesetze und Anzahl der geänderten Artikel (Stand: 31. Dezember 2017). (Quelle: Eigene Erhebung, eigene Darstellung)

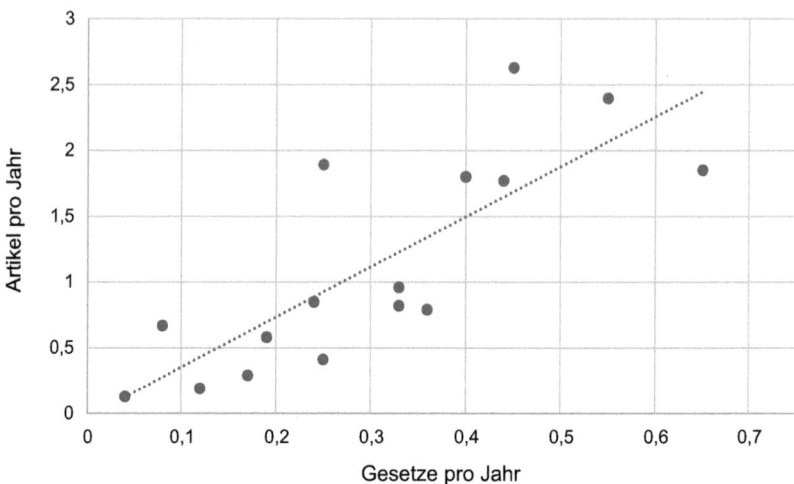

Abb. 4.3 Gesetzesrate und Artikelrate: Anzahl der verfassungsändernden Gesetze und Anzahl der geänderten Artikel (jeweils pro Jahr; Stand: 12/2017). (Quelle: Eigene Darstellung, eigene Berechnung)

kausale Zusammenhänge erkennen. Bei der Interpretation zu beachten ist dabei, dass sich nicht nur zwischen den abhängigen und den unabhängigen Variablen statistische Zusammenhänge ergeben, sondern auch zwischen den unabhängigen Variablen selbst.[14] Der Durbin-Watson-Test zeigt, dass bei keinem der vier Modelle eine Autokorrelation existiert, die Daten also unabhängig voneinander sind; die Werte schwanken zwischen 1,706 und 1,888. Allerdings zeigen sich Differenzen bei der Erklärungskraft der Variablen. *Cum grano salis* lässt sich sagen, dass einige der aufgeführten Variablen zwar Auswirkungen darauf haben, wie häufig eine Verfassungsänderung stattfindet (und auch das können sie nur teilweise erklären), sie haben aber keine Effekte auf die Reichweite der Änderungen. Die Häufigkeit von Verfassungsänderungen wurden mit zwei Indikatoren gemessen: mit der Anzahl der Änderungsgesetze und mit der Anzahl der Änderungsgesetze

---

[14]Positive Zusammenhänge bestehen: zwischen Rigidität und Länge (r=0,783**), zwischen Länge und Linke Parteien (r=0,201**), sowie zwischen Alter und Linke Parteien (r=0,185**); negative Zusammenhänge ergeben sich zwischen Rigidität und Linke Parteien (r=−0,247**), zwischen Stärke von Regierungen und Alter (r=−0,345**) sowie zwischen kongruenten Regierungen und Linken Parteien (r=0,340**).

pro Jahr (Modelle 1 und 3); die Reichweite von Verfassungsänderungen wurde ebenfalls mit zwei Indikatoren erfasst: der Anzahl der geänderten Artikel sowie der Anzahl der geänderten Artikel pro Jahr (Modelle 2 und 4). Da die Modelle 1 und 3 sowie 2 und 4 zu ähnlichen Ergebnissen kommen, werden sie gemeinsam dargestellt (Tab. 4.27).

Häufigkeit: Wie in der Vorläuferuntersuchung (Reutter und Lorenz 2016) zeigt die hier vorgestellte Analyse bei Modell 1 einen signifikanten Einfluss der Variablen: Rigidität, Alter und Fragmentierung. In Modell 3 besitzen Rigidität und Alter ebenfalls einen signifikanten Einfluss, doch wird hier die Fragmentierung durch die Variable „Stärke der Regierung" ersetzt. Die entsprechenden Zusammenhänge

Tab. 4.27 Unabhängige und abhängige Variablen: deskriptive Statistik

	Mittelwert	Standardabweichung	Minimum	Maximum	N
Unabhängige Variablen					
• Rigidität	1,36	0,17	1,17	1,83	210
• Länge (Anzahl Artikel)	114,21	37,19	60	189	210
• Alter (Jahre)	37,37	19,53	[a]−4,0	64,4	210
• Linke Parteien (Sitzanteile)	48,89	10,25	18,0	79,5	210
• Fragmentierung (ENP)	2,72	0,61	1,8	4,9	210
• Konzentration (Sitzanteile CDU/CSU und SPD)	81,92	12,00	42,0	100,0	210
• Regierungsstärke (Sitzanteile Regierungsfraktionen)	59,87	11,85	37,4	100,0	210
• Regierungskongruenz (Zeitanteile)	49,84	45,70	0,00	100,0	210
Abhängige Variablen					
• Änderungsgesetze (abs.)	1,37	1,66	0,00	8,00	210
• Anzahl geänderte Artikel (Reichweite) (abs.)	5,23	11,61	0,00	77,00	210
• Änderungsgesetze/Jahr	0,33	0,41	0,00	2,10	210
• Geänderte Artikel/Jahr	1,30	3,13	0,00	25,64	210

[a]Der Wert ergibt sich, weil die vorläufige Verfassung von Niedersachsen erst am 13. April 1951 in Kraft getreten ist, die erste Wahlperiode, in der die Verfassung geändert werden konnte aber bereits am 20. April 1947 begonnen hat. In Hamburg lag in der 2. WP eine ähnliche Konstellation vor

Quelle: Eigene Zusammenstellung

sind signifikant auf dem Niveau von 0,01 bzw. 0,05. (zweiseitig). Hinzu kommt in Modell 1 ein signifikanter Einfluss der Länge einer Verfassung auf dem 10-Prozent-Niveau. Die Variable Stärke der Regierung besitzt im Modell 1 ebenfalls einen signifikanten Einfluss auf dem 5-Prozent-Niveau. Den größten Einfluss besitzt in beiden Modellen die Variable „Alter" (beta = 0,291 bzw. 0,288); sie erklärt jeweils 8 % der Varianz, hat also keinen sonderlich ausgeprägten Effekt. „Rigidität", die zweitwichtigste Variable (beta = −0,254 bzw. 0,262), erklärt 6 bzw. 7 % der Varianz. Insgesamt lassen sich mit diesen Modellen 11 bzw. 10 % der Varianzen erklären, was nicht sonderlich hoch ist, aber sich doch in dem Bereich bewegt, dem Cohen (1992, S. 156 ff.) einen „mittleren Effekt" auf die abhängige Variable zuschreibt. Immerhin fällt auf, dass insbesondere verfassungstheoretisch begründete Hypothesen in beiden Erklärungsmodellen die größten Effekte aufweisen.

Zu anderen Ergebnissen kommt man, wie erwähnt, wenn untersucht wird, ob die angeführten Variablen die Reichweite von Änderungen erklären können (Modelle 2 und 4). Hier sind zwar einige Einschränkungen zu berücksichtigen,[15] doch zeigt sich in beiden Modellen, dass die unabhängigen Variablen keinen Erklärungsgehalt besitzen. Jedenfalls überschreitet in keinem der beiden Modelle die F-Statistik den kritischen Wert aus der F-Verteilung; die Nullhypothese, also die Annahme, dass die Variablen ohne Effekte sind, konnte nicht zurückgewiesen werden. Weder Modell 2 noch Modell 4 ist signifikant.

Tab. 4.28 fast die Ergebnisse der multiplen Regressionsanalyse zusammen. Wie beschrieben, bleiben die Determinationskoeffizienten in allen analysierten Modellen mehr oder weniger unter dem Wert, den Cohen (1992, S. 156 f.) mit einem mittleren Effekt verbindet. In zwei Modellen lässt sich sogar überhaupt kein Einfluss der erklärenden Variablen feststellen. Die Modelle 2 und 4 sind zudem insgesamt nicht signifikant und werden daher nicht berücksichtigt. Gleichwohl lassen sich aus einem doppelten Grunde einige – vorsichtige – Schlussfolgerungen aus den Befunden ziehen. Zum einen bestätigt die Analyse im Wesentlichen eine frühere Untersuchung (Reutter und Lorenz 2016), obschon bei der hier vorgelegten Replikationsstudie eine zusätzliche Variable sowie mehr Fälle einbezogen wurden. Die Interpretation der Befunde kann daher im Wesentlichen den Ergebnissen der Vorstudie folgen. Zum anderen haben sich in den Modellen 1 und 3 einige Koeffizienten als signifikant auf dem 10-, 5- oder

---

[15]So kann eine erklärende Variable auch dann Einfluss besitzen, wenn sie nicht als signifikant ausgewiesen ist, oder sie kann sich nicht durchsetzen, weil sie mit einer anderen unabhängigen Variablen korreliert und dadurch ohne zusätzliche Information bleibt.

Tab. 4.28 Häufigkeit und Reichweite von Verfassungsänderungen (OLS-Regression)

Unabhängige Variablen	Modell 1[a]			Modell 2[b]			Modell 3[c]			Modell 4[d]		
	Regressions-koeffizient B	T-Werte	Standardisierte Koeffizienten (Beta)	Regressions-koeffizient B	T-Werte	Standardisierte Koeffizienten (Beta)	Regressions-koeffizient B	T-Werte	Standardisierte Koeffizienten (Beta)	Regressions-koeffizient B	T-Werte	Standardisierte Koeffizienten (Beta)
(Konstante)	-,670	-,243		20,148	,993		-,160	-,236		5,204	,950	
Rigidität	-2,516**	-2,366	-,254**	-10,208	-1,303	-,147	-,636**	-2,432	-,262**	-2,424	-1,146	-,130
Länge	,008*	1,733	,188*	,031	,865	,099	,002	1,580	,172	,005	,515	,059
Alter	,025***	3,895	,291***	,129	2,770	,217	,006***	3,847	,288***	,032	2,580	,203
Linke Parteien	-,010	-,819	-,061	-,050	-,565	-,044	-,003	-1,027	-,076	-,012	-,520	-,041
Fragmentierung	,632*	1,786	,232*	-,538	-,206	-,028	,156*	1,787	,233*	-,174	-,247	-,034
Konzentration	,013	,745	,097	-,077	-,579	-,079	,004	,939	,122	-,015	-,433	-,059
Stärke Regierungen	,024**	2,429	,173**	,052	,709	,053	,006**	2,469	,177**	,010	,524	,039

(Fortsetzung)

Tab. 4.28 (Fortsetzung)

Unabhängige Variablen	Modell 1[a]			Modell 2[b]			Modell 3[c]			Modell 4[d]		
	Regressions-koeffizientB	T-Werte	Standardi-sierte Koeffizienten (Beta)	Regressions-koeffizientB	T-Werte	Standardi-sierte Koeffizienten (Beta)	Regressions-koeffizientB	T-Werte	Standardi-sierte Koeffizienten (Beta)	Regressions-koeffizientB	T-Werte	Standardi-sierte Koeffizienten (Beta)
Kongruenz von Regierungen	,001	,300	,021	−,021	−1,126	−,083	−3,168	−,051	−,004	−,007	−1,328	−,098
Anzahl Fälle	210	–	–	210	–	–	210	–	–	210	–	–
R^2	0,144	–	–	0,056	–	–	,141	–	–	,052	–	–
Adjusted R^2	0,110	–	–	0,019	–	–	,107	–	–	,014	–	–

[a] Abhängige Variable = Anzahl der Änderungsgesetze
[b] abhängige Variable = Anzahl der geänderten Artikel
[c] abhängige Variable = Änderungsgesetze pro Jahr
[d] geänderte Artikel pro Jahr
***p-Wert<0,001; **p-Wert<0,05; *p-Wert<0,10
Quelle: Eigene Darstellung; gerechnet wurde die multiple Regressionsanalyse von C. Engel (Universität Leipzig) mit „SPSS"

sogar 1-Prozent-Niveau erwiesen. *Cum grano salis* lässt sich das – noch einmal: eher geringe – Bestimmtheitsmaß in den erwähnten Modellen auf fünf Variablen zurückführen: auf Rigidität, Alter, Länge sowie Fragmentierung und Regierungsstärke, wobei Rigidität und Alter in beiden Modellen den größten Einfluss ausgeübt haben.

Die verfassungstheoretischen Variablen – Rigidität, Alter, Länge – können rund 6 % der Varianz der unabhängigen Variablen erklären. Alle drei Koeffizienten sind in den Modellen 1 und 3 signifikant, das Alter sogar auf dem 1-Prozent-Niveau (0,291*** bzw. 0,288***). Rigidität, das wie erwartet einen negativen Wert aufweist, ist signifikant auf dem 5-Prozent-Niveau (−,254** bzw. −,262**). Die Länge erreicht dagegen nur im ersten Modell, das die Anzahl der Änderungsgesetze erklären soll, und auch nur auf dem 10-Prozent-Niveau Signifikanz, das von einigen Statistikern als nicht mehr relevant betrachtet wird. Zusammenfassend lässt sich sagen, dass die verfassungstheoretisch begründeten Variablen die Anzahl von Verfassungsänderungen zumindest zu einem Teil erklären können; die Hypothesen 1, 2 und 3 ließen sich somit ansatzweise bestätigen.

Interessant sind auch die Befunde, die den Einfluss von Parteien auf die Häufigkeit von Verfassungsänderungen betreffen. Zwei Aspekte stechen hier hervor: Eine Vermutung bestand darin, dass eine geringe Anzahl von Parteien die Chancen für Verfassungsänderungen erhöhen könnte. Die Regressionsanalyse bestätigt diese Annahme nicht. Sie verweist auf einen positiven Zusammenhang zwischen Anzahl der Parteien und Anzahl der Verfassungsänderungen, und der Zusammenhang ist auf dem 10-Prozent-Niveau signifikant (0,232* und 0,233*). Darüber hinaus bestätigt die Analyse, dass bei starken Regierungen tendenziell mehr Verfassungsänderungen verabschiedet werden. Wohlgemerkt widerspricht dies keineswegs den oben dargestellten Überlegungen, dass Verfassungspolitik ausgesprochen parlamentslastig ist, da die Stärke von Regierungen bestimmt wird mit den Sitzanteilen in den Landesvolksvertretungen. Allerdings erklärt diese Variable lediglich 2 % der Varianz auf der abhängigen Variablen, sie ist aber signifikant auf dem 5-Prozent-Niveau (0,173** bzw. 0,177**). Ohne diese Befunde überinterpretieren zu wollen, lässt sich doch konstatieren, dass die beiden Faktoren, mit denen der Einfluss der Parteien auf die Anzahl von Verfassungsänderungen erklärt werden soll, unterschiedliche demokratietheoretische Typen repräsentieren. Eine hohe Anzahl von Parteien ist eher ein Merkmal konsensdemokratischer Strukturen, während starke Regierungen ein Ausdruck mehrheitsdemokratischer Funktionsprinzipien darstellt.

Keinen Einfluss auf die Häufigkeit von Verfassungsänderungen besaßen – wie schon in einer früheren Analyse gezeigt – linke Parteien sowie das Ausmaß der Konzentration im Parteiensystem (anders gesagt: die Stärke der Volksparteien).

Im Unterschied zu den oben darstellten Analysen zeigt die Möglichkeit zur Ebenen übergreifenden Koordination von Verfassungspolitik keinen Einfluss auf die Anzahl der Verfassungsänderungen. Von besonderem Interesse sind dabei die beiden letzten Aspekte. Denn sie verweisen zum einen darauf, dass auch die Existenz starker Volksparteien die Chancen, Verfassungsänderungen in den Bundesländern zu beschließen, nicht erhöht. Der Staat der Großen Koalition oder die Konsensdemokratie scheint mithin in den Bundesländern anders zu funktionieren als auf Bundesebene (Freitag und Vatter 2008). Zum anderen zeigen sich keine Effekte, wenn dieselbe Partei in Bund und Land die Regierungschefin stellt. In Abweichung von den oben vorgestellten Analysen lässt sich daraus schlussfolgern, dass ein bundespolitischer Schatten in diesem Politikfeld nicht zu existieren scheint. Jedenfalls manifestiert er sich nicht in Ebenen übergreifenden Strategien der stärksten Regierungspartei.

Literatur

Albert, R. (2013). The expressive function of constitutional amendment rules. *McGill Law Journal, 59*(2), 225–281.

Arvind, T. T., & Stirton, L. (2010). Explaining the reception of the Code Napoleon in Germany: A fuzzy-set qualitative comparative analysis. *Legal Studies, 30*(1), 1–29.

Bayerischer Landtag. (1950 ff). Tätigkeitsberichte. 1.–16. Wahlperiode. München. https://www.bayern.landtag.de/dokumente/taetigkeitsbericht/. Zugegriffen: 21. März 2016.

Behnke, N., & Benz, A. (2009). The politics of constitutional change between reform and evolution. *Publius: The Journal of Federalism, 39*(2), 213–240.

Bennett, A., & George, A. L. (1997). Process tracing in case study research. Paper presented at the MacArthur Foundation Workshop on case study methods, October 17–19, 1997. http://users.polisci.wisc.edu/kritzer/teaching/ps816/ProcessTracing.htm. Zugegriffen: 15. Dez. 2014.

Benz, A. (1993). Verfassungsreform als politischer Prozeß. Politikwissenschaftliche Anmerkungen zur aktuellen Reform des Grundgesetzes. *Die öffentliche Verwaltung, 46*(20), 881–889.

Benz, A. (2011). Das Zusammenspiel der Ebenen beim expliziten und impliziten Verfassungswandel. In C. Hönnige & S. Kneip (Hrsg.), *Verfassungswandel im Mehrebenensystem* (S. 21–40). Wiesbaden: VS Verlag.

Benz, A. (2013). Balancing rigidity and flexibility: Constitutional dynamics in federal systems. *West European Politics, 26*(4), 726–749.

Berg-Schlosser, D., & De Meur, G. (2009). Case and variable selection. In B. Rihoux & C. C. Ragin (Hrsg.), *Configurational comparative methods. Qualitative Comparative Analysis (QCA) and related techniques* (S. 19–32). Los Angeles: Sage.

Berg-Schlosser, D., De Meur, G., Rihoux, B., & Ragin, C. C. (2009). Qualitative Comparative Analysis (QCA) as an approach. In B. Rihoux & C. C. Ragin (Hrsg.), *Configurational comparative methods. Qualitative Comparative Analysis (QCA) and related techniques* (S. 1–18). Los Angeles: Sage.

Berlitt, U. (2011). Die Umsetzung der Schuldenbremse in den Ländern – erste Ansätze und erste Probleme. In M. Junkernheinrich et al. (Hrsg.), *Jahrbuch für öffentliche Finanzen 2011* (S. 311–342). Berlin: Berliner Wissenschaftsverlag.

Beyme, K. v. (1997). *Der Gesetzgeber. Der Bundestag als Entscheidungszentrum.* Opladen: Westdeutscher Verlag.

Braunschweig, S. v. (1993). *Verfassungsentwicklung in den westlichen Ländern.* Pfaffenweiler: Centaurus.

Burgess, M., & Tarr, G. A. (2012). Introduction: Sub-national constitutionalism and constitutional development. In M. Burgess & G. Alan Tarr (Hrsg.), *Constitutional dynamics in federal systems* (S. 3–29). Montreal: McGill-Queen's University Press.

Busch, A. (1999). Das oft geänderte Grundgesetz. In A. Busch & W. Merkel (Hrsg.), *Demokratie in Ost und West. Festschrift für Klaus von Beyme* (S. 549–574). Frankfurt a. M.: Suhrkamp.

Busch, A. (2006). Verfassungspolitik: Stabilität und permanentes Austarieren. In M. G. Schmidt (Hrsg.), *Regieren in der Bundesrepublik Deutschland* (S. 33–56). Wiesbaden: VS Verlag.

Buscher, D., & Fries, J. (2013). Gestaltungsmöglichkeiten der Bundesländer bei der Schuldenbremse. In M. Junkernheinrich et al. (Hrsg.), *Jahrbuch für öffentliche Finanzen 2012* (S. 367–383). Berlin: Berliner Wissenschaftsverlag.

BVerFG, Beschluss des Zweiten Senats vom 19. August 2011 – 2 BvG 1/10 – Rn. (1–63), http://www.bverfg.de/e/gs20110819_2bvg000110.html. Zugegriffen: 15. März 2016.

BVerFG, Urteil des Zweiten Senats vom 03. Mai 2016 – 2 BvE 4/14 – Rn. (1–139). http://www.bverfg.de/e/es20160503_2bve000414.html. Zugegriffen: 4. Mai 2017.

Cameron, D. (1984). Social democracy, corporatism, labour quiescence, and the representation of economic interest in advanced capitalist society. In J. Goldthorpe (Hrsg.), *Order and conflict in contemporary capitalism* (S. 143–178). Oxford: Oxford University Press.

Ciagla, S., & Heinemann, F. (2012). Debt rule federalism: The case of Germany. Centre for European Economic Research. Discussion Paper No. 12-067, Mannheim. http://ftp-zew. de/pub/zew-docs/dp/dp-12067.pdf. Zugegriffen: 10. Aug. 2014.

Cohen, J. (1992). A power primer. *Psychological Bulletin, 112*(1), 155–159.

Contiades, X. (2013). Constitutional change engineering. In X. Contiades (Hrsg.), *Engineering constitutional change. A Comparative Perspective on Europe, Canada and the USA* (S. 1–6). London: Routledge.

Contiades, X., & Fotiadou, A. (2013). Models of Constitutional Change. In X. Contiades (Hrsg.), *Engineering Constitutional Change. A Comparative Perspective on Europe Canada and the USA* (S. 417–468). London: Routledge.

Dixon, R., & Holden, R. (2012). Constitutional amendment rules: The denominator problem. In T. Ginsburg (Hrsg.), *Comparative constitutional design* (S. 195–218). Cambridge: University Press.

Dobner, P. (2012). Der Landtag von Sachsen-Anhalt. In S. Mielke & W. Reutter (Hrsg.), *Landesparlamentarismus. Geschichte – Struktur – Funktionen* (2. Aufl., S. 549–588). Wiesbaden: VS Verlag.

Drass, K. A. (1998). QCA 3.1. Qualitative Comparative Analysis. 1992–98. http://www.u.arizona.edu/~cragin/fsQCA/download/qca.rtf. Zugegriffen: 10. Aug. 2014.

Ferejohn, J. (1997). The politics of imperfection: The amendments of constitutions. *Law and Social Inquiry, 22*(2), 501–531.

Flick, M. (2008). Landesverfassungen und ihre Veränderbarkeit. In M. Freitag & A. Vatter (Hrsg.), *Die Demokratien der deutschen Bundesländer. Politische Institutionen im Vergleich* (S. 221–236). Opladen: Budrich.

Freitag, M., & Vatter, A. (2008). Die Bundesländer zwischen Konsensus- und Mehrheitsdemokratie: Eine Verortung entlang ihrer politisch-institutionellen Konfigurationen. In M. Freitag & A. Vatter (Hrsg.), *Die Demokratien der deutschen Bundesländer. Politische Institutionen im Vergleich* (S. 309–328). Opladen: Budrich.

Fusaro, C., & Oliver, D. (2011a). Changing constitutions. In D. Oliver & C. Fusaro (Hrsg.), *How constitutions change. A comparative study* (S. 3–6). Oxford: Hart Publishing.

Fusaro, C., & Oliver, D. (2011b). Towards a theory of constitutional change. In D. Oliver & C. Fusaro (Hrsg.), *How constitutions change. A comparative study* (S. 405–433). Oxford: Hart Publishing.

Ganghof, S. (2005). Kausale Perspektiven in der vergleichenden Politikwissenschaft: X-zentrierte und y-zentrierte Forschungsdesigns. In. S. Kropp & M. Minkenberg (Hrsg.), *Vergleichen in der Politikwissenschaft* (S. 76–93). Wiesbaden: VS Verlag.

Ganghof, S. (2016). Combining proportional and majoritarian democracy: An institutional design proposal. *Research and Politics.* https://doi.org/10.1177/2053168016665640.

George, A. L., & Bennett, A. (2005). *Case studies and theory development in the social sciences.* Cambridge: MIT Press.

Gerring, J. (2007). *Case study research. Principles and practices.* Cambridge: Cambridge University Press.

Gläser, J., & Laudel, G. (2010). *Experteninterviews und qualitative Inhaltsanalyse* (4. Aufl.). Wiesbaden: VS Verlag.

Grassi, D., & Luppi, F. (2014). Do we live longer and healthier lives under democracy? A configurational comparative analysis of Latin America. Compasss Working Paper 2014-78. http://www.compasss.org/wpseries/GrassiLuppi2014.pdf. Zugegriffen: 10. Aug. 2014.

Grimm, D. (2007). Ist das Verfahren der Verfassungsänderung selbst änderungsbedürftig? (Interview). *Humboldt-Forum Recht, 20,* S. 1–8. https://www.humboldt-forum-recht. de/media/Druckansicht/pdf/2007-20.pdf. Zugegriffen: 15. März 2015.

Gschwend, T., & Schimmelfennig, F. (2007). Forschungsdesign in der Politikwissenschaft. Ein Dialog zwischen Theorie und Daten. In T. Gschwend & F. Schimmelfennig (Hrsg.), *Forschungsdesign in der Politikwissenschaft. Probleme, Strategien, Anwendungen* (S. 13–35). Frankfurt a. M.: Campus.

Hesse, K. (1993). *Grundzüge des Verfassungsrechts der Bundesrepublik Deutschland* (19. Aufl.). Heidelberg: C.F. Müller.

Hibbs, D. A. (1977). Political parties and macroeconomic policy. *American Political Science Review, 71*(4), 1467–1487.

Hildebrandt, A., & Wolf, F. (Hrsg.). (2008). *Die Politik der Bundesländer. Staatstätigkeit im Vergleich.* Wiesbaden: VS Verlag.

Hölscheidt, S. (1995). Die Praxis der Verfassungsverabschiedung und der Verfassungsänderung in der Bundesrepublik. *Zeitschrift für Parlamentsfragen, 26*(1), 58–84.

Holtmann, E., & Voelzkow, H. (Hrsg.). (2000). *Zwischen Wettbewerbs- und Verhandlungsdemokratie. Analysen zum Regierungssystem der Bundesrepublik Deutschland.* Wiesbaden: VS Verlag.

Jeffery, C., Pamphilis, N. M., Rowe, C., & Turner, E. (2014). Regional policy variation in Germany: The diversity of living conditions in a "unitary federal state". *Journal of European Public Policy, 21*(9), 1350–1366.

Kaiser, A. (1998). Vetopunkte der Demokratie. Eine Kritik neuerer Ansätze der Demokratietypologie und ein Alternativvorschlag. *Zeitschrift für Parlamentsfragen, 29*(3), 525–541.

Karlsson, C. (2015). Explaining constitutional change: Making sense of cross-national variation among European Union member states. *Journal of European Public Policy, 23*(2), 255–275. https://doi.org/10.1080/13501763.2015.1043323.

Koole, K., & Vis, B. (2012). Working mothers and the state: Under which conditions do governments spend much on maternal employment supporting policies? VU University Amsterdam. COMPASSS Working Paper 2012-71. http://www.compasss.org/wpseries/KooleVis2012.pdf. Zugegriffen: 15. Mai 2015.

Kotzur, M. (2013). Constitutional amendments and constitutional changes in Germany. In X. Contiades (Hrsg.), *Engineering constitutional change* (S. 125–150). London: Routledge.

Kropp, S. (1997). Oppositionsprinzip und Mehrheitsregel in den Landesverfassungen: Eine Analyse am Beispiel des Verfassungskonflikts in Sachsen-Anhalt. *Zeitschrift für Parlamentsfragen, 28*(3), 373–390.

Kropp, S. (2010). *Kooperativer Föderalismus und Politikverflechtung.* Wiesbaden: VS Verlag.

Laakso, M., & Taagepera, R. (1979). 'Effective' number of parties. A measure with applications to West Europe. *Comparative Political Studies, 12*(1), 3–27.

Lamnek, S. (2010). *Qualitative Sozialforschung* (5. Aufl.). Weinheim: Beltz.

Laufer, H., & Münch, U. (2010). *Das föderale System der Bundesrepublik Deutschland* (8. Aufl.). München: Bayerische Landeszentrale für politische Bildungsarbeit.

Legewie, N. (2013). An introduction to applied data analysis with Qualitative Comparative Analysis (QCA). *Forum Qualitative Sozialforschung/Forum: Qualitative Social Research, 14*(3). http://www.qualitative-research.net/index.php/fqs/article/view/1961/3595. Zugegriffen: 15. Okt. 2017.

Lehmbruch, G. (2000). *Parteienwettbewerb im Bundesstaat. Regelsysteme und Spannungslagen im politischen System der Bundesrepublik Deutschland* (3. Aufl). Opladen: Westdeutscher Verlag.

Lijphart, A. (1971). Comparative politics and the comparative method. *The American Political Science Review, 65*(3), 682–693.

Lijphart, A. (1975). The comparable cases strategy in comparative research. *Comparative Political Studies, 8*(2), 158–177.

Lijphart, A. (1999). *Patterns of democracy. Government forms and performance in thirty-six countries.* New Haven: Yale University Press.

Lorenz, A. (2004). Stabile Verfassungen? Konstitutionelle Reformen in Demokratien. *Zeitschrift für Parlamentsfragen, 35*(2), 448–468.

Lorenz, A. (2005). How to measure constitutional rigidity. Four concepts and two alternatives. *Journal of Theoretical Politics, 17*(3), 339–361.

Lorenz, A. (2008). *Verfassungsänderungen in etablierten Demokratien. Motivlagen und Aushandlungsmuster*. Wiesbaden: VS Verlag.

Lorenz, A. (2015). Rights of minors and constitutional politics in the German Länder. Legal framework, party Strategies, and constitutional amendments. *Perspectives on Federalism, 7*(1), 1–29. http://www.on-federalism.eu/attachments/206_download.pdf. Zugegriffen: 10. Juli 2016.

Lorenz, A., & Reutter, W. (2012). Subconstitutionalism in a multilayered system. A comparative analysis of constitutional politics in the German Länder. *Perspectives on Federalism, 4*(2), 141–170. http://www.on-federalism.eu/attachments/141_download.pdf. Zugegriffen: 10. Jan. 2013.

Lübker, M., & Schüttemeyer, S. S. (2012). Der Brandenburgische Landtag. In S. Mielke & W. Reutter (Hrsg.), *Landesparlamentarismus. Geschichte, Struktur, Funktionen* (2. Aufl., S. 177–214). Wiesbaden: Springer VS.

Lutz, D. S. (1994). Towards a theory of constitutional amendment. *American Political Science Review, 88*(2), 355–370.

Maggetti, M., & Levi-Faur, D. (2013). Dealing with errors in QCA. *Political Research Quarterly, 66*(1), 198–204.

March, J. G., & Olsen, J. P. (1989). *Rediscovering institutions: The organizational basis of politics*. New York: Free Press.

Marschall, S. (2005). *Parlamentarismus. Eine Einführung*. Baden-Baden: Nomos.

Marx, A., & Dusa, A. (2011). Crisp-Set Qualitative Comparative Analysis (csQCA). Contradictions and consistency benchmarks for model specification. *Methodological Innovations Online, 6*(2), 102–148. http://www.methodologicalinnovations.org.uk/wp-content/uploads/2013/11/6.-Marx-and-Dusa-pp103-148.pdf. Zugegriffen: 30. Aug. 2014.

McRae, K. D. (1997). Contrasting styles of democratic decision-making: Adversarial versus consensual politics. *International Political Science Review, 18*(3), 279–295.

Mehr Demokratie Berlin-Brandenburg (2007). Berliner Demokratiebericht. Juli 2007. o. O. https://bb.mehr-demokratie.de/fileadmin/pdf/demokratiebericht.pdf. Zugegriffen: 26. Febr. 2018.

Merkens, H. (2009). Auswahlverfahren, Sampling, Fallkonstruktion. In U. Flick, E. v. Kardorff, & I. Steinke (Hrsg.), *Qualitative Forschung. Ein Handbuch* (7. Aufl., S. 286–299). Reinbek bei Hamburg: Rowohlt.

Mielke, S., & Bräuer, C. (2012). Landesparlamentarismus in Schleswig-Holstein: Vom disziplinierten Parlamentarismus zur Parlamentsregierung? In S. Mielke & W. Reutter (Hrsg.), *Landesparlamentarismus. Geschichte – Struktur – Funktionen* (2. Aufl., S. 589–624). Wiesbaden: VS Verlag.

Muno, W. (2003). Fallstudien und die vergleichende Methode. In S. Pickel, G. Pickel, H.-J. Lauth (Hrsg.), *Vergleichende politikwissenschaftliche Methoden: Neue Entwicklungen und Diskussionen* (S. 113–131). Wiesbaden: Westdeutscher Verlag.

NRWSPD – Bündnis 90/Die Grünen NRW (2012). Koalitionsvertrag 2012–2017. Verantwortung für ein starkes NRW – Miteinander die Zukunft gestalten. o. O., o. J. https://gruene-nrw.de/dateien/Koalitionsvertrag_2012-2017.pdf. Zugegriffen: 10. Juni 2014.

Obrecht, M. & Haas, T. (2012). Der Landtag von Baden-Württemberg. In S. Mielke & W. Reutter (Hrsg.), *Landesparlamentarismus. Geschichte – Struktur – Funktionen* (2. Aufl., S. 67–104). Wiesbaden: VS Verlag.

Patzelt, W. J. (1996). Deutschlands Abgeordnete: Profil eines Berufsstandes, der weit besser ist als sein Ruf. *Zeitschrift für Parlamentsfragen, 27*(3), 463–502.

Patzelt, W. J. (1998a). Ein latenter Verfassungskonflikt? Die Deutschen und ihr parlamentarisches Regierungssystem. *Politische Vierteljahresschrift, 39*(4), 725–727.

Patzelt, W. J. (1998b). Wider das Gerede vom „Fraktionszwang"! Funktionslogische Zusammenhänge, populäre Vermutungen und die Sicht der Abgeordneten. *Zeitschrift für Parlamentsfragen, 29*(2), 324–346.

Patzelt, W. J. (2012). Landesparlamentarismus in Deutschland: Sachsen. In S. Mielke & W. Reutter (Hrsg.), *Landesparlamentarismus. Geschichte – Struktur – Funktionen* (2. Aufl., S. 509–548). Wiesbaden: VS Verlag.

Pestalozza, C. (2014a). Einführung. In C. Pestalozza (Hrsg.), *Verfassungen der deutschen Bundesländer mit dem Grundgesetz* (10. Aufl., S. XVII–CXLVII). München: Beck.

Pestalozza, C. (Hrsg.). (2014b). *Verfassungen der deutschen Bundesländer mit dem Grundgesetz* (10. Aufl.). München: Beck.

Popelier, P. (2014). Subnational multilevel constitutionalism. *Perspectives on Federalism, 6*(2), 1–23. http://www.on-federalism.eu/attachments/178_download.pdf. Zugegriffen: 20. Nov. 2014.

Przeworski, A., & Teune, H. (1970). *The logic of comparative social inquiry*. Malabar: Krieger Publishing.

Ragin, C. C. (1987). *The comparative method. Moving beyond qualitative and quantitative strategies*. Berkeley: University of California Press.

Ragin, C. C. (1992). Introdution: Cases of "What is a case?". In C. C. Ragin (Hrsg.), *What is a case? Exploring the foundations of social inquiry* (S. 1–18). Cambridge: University Press.

Ragin, C. C. (2000). *Fuzzy-set social science*. Chicago: University of Chicago Press.

Ragin, C. C. (2008). User's guide to fuzzy-set/Qualitative Comparative Analysis 2.0. Irvine, California: Department of Sociology, University of California. http://www.u.arizona.edu/~cragin/fsQCA/download/fsQCAManual.pdf. Zugeriffen: 15. Juli 2015.

Ragin, C. C. (2009). Qualitative Comparative Analysis Using Fuzzy Sets (fsQCA). In B. Rihoux & C. C. Ragin (Hrsg.), *Configurational comparative methods. Qualitative Comparative Analysis (QCA) and related techniques* (S. 87–122). Los Angeles: Sage.

Ragin, C. C. (2010). *User's guide to fuzzy-set/Qualitative Comparative Analysis 2.0*. Tucson: Department of Sociology, University of Arizona. http://www.u.arizona.edu/~cragin/fsQCA/download/fsQCAManual.pdf. Zugegriffen: 15. Mai 2015.

Ragin, C. C., & Davey, S. (2014). *Fuzzy-set/Qualitative Comparative Analysis 2.5*. Irvine: Department of Sociology, University of Arizona.

Ragin, C. C., Drass, K. A., & Davey, S. (2006). *Fuzzy-set Qualitative Comparative Analysis 2.0*. Tucson: Department of Sociology, University of Arizona. http://www.fsqca.com. Zugegriffen: 14. Mai 2014.

Rasch, B. E., & Congleton, R.D. (2006). Amendment procedures and constitutional stability. In R. D. Congleton & B. Swedenborg (Hrsg.,), *Democratic constitutional design and public policy. Analysis and evidence* (S. 536–561). Cambridge (MA): MIT Press.

Rehmet, F. (2013). Volksentscheide in den deutschen Bundesländern seit 1945, die nicht per Volksbegehren ausgelöst wurden = Obligatorische Referenden, Verfassungsreferenden und Sonderabstimmungen, Stand: 5.12.2013. http://www.mehr-demokratie.de/fileadmin/pdf/VE-Liste_Referenden_Sonderabstimmungen.pdf. Zugegriffen: 29. Mai 2014.

Rehmet, F. (2017). Volksentscheide aufgrund von Volksbegehren in Deutschland. Erstellt von: Frank Rehmet, Mehr Demokratie e. V. – Stand: 26.09.2017. https://www.mehr-demokratie.de/fileadmin/pdf/Uebersicht-Volksentscheide-BL.pdf. Zugegriffen: 20. Dez. 2017.

Rehmet, F., & Weber, T. (2017). *Volksbegehrensbericht 2017. Direkte Demokratie in den deutschen Bundesländern 1946 bis 2016 von Mehr Demokratie e. V.* Berlin: Mehr Demokratie e. V. https://www.mehr-demokratie.de/fileadmin/pdf/volksbegehrensbericht_2017.pdf. Zugegriffen: 12. Jan. 2018.

Reutter, W. (2008a). *Föderalismus, Parlamentarismus und Demokratie. Landesparlamente im Bundesstaat.* Opladen: Budrich.

Reutter, W. (2008b). Verfassungsgebung und Verfassungsänderungen in den Ländern. In Europäisches Zentrum für Föderalismusforschung (Hrsg.), *Jahrbuch des Föderalismus 2008. Föderalismus, Subsidiarität und Regionen in Europa* (S. 239–253), Baden-Baden: Nomos.

Reutter, W. (2013). *Die Zukunft des Landesparlamentarismus. Der Landtag Nordrhein-Westfalen im Bundesländervergleich.* Wiesbaden: Springer VS.

Reutter, W. (2014a). Multilevel systems and sub-national constitutional politics in Germany: A qualitative comparative analysis. *Perspectives on Federalism, 6*(2), 215–243. http://www.on-federalism.eu/attachments/186_download.pdf. Zugegriffen: 1. Okt. 2016.

Reutter, W. (2014b). Sächsische Verfassungspolitik. In Europäisches Zentrum für Föderalismusforschung (Hrsg.), *Jahrbuch des Föderalismus 2014* (S. 255–268). Baden-Baden: Nomos.

Reutter, W. (2015a). Bayerische Verfassungspolitik. In Europäisches Zentrum für Föderalismusforschung (Hrsg.), *Jahrbuch des Föderalismus 2015. Föderalismus, Subsidiarität und Regionen in Europa* (S. 215–227). Baden-Baden: Nomos.

Reutter, W. (2015b). Verfassungsgesetzgebung in Brandenburg. *Zeitschrift für Parlamentsfragen, 46*(1), 116–135.

Reutter, W. (2016a). Constitutional politics in East Germany and the grand coalition state. *Perspectives on Federalism, 8*(3), E23–E44. http://www.on-federalism.eu/attachments/245_download.pdf. Zugegriffen: 4. Apr. 2017.

Reutter, W. (2016b). Verfassungspolitik in Baden-Württemberg. Ergebnis konsensdemokratischer Zwänge oder normale Politik mit anderen Mitteln? *Zeitschrift für Politikwissenschaft, 26*(2), 131–151. https://doi.org/10.1007/s41358-016-0030-7.

Reutter, W. (2017a). The changeableness of subnational constitutions: A qualitative comparative analysis. *Government and Opposition.* https://doi.org/10.1017/gov.2016.45.

Reutter, W. (2017b). Landesparlamente im unitarischen Bundesstaat: „Machtlosigkeit" und „unheilige Allianz". *Österreichische Zeitschrift für Politikwissenschaft, 46*(4), 1–15. https://doi.org/10.15203/ozp.2390.vol46iss4.

Reutter, W. (2017c). Landesverfassungsgerichte in der Bundesrepublik Deutschland – eine politikwissenschaftliche Bestandsaufnahme. In W. Reutter (Hrsg.), *Landesverfassungsgerichte in der Bundesrepublik Deutschland. Entwicklung – Aufbau – Funktionen* (S. 21–48). Wiesbaden: Springer VS.

Reutter, W. (2017d). Verfassungspolitik in Niedersachsen. In Europäisches Zentrum für Föderalismusforschung (Hrsg.), *Jahrbuch des Föderalismus 2017. Föderalismus, Subsidiarität und Regionen in Europa* (S. 310–322). Baden-Baden: Nomos.

Reutter, W. (2018a). Parlamentarische Opposition und Verfassungspolitik in den Bundesländern. Politische Minderheiten in einem konsensdemokratischen Politikfeld. In S. Bröchler, M. Glaab, & H. Schöne (Hrsg.), *Kritik, Kontrolle, Alternative. Was leistet die Opposition?* Wiesbaden: Springer (im Druck).

Reutter, W. (2018b). Politik und Verfassung in Schleswig-Holstein. In S. Baer, O. Lepsius, C. Schönberger, C. Waldhoff, & C. Walter (Hrsg.), *Jahrbuch des öffentlichen Rechts der Gegenwart (N.F.), (67,* S. 617–638). Tübingen: Mohr Siebeck.

Reutter, W. (2018c). Verfassungsändernde Gesetzgebung in Nordrhein-Westfalen. *Zeitschrift für Gesetzgebung, 33*(2), (im Druck).

Reutter, W., & Lorenz, A. (2016). Explaining the Frequency of Constitutional Change in the German Länder: Institutional and Party Factors. *Publius: The Journal of Federalism, 46*(1), 103–127. https://doi.org/10.1093/publius/pjv041.

Rihoux, B., & De Meur, G. (2009). Crisp Set Qualitative Comparative Analysis (csQCA). In B. Rihoux & C. C. Ragin (Hrsg.), *Configurational comparative methods. Qualitative Comparative Analysis (QCA) and related techniques* (S. 33–68). Los Angeles: Sage.

Rihoux, B., & Ragin, C. C. (2009). Introduction. In B. Rihoux & C. C. Ragin (Hrsg.), *Configurational comparative methods. Qualitative Comparative Analysis (QCA) and related techniques* (S. XVII–XXV). Los Angeles: Sage.

Rihoux, B., Álamos-Concha, P., Bol, D., Marx, A., & Rezsöhazy, I. (2013). From niche to mainstream method? A comprehensive mapping of QCA applications in journal articles from 1984 to 2011. *Political Research Quarterly, 66*(1), 175–184.

Rihoux, B., Rezsöhaz, I., & Bol, D. (2011). Qualitative Comparative Analysis (QCA) in public policy analysis: An extensive review. *German Policy Studies, 7*(3), 7–82.

Roberts, A. (2009). The politics of constitutional amendment in postcommunist Europe. *Constitutional Political Economy, 20*(1), 99–117.

Schmidt, M. G. (1980). *CDU und SPD an der Regierung. Ein Vergleich ihrer Politik in den Ländern.* Frankfurt a. M.: Campus.

Schmidt, M. G. (1982). *Wohlfahrtsstaatliche Politik unter bürgerlichen und sozialdemokratischen Regierungen. Ein internationaler Vergleich.* Frankfurt a. M.: Campus.

Schmidt, M. G. (1987). West Germany: The politics of the middle way. *Journal of Public Policy, 7*(2), 139–177.

Schmidt, M. G. (1996). When parties matter: A review of possibilities and limits of partisan influence on public policy. *European Journal of Political Research, 30*(2), 155–183.

Schmidt, M. G. (2008). Germany. The grand coalition state. In J. M. Colomer (Hrsg.), *Comparative European Politics* (3. Aufl., S. 58–92). London: Routledge.

Schmidt, M. G. (2011). *Das politische System Deutschlands. Institutionen, Willensbildung und Politikfelder.* München: Beck.

Schneider, C. Q., & Wagemann, C. (2007). *Qualitative Comparative Analysis (QCA) und Fuzzy Sets. Ein Lehrbuch für Anwender und jene, die es werden wollen.* Opladen: Budrich.

Schneider, C. Q., & Wagemann, C. (2010). Standards of good practice in Qualitative Comparative Analysis (QCA) and Fuzzy-Sets. *Comparative Sociology, 9*(3), 397–418. http://www.uni-frankfurt.de/47932932/Schneider_Wagemann_2010.pdf?. Zugegriffen: 1. Sept. 2014.

Schneider, C. Q., & Wagemann, C. (2013). Doing justice to logical remainders in QCA. Moving beyond the standard analysis. *Political Research Quarterly, 66*(1), S. 211–220.

Sehring, J., Korhonen-Kurki, K., & Brockhaus, M. (2013). *Qualitative Comparative Analysis (QCA). An application to compare national REDD+policy processes*. Bogor: CIFOR (Indonesia). http://www.cifor.org/publications/pdf_files/wpapers/wp121sehring. pdf. Zugegriffen: 15. Sept. 2014.

Steffani, W. (1979). *Parlamentarische und präsidentielle Demokratie. Strukturelle Aspekte westlicher Demokratien*. Opladen: Westdeutscher Verlag.

Steinbach, U., & Rönicke, M. (2013). Umsetzung der Schuldenbremse in Rheinland-Pfalz – Vorreiter und Vorbild? In M. Junkernheinrich et al. (Hrsg.), *Jahrbuch für öffentliche Finanzen 2013* (S. 339–364). Berlin: Berliner Wissenschaftsverlag.

Steinberg, R. (1992). Organisation und Verfahren bei der Verfassungsgebung in den Neuen Bundesländern. *Zeitschrift für Parlamentsfragen, 23*(3), 497–596.

Stiens, A. (1997). *Chancen und Grenzen der Landesverfassungen im deutschen Bundesstaat der Gegenwart*. Berlin: Duncker & Humblot.

Sturm, R. (2011a). Regeln die Länder ihre Haushaltspolitik neu? Reaktionen auf den Zwang zum Haushaltsausgleich durch die Föderalismusreform II. *Gesellschaft – Wirtschaft – Politik, 60*(2), 165–170.

Sturm, R. (2011b). Verfassungsrechtliche Schuldenbremsen im Föderalismus. *Zeitschrift für Parlamentsfragen, 46*(3), 648–662.

Tarr, G. A. (2007). Subnational constitutional space: An agenda for research. Paper prepared for the World Congress of the International Association of Constitutional Law in Athens Greece, June 11–15, 2007. http://camlaw.rutgers.edu/statecon/workshop11greece07/williams.pdf. Zugegriffen: 15. Okt. 2010.

Tarr, G. A. (2014). Explaining state constitutional change. *Wayne Law Review, 60*(1), 9–30. http://waynelawreview.org/explaining-state-constitutional-change/. Zugegriffen: 10. Juni 2015.

Träger, H. (2012). Der niedersächsische Landtag: Regieren auch mit knapper Mehrheit. In S. Mielke & W. Reutter (Hrsg.), *Landesparlamentarismus. Geschichte – Struktur – Funktionen* (2. Aufl., S. 359–398). Wiesbaden: VS Verlag.

Turner, E. (2011a). *Political parties and public policy in the German Länder – When parties matter*. Basingstoke: Palgrave Macmillan.

Turner, E. (2011b). Territory and party: Explaining public policy variation the the German Länder. Paper presented to the American Political Science Association Annual Conference. 1st-4th September 2011, Seattle. http://ssrn.com/abstract=1902861. Zugegriffen: 10 Juli 2015.

Wagemann, C., & Schneider, C. Q. (2007). Standards of good practice in Qualitative Comparative Analysis (QCA) and fuzzy sets. COMPASSS Working Paper 2007-51. http:// www.compasss.org/wpseries/WagemannSchneider2007.pdf. Zugegriffen: 15. Dez. 2015.

Westle, B. (2009). Forschungsdesigns. In B. Westle (Hrsg.), *Methoden der Politikwissenschaft* (S. 133–155). Baden-Baden: Nomos.

Verfassungspolitik in Bundesländern: Ergebnisse und Schlussfolgerungen

5

Mit dieser Studie wird zum ersten Mal die Verfassungspolitik in den Bundesländern umfassend untersucht. Aber nicht nur der Gegenstand der Analysen ist neu. Denn gleichzeitig wird in mehrerlei Hinsicht methodisches Neuland betreten. Die Untersuchung fußte nicht nur auf den üblichen Analyseverfahren, mit denen Verfassungsänderungen meist erklärt werden, sondern sie umfasst auch Forschungsdesigns, die bisher noch nicht herangezogen wurden, um Anzahl und Reichweite von Verfassungsänderungen zu erklären und um notwendige und/oder hinreichende Bedingungen dafür zu identifizieren. Schließlich kommt hinzu, dass die zentrale Fragestellung nach den Ursachen für Verfassungsänderungen in den Bundesländern Gegenstand einer Triangulation war. Es wurden unterschiedliche Theorien geprüft sowie variierende Daten und Datenerhebungsmethoden herangezogen; darüber hinaus bezogen sich die durchgeführten Analysen – je nach Design – auf eine variierende Anzahl von Fällen und spezifische Falltypen, und schließlich wurden die erhobenen Daten mit divergierenden Verfahren ausgewertet (Tab. 5.1).

Es kann vor diesem Hintergrund kaum überraschen, dass Befunde und Schlussfolgerungen der Teilanalysen keineswegs immer konvergieren. Zwar wird stets derselben Frage nach den Ursachen für Verfassungsänderungen nachgegangen, doch fallen die Antworten nicht immer identisch aus. In dem abschließenden Kapitel gilt es daher, die Ergebnisse zusammenfassend zu diskutieren, auf Unterschiede oder auch Widersprüche zwischen den Teilanalysen hinzuweisen sowie daraus Schlussfolgerungen für die herangezogenen Theorien und die weitere Forschung zu ziehen. Dies erfolgt in zwei Schritten: Zuerst werden noch einmal methodische Aspekte der Untersuchung dargestellt sowie die Vor- und Nachteile des gewählten Methodenmixes diskutiert (Abschn. 5.1). Darauf aufbauend werden die wesentlichen Befunde der durchgeführten Analysen skizziert sowie der

Tab. 5.1 Forschungsdesign, Untersuchungseinheit, Falltyp und Datengrundlagen

Methode	Design	Untersuchungseinheit	Falltyp	Anzahl Fälle	Datengrundlagen	Kapitel
Qualitativ	Fallvergleich	Verfassungspolitik in Bundesländern	„Gefunden"	8	Experteninterviews; Parlamentaria	4.1
csQCA	Qualitativer Vergleich	Verfassungsändernde Gesetzgebungsverfahren	„Gefunden"	22	Experteninterviews; Parlamentaria	4.2
fsQCA	Qualitativer Vergleich	Verfassungsänderungen in Bundesländern	„Gemacht"	16	Experteninterviews; Parlamentaria; weitere statistische Daten	4.3
Quantitativ	Statistische Analyse	Verfassungsänderungen in Wahlperioden	„Objekte"	210	Parlamentaria; weitere statistische Daten	4.4

Quelle: Eigene Darstellung

Erklärungsgehalt der theoretischen Debatten herausgearbeitet. Darauf aufbauend werden tentative Schlussfolgerungen gezogen und mögliche Forschungsperspektiven aufgezeigt (Abschn. 5.2).

5.1 Triangulation und Analysen von Verfassungspolitik

Unter einer Triangulation wird meist verstanden, einen Gegenstand mit mehreren Methoden zu untersuchen (Denzin 1989; U. Flick 2009, 2011). Die verbreitete Vorstellung besteht mithin darin, eine Hypothese mit unterschiedlichen Daten zu überprüfen und zu testen. Für die vorliegende Untersuchung greift dieses Verständnis zu kurz. Denn herangezogen wurden nicht nur mehrere Methoden; vielmehr wurde die Forschungsfrage im Rahmen von unterschiedlichen Forschungsdesigns zu beantworten versucht. Die vorliegende Studie zu den Verfassungsänderungspolitiken in den deutschen Bundesländern fußt also nicht nur auf unterschiedlichen Datenquellen, Erhebungsmethoden und Auswertungsverfahren, sondern sie beleuchtet den Gegenstand aus unterschiedlichen theoretischen Perspektiven. Mehr noch: Sie kombiniert X- und Y-zentrierte Forschungsperspektiven, was unmittelbar Folgen hat für die Untersuchungseinheiten sowie für die Art und Anzahl der Fälle (Ganghof 2005; Westle 2009). Es geht mithin nicht – nur – darum, eine Hypothese oder mehrere Hypothesen mit quantitativen und qualitativen Methoden zu verifizieren und dadurch die Validität von Befunden zu erhöhen. Vielmehr ist Ziel der durchgeführten Triangulation, das Verständnis für den Untersuchungsgegenstand zu vertiefen und dadurch gegebenenfalls theoretische Erkenntnisse zu erweitern.

Tab. 5.1 verdeutlicht die trianguläre Herangehensweise und macht gleichzeitig auf den methodologischen Pluralismus aufmerksam, der sich unter anderem darin niederschlägt, dass drei Forschungsdesigns zur Anwendung kommen: qualitativ rekonstruierte Fallanalysen, der Vergleich mittels QCAs sowie statistische Analysen. Dieser Methodenmix bleibt selbstredend nicht ohne Folgen auf die zu untersuchenden Gegenstände sowie auf Art und Typ der Fälle. Der qualitative Fallvergleich nimmt verfassungspolitische Gesetzgebungsprozesse als Untersuchungsgegenstand in den Blick, die csQCA untersucht den Erfolg bzw. Misserfolg von verfassungsändernden Gesetzgebungsverfahren zur Schuldenbremse, die fsQCA identifiziert die notwendigen und hinreichenden Bedingungen für Verfassungsänderungen in allen 16 Bundesländern, und die statistische Analyse stützt sich auf verabschiedete Verfassungsnovellen in 210 Wahlperioden. Mit der Triangulation wird folglich nicht nur die bloße Validierung qualitativer Forschungsergebnisse angestrebt, vielmehr resultiert aus dem Methodenmix ein komplexes

Bild über den untersuchten Gegenstand. Es geht also im Sinne Denzins (1989, S. 235) um *„sophisticated rigor"*, mithin darum, derselben Frage mit unterschiedlichen Methoden, Daten und Ansätzen, aber immer möglichst objektiv nachzugehen. Triangulation wird damit zu einer Forschungsstrategie, um den untersuchten Gegenstand besser und umfassender zu verstehen, aber nicht mehr darum, spezifische Hypothesen zu testen oder Ergebnisse zu validieren (U. Flick 2011, S. 20; Creswell 2014, S. 215 ff.; Kuckartz 2009).

Eine solche forschungsstrategische Herangehensweise hat sich in der vorliegenden Untersuchung grundsätzlich bewährt; sie weist aber auch einige Schwächen auf (Pickel 2009; Johnson und Onwuegbuzie 2004). Zuerst zu den Schwächen, die in der vorliegenden Untersuchung latent vorhanden oder manifest geworden sind. Offensichtlich ist, dass ein solcher Ansatz ressourcen- und zeitintensiv ist (Pickel 2009; U. Flick 2011, S. 97 ff.). Es müssen nicht nur unterschiedliche Daten erhoben und ausgewertet werden, sondern die Methoden sind auch entsprechend anzuwenden. Hinzu kommt, dass dem Autor keineswegs alle Methoden in gleicher Weise geläufig sind. So hätte die Regressionsanalyse ohne die Hilfe von C. Engel (Universität Leipzig) nicht durchgeführt werden können. Schließlich ist zu erwähnen, dass die Analysen zu Befunden und Schlussfolgerungen führen, die sich nicht ohne Weiteres in Einklang bringen lassen, sich teilweise sogar widersprechen. Darauf wird noch einzugehen sein.

Diesen Nachteilen stehen gewichtige Vorteile gegenüber, die sich aus der Triangulation ergeben. Besonders positiv fällt ins Gewicht, dass Schwächen oder Defizite der einen Methode zwar nicht ausgeglichen, aber doch gemindert werden können durch die Anwendung einer anderen Methode. So ließen sich durch die qualitativen Fallstudien wichtige Dimensionen herausarbeiten, die die verfassungsändernden Gesetzgebungsverfahren in den Bundesländern geprägt haben und die weder in den QCAs noch in der Regressionsanalyse eingehen konnten, einfach weil dazu keine entsprechenden messbaren Indikatoren vorliegen. Die Ergebnisse, die sich in der Zusammenschau ergeben, können sich mithin ergänzen und ein umfassenderes Bild der Verfassungspolitik in den Bundesländern vermitteln, als dies mit der Anwendung einer einzigen Methode hätte gezeichnet werden können. Dies gilt auch für die vorliegende Studie – unbeschadet der erwähnten Einschränkung. Denn die unterschiedlichen Analysen gelangen nur teilweise zu ähnlichen Schlussfolgerungen. Anders gesagt: Divergierende Ergebnisse, die sich aus unterschiedlichen Analysen ergeben, können methodisch bedingt sein und etwa aus den variierenden Untersuchungseinheiten resultieren. Das gewählte Vorgehen führt aber notwendigerweise dazu, die eigenen Ergebnisse vorsichtig zu interpretieren. Triangulation oder Methodenpluralismus befördert mithin die Tendenz zum kritischen Rationalismus. Kritik ist dieser Vorgehensweise immanent.

Der „Fortschritt", wenn es denn ein solcher ist, besteht mithin nicht darin, dass der aktuelle Forschungsstand „vorangetrieben" wird, was für Gschwend und Schimmelfennig (2007, S. 15) das zentrale Kriterium für relevante Forschung ist, sondern darin, dass der Forschungsstand auf eine solidere Grundlage gestellt wird. Gleichwohl gilt grundsätzlich, dass dem prinzipiellen Ziel empirischer Forschung, einen Gegenstand besser verstehen und erklären zu können, mit einer triangulären Forschungsstrategie eher entsprochen werden kann als mit einer einzigen Methode. Dieses Ziel hat die Untersuchung kontinuierlich im Blick behalten. Immer wieder wurden in der einschlägigen Literatur vertretene Auffassungen über Ursachen von Verfassungsänderungen kritisch diskutiert, bestätigt oder zurückgewiesen. Insoweit hat sich die Triangulation als Forschungsstrategie in der vorliegenden Untersuchung mehr als bewährt.

Triangulation als Forschungsstrategie ist für die qualitative Forschung ebenso von Bedeutung wie für quantitative Analysen, die durch die Methodenkombination eine Ergänzung erfahren können. Dies trifft für die vorliegende Studie in besonderer Weise zu. So ist etwa die in einschlägigen Studien festzustellende Konzentration auf verabschiedete Verfassungsnovellen auch dem Umstand geschuldet, dass diese einfacher zu erheben sind als Gesetzesinitiativen, die bereits in der ersten Lesung scheitern. Zudem sind Daten, die sich auf angenommene Verfassungsänderungen beziehen, in hohem Maße vergleichbar. Änderungen von Verfassungen werden ausgewiesen und können inhaltlich und zeitlich rekonstruiert werden. Mit einem triangulären Ansatz lassen sich aber über die Verabschiedung einer Verfassungsänderung hinausgehende Aspekte ausleuchten. So haben etwa die rekonstruierenden Fallstudien auf den Prozesscharakter der Verfassungsänderungspolitiken in den Bundesländern aufmerksam gemacht, wodurch der in einschlägigen Studien betonte dezisionistische Bias relativiert und korrigiert werden konnte. Verfassungspolitik in den Bundesländern erschöpft sich folglich keineswegs in den angenommenen Novellen, sondern umfasst auch abgelehnte oder nicht verabschiedete Gesetzentwürfe. Theoretisch erweitert sich damit der Blick von konsens- auf mehrheitsdemokratische Dimensionen in diesem Politikfeld. Dabei geht es nicht darum, ein Phänomen erschöpfend erfassen und erklären zu wollen (U. Flick 2009, S. 311). Gleichwohl verfügt ein triangulärer Ansatz über das Potenzial, theoretische Debatten auf ein höheres Niveau zu heben, weil mehr Aspekte und Dimensionen berücksichtigt werden können.

5.2   Verfassungspolitik in den Bundesländern: Befunde, Schlussfolgerungen und Forschungsperspektiven

Wie in Abschn. 2.2 erläutert, waren mehrere theoretische Konzepte Grundlage für die empirischen Untersuchungen. Folgt man Paul Feyerabend (1986), kann ein solcher Theorienpluralismus einen Erkenntnisfortschritt ermöglichen, weil er erlaubt, divergierende, sich vielleicht sogar widersprechende Erklärungsansätze zu kontrastieren. Dies setzt allerdings voraus, dass sich diese theoretischen Ansätze in kompatible Forschungsdesigns übersetzen lassen (Ganghof 2016). Wie die weitere Darstellung zeigen wird, ist dies ein voraussetzungsvolles Unterfangen, das sich in der vorliegenden Untersuchung nicht vollständig realisieren ließ. Vielmehr zeigt die zusammenfassende und die unterschiedlichen Analysen kontrastierende Darstellung, dass die Triangulation, mit der die vier theoretischen Ansätze untersucht und empirisch überprüft wurden, in der Lage ist, Defizite und Desiderate der einzelnen Herangehensweisen zu identifizieren. Darüber hinaus lassen sich auf dieser Grundlage Forschungsperspektiven entwickeln und Schlussfolgerungen ziehen, die über den untersuchten Gegenstand hinausweisen.[1]

Zuerst zu nennen ist ein in einschlägigen Untersuchungen häufig auftretender methodologischer Bias, der insbesondere in den vergleichenden Fallstudien herausgearbeitet werden konnte (Abschn. 4.1). Denn eine große Anzahl von politikwissenschaftlichen Studien über Verfassungsänderungen zeichnet sich durch eine empirische Engführung aus. Sie beziehen sich allein auf verabschiedete Verfassungsnovellen. Eine solche empirische Engführung unterstellt in dem hier untersuchten Politikfeld eine dezisionistische Auffassung von Politik, weil allein das Ergebnis von Entscheidungen als relevant und erklärungsbedürftig erscheint. Gleichzeitig privilegiert sie konsensdemokratische Deutungs- und Interpretationsmuster, weil allein Entscheidungen, die einen lagerübergreifenden Konsens erfordern, für die Analyse relevant werden können. Es spricht daher viel dafür, in Untersuchungen über Änderungen von Verfassungen auch abgelehnte Entwürfe einzubeziehen, da auch *Nondecisions* (Bachrach und Baratz 1962) oder negative Entscheidungen und die damit zusammenhängenden Prozesse Aussagen erlauben über den Charakter des Politikfeldes, über die Form der politischen Willensbildung und demokratietypologische Dimensionen.[2]

---

[1]Für das Weitere vgl. auch Reutter (2016, 2017a, b, 2018); Reutter und Lorenz (2016).

[2]Bezogen auf die im Zuge der Föderalismusreform beschlossenen Grundgesetzänderungen vgl. auch: Behnke und Benz (2009); Behnke und Kropp (2016); Benz (2013).

Mit der erwähnten empirischen Engführung zusammen hängt eine zweite wichtige Schlussfolgerung. Denn Verfassungsänderungen in der Bundesrepublik Deutschland werden meist als eine Manifestation des „Grand Coalition State" (Schmidt 2008, 2011, S. 41 f.) betrachtet. Diese Interpretation, die sich vor allem auf Analysen zu Grundgesetzänderungen bezieht, stützt sich im Wesentlichen auf zwei Argumente: auf das erhöhte Mehrheitserfordernis für Grundgesetzänderungen und darauf, dass Bundesrat und Bundestag zustimmen müssen. Mit beiden Argumenten lässt sich begründen, dass in der Verfassungspolitik lagerübergreifende Verhandlungszwänge und Kompromisse dominieren. Eine Verfassungsänderung kann folglich nur Ergebnis sein von konsensdemokratischer Politik und von „consensual policy-making", das, so Manfred G. Schmidt (2011, S. 333), quer steht „zu den Prinzipien der Konkurrenz und zur Mehrheitsregel, die im Parteienwettbewerb und bei Wahlen vorherrschen."

Dieses grundsätzlich konsensdemokratisch grundierte Verständnis der politischen Willensbildung und Entscheidungsfindung in der Bundesrepublik Deutschland weist allerdings drei Verkürzungen auf: Erstens beschränkt es sich auf die Bundesebene. Der Staat der Großen Koalition und die deutsche Konsensdemokratie sind sozusagen Bundesangelegenheiten. Landespolitik spielt in dieser Perspektive keine Rolle. Dies gilt jedenfalls für das hier untersuchte Politikfeld. Zweitens findet die Auffassung, dass in Politikbereichen, die eine Zweidrittelmehrheit verlangen, Konsens und Kompromiss dominieren, in den oben vorgestellten Analysen keine umfassende Bestätigung. Vielmehr konnte in den rekonstruierenden Fallvergleichen gezeigt werden, dass Gesetzgebungsverfahren keineswegs durchgängig dem qualifizierten Mehrheitsprinzip untergeordnet sind. Auch die Regressionsanalyse und die beiden QCAs verweisen auf mehrheitsdemokratische Imperative in diesem Politikfeld. Insbesondere lässt sich nicht davon sprechen, dass der Parteienwettbewerb subsituiert wird und allein konsensdemokratische Entscheidungsmuster dominieren. Es zeigt sich sogar, dass auch dort, wo Kompromisse notwendig sind, wettbewerbliche Handlungsmotive vermutet werden können. Drittens, auf der hier untersuchten staatlichen Ebene lassen sich Vetospieler in dem von G. Tsebelis (1995, 2002) definierten Sinne nicht ausmachen. Es gibt keine Institutionenstruktur, die die Akteure zu Verhandlungen oder zu Kompromissen zwingt. Vielmehr lassen sich mit A. Kaiser lediglich politische „Vetopunkte" identifizieren, die aufgrund des erhöhten Mehrheitserfordernisses zum Tragen kommen können, wenn die Akteure, sprich: die Parteien/Fraktionen, sie in Anspruch nehmen. Der „Schatten der qualifizierten Mehrheit" dominiert daher vor allem in den Verfahren, die zu einer Verfassungsänderung führen. Bei allen anderen – und das ist die Mehrheit – spielt diese konsensdemokratische *Conditio sine qua non* keine Rolle. In beiden QCAs ebenso wie in der Regressionsanalyse leisten Bedingungen bzw. Variablen, die eine konsensdemokratische Erklärung für Verfassungsänderungen untermauern könnten, keinen relevanten Beitrag zur Erklärung von Verfassungsänderungen. Weder starke Volksparteien noch eine lange Regierungszeit von großen Koalitionen lassen sich als ursächlich für das Outcome qualifizieren.

Ebenso konnte mit der csQCA und der fsQCA herausgearbeitet werden, dass eine konsensuale Prägung, regierende Große Koalitionen oder eine hohe Anzahl effektiver Parteien, die nach Arend Lijphart (1999, S. 62 ff.) als Merkmal von Konsensdemokratien gelten, hinreichende oder notwendige Bedingungen sind, um Verfassungsänderungen zu erklären. Zu anderen Ergebnissen führte die Regressionsanalyse. Zwar hat offenbar die Stärke der Volksparteien – gemessen über die Konzentration – keinen Einfluss auf die Häufigkeit von Verfassungsänderungen. Allerdings sind die Zusammenhänge zwischen Fragmentierung, starken Regierungen und Anzahl von Verfassungsänderungen auf dem 5- bzw. dem 10-Prozent-Niveau zumindest signifikant, auch wenn sie nur einen kleinen Teil der Varianz auf der abhängigen Variablen erklären können. In den rekonstruierenden Fallstudien konnte gezeigt werden, dass Parteien als zentrale Akteure von Bedeutung sind. Doch lässt sich auf dieser Grundlage nicht sagen, ob und inwieweit die Struktur eines Parteiensystems sich auf Häufigkeit und Reichweite von Verfassungsänderungen niederschlagen. Es konnte jedoch herausgearbeitet werden, dass wettbewerbliche Motive auch in dem konsensdemokratischen Politikfeld von großer Bedeutung sind und zwar unabhängig davon, ob ein Entwurf erfolgreich ist oder nicht. Insgesamt zeigen die Analysen, dass Konsens und Kompromiss Ergebnis sind von in hohem Maße kontingenten Entscheidungsprozessen. Konsensuale Willensbildung und Entscheidungsfindung scheinen auf der Ebene der Bundesländer mithin anderen Funktionsprinzipien zu gehorchen als im Bund. Sie lassen sich auf jeden Fall nicht über die institutionelle Struktur des politischen Systems herleiten.

Drittens gilt es, verfassungstheoretische Aspekte stärker als bisher zu berücksichtigen. Verfassungstheoretische Ansätze etwa von Kelsen (1960), Schmitt (1993) oder Smend (2010) gründen vor allem in der grundsätzlichen Funktionsbestimmung rechtlicher Grundordnungen, die integrations- und ordnungsstiftend wirken sollen. Gleichwohl lassen sich aus den genannten Konzepten keine für die vorliegende Untersuchung überprüfbaren Thesen ableiten. Empirische Studien, in denen Verfassungsänderungen Gegenstand waren, nehmen daher bestenfalls indirekt Bezug auf verfassungs- oder staatstheoretische Großtheorien (Lhotta 1998; Grimm 2007; Fusaro und Oliver 2011; Löwenstein 1961; Busch 1999, 2006; Banting und Simeon 1985; Contiades 2013; Contiades und Fotiadou 2013; Karlsson 2015). Vielmehr beziehen sie sich auf spezifische Merkmale von Verfassungen als Ausgangspunkt für Analysen und Erklärungen. Insbesondere

Alter, Länge und Rigidität der Verfassungen spielen in diesen Untersuchungen eine Rolle (Lutz 1994; Lorenz 2008; M. Flick 2008).

Die daraus abgeleiteten Thesen ließen sich in der vorliegenden Untersuchung allerdings keineswegs mit allen Analysen in gleicher Weise überprüfen. In den prozess- und entscheidungsorientierten Fallstudien (Abschn. 4.1) konnte nur eine der genannten Dimensionen als Faktor empirisch berücksichtigt werden, nämlich das erhöhte Mehrheitserfordernis, sprich: die Rigidität, die gleichzeitig für viele als Faktor gilt, um Verfassungspolitik insgesamt als konsensdemokratisch zu qualifizieren. Alter und Länge einer Verfassung ließen sich in den Fallstudien als relevante Faktoren zur Erklärung von Verfassungsänderungen weder in einer überprüfbaren Form berücksichtigen noch als kausal für Anzahl und Reichweite von Verfassungsänderungen bestimmen. Anders fallen die Ergebnisse sowohl in der fsQCA als auch in der Regressionsanalyse aus. Hier konnte herausgearbeitet werden, dass alle drei Faktoren eine Rolle spielen können, wenn auch in variierender Bedeutung. Folgt man den Ergebnissen der Regressionsanalysen, sind insbesondere Rigidität und vor allem Alter von kausaler Bedeutung für die Anzahl von Verfassungsänderungen, auch wenn diese Variablen insgesamt nur rund 6 % der Varianz auf der abhängigen Variable erklären können. Insgesamt bestätigen die Analysen die Vermutung, dass sich Verfassungsänderungen durch Merkmale der Verfassungen selbst erklären lassen. Für diese generelle These fanden sich in allen vier Analysen Belege. Unklar bleiben muss jedoch, welches Merkmal in welchem Ausmaß sich auf Häufigkeit und Reichweite von Verfassungsänderungen auswirkt.

Aus diesen Befunden lassen sich drei Schlussfolgerungen ableiten: Das untersuchte Politikfeld zeichnet sich, erstens, durch eine „unique combination" von mehrheits- und konsensdemokratischen Entscheidungsmustern aus (Schmidt 2008, S. 87; vgl. auch Katzenstein 1987; Schmidt 1987, 1996; McRae 1997). Die „einzigartige Kombination", mit der Manfred G. Schmidt den bundesdeutschen Grand Coalition State grundsätzlich beschreiben will, besteht in dem hier untersuchten Politikfeld darin, dass kooperatives Verhalten und Verhandlungen wettbewerbliche Motive und konfliktorientierte Strategien keineswegs ausschließen. Hier folgt die Verfassungspolitik den Funktionsprinzipien, die auch bei einfacher Gesetzgebung wirksam scheinen. Daraus folgt, zweitens, dass Institutionen, wie André Kaiser hervorhebt, nicht „per se Vetoeffekte besitzen, sondern Akteure sich dieser bedienen können, wenn sie dies wollen" (Kaiser 1998, S 539). Anders gesagt: Aus einer institutionellen Struktur lässt sich nicht auf Verhalten schließen. Institutionell bedingte Kooperationszwänge können, müssen aber nicht zu Verhandlungen führen. In der Verfassungspolitik in den Bundesländern ist dies sogar die Regel: Denn das für eine Verfassungsänderung festgelegte erhöhte Mehrheitserfordernis hat nur bei einer Minderheit der Gesetzgebungsverfahren kooperatives Verhalten zwischen Minderheits- und Mehrheitsfraktionen provoziert. „Vetopunkte" im Sinne Kaisers eröffnen mithin Handlungsoptionen, sie erzwingen keine Handlungsstrategien. Drittens stellen die Befunde insbesondere der prozessorientierten Analyse (Abschn. 4.1) infrage, ob und inwieweit mit dem Begriffspaar des Rede- und Arbeitsparlamentes sich die parlamentarische Wirklichkeit in den Bundesländern erschöpfend erfassen lässt. Insbesondere bei nicht verabschiedeten Entwürfen entspricht die parlamentarische Praxis keineswegs dem idealtypischen Bild. Fachliche Beratung in den Ausschüssen und diskursive Debatten im Plenum sind in solchen verfassungsändernden Gesetzgebungsverfahren nicht selten auf ein Minimum reduziert und entsprechen eher dem Typus eines „rationalisierten" Parlaments, bei dem der Aufwand auf das formal Unerlässliche beschränkt wird.

Zu ähnlichen Schlussfolgerungen gelangt man, wenn der Einfluss des Bundesstaates auf die Verfassungspolitik der Länder untersucht wird (Benz 2011; Reutter 2014; Lorenz 2015). Auch hier kommen die präsentierten Analysen zu keinen eindeutigen Ergebnissen. Während in den vergleichenden Fallstudien ein Ebenen übergreifender Einfluss nicht erkennbar ist, lassen sich auf Grundlage der csQCA zumindest bei den untersuchten Gesetzgebungsverfahren zur Übernahme der Schuldenbremse in die Landesverfassungen durchaus Effekte erkennen. Die fsQCA und die Regressionsanalysen bestätigen jedoch die qualitativen Fallstudien. Danach sind keine klaren kausalen Beziehungen zwischen den beiden verfassungspolitischen Ebenen erkennbar. Dies mag vor dem Hintergrund des Forschungsstandes zum Föderalismus überraschen, verweist gleichwohl auf ein Doppeltes. Zum einen stellen die Befunde eine methodische Herausforderung dar. Im Verlaufe der Untersuchung stellte sich immer wieder das Problem, wie Effekte von Mehrebenensystemen operationalisiert werden können. Anders gesagt: Wann transformiert sich eine Rahmenbedingung oder ein Entscheidungsdatum in einen kausalen Faktor oder einen Entscheidungsgrund? Dies scheint mir methodisch ungeklärt. Denn ohne eine entsprechende Operationalisierung dieses Zusammenhanges lässt sich der Einfluss des Bundes auf Landespolitik in dem hier untersuchten Politikfeld zwar mit guten Gründen behaupten, aber überzeugend nicht belegen. Zum anderen ist zu betonen, dass die Bundesländer zumindest in bestimmten Politikfeldern über ein großes Maß an Autonomie verfügen. Der deutsche Föderalismus ist mithin ein flexibles Ordnungssystem (Benz 1985). Das vorherrschende Paradigma, das den deutschen Bundesstaat als einen „verkappten Einheitsstaat" (Abromeit 1992) mit starken Unitarisierungstendenzen interpretiert, „appears inappropriate or at least insufficient" (Jeffery et al. 2014, S. 1361; vgl. auch Turner 2011). Politikergebnisse lassen sich ohne die Berücksichtigung landesspezifischer Faktoren mithin nicht erklären, zumindest in den

Feldern, in denen die Bundesländer über eigenständige Kompetenzen verfügen. Es gilt also nicht nur die Einheit in der Vielfalt zu erklären, sondern auch die Vielfalt in der Einheit zu berücksichtigen!

Literatur

Abromeit, H. (1992). *Der verkappte Einheitsstaat*. Opladen: Westdeutscher Verlag.

Bachrach, P., & Baratz, M. S. (1962). Two faces of power. *American Political Science Review, 56*(4), 947–952.

Banting, K. G., & Simeon, R. (1985). Introduction: The politics of constitutional change. In K. G. Banting & R. Simeon (Hrsg.), *The politics of constitutional change in industrial nations* (S. 1–29). London: Macmillan.

Behnke, N., & Benz, A. (2009). The politics of constitutional change between reform and evolution. *Publius: The Journal of Federalism, 39*(2), 213–240.

Behnke, N., & Kropp, S. (2016). Arraying institutional layers in federalism reforms: Lessons from the German case. *Regional and Federal Studies, 26*(5), 585–602. https://doi.org/10.1080/13597566.2016.1236026.

Benz, A. (1985). *Föderalismus als dynamisches System*. Opladen: Westdeutscher Verlag.

Benz, A. (2011). Das Zusammenspiel der Ebenen beim expliziten und impliziten Verfassungswandel. In C. Hönnige, S. Kneip, & A. Lorenz (Hrsg.), *Verfassungswandel im Mehrebenensystem* (S. 21–40). Wiesbaden: VS Verlag.

Benz, A. (2013). Balancing rigidity and flexibility: Constitutional dynamics in federal systems. *West European Politics, 26*(4), 726–749.

Busch, A. (1999). Das oft geänderte Grundgesetz. In A. Busch & W. Merkel (Hrsg.), *Demokratie in Ost und West. Festschrift für Klaus von Beyme* (S. 549–574). Frankfurt a. M.: Suhrkamp.

Busch, A. (2006). Verfassungspolitik: Stabilität und permanentes Austarieren. In M. G. Schmidt & R. Zohlnhöfer (Hrsg.), *Regieren in der Bundesrepublik Deutschland* (S. 33–56). Wiesbaden: VS Verlag.

Contiades, X. (2013). Constitutional change engineering. In X. Contiades (Hrsg.), *Engineering constitutional change. A comparative perspective on Europe, Canada and the USA* (S. 1–6). London: Routledge.

Contiades, X., & Fotiadou, A. (2013). Models of constitutional change. In X. Contiades (Hrsg.), *Engineering constitutional change. A comparative perspective on Europe Canada and the USA* (S. 417–468). London: Routledge.

Creswell, J. (2014). *Research design. Qualitative, quantitative and mixed methods approaches* (4. Aufl.). Thousand Oaks: Sage.

Denzin, N. K. (1989). *The research act. A theoretical introduction to sociological methods* (3. Aufl.). Englewood Cliffs: Prentice Hall.

Feyerabend, P. (1986). *Wider den Methodenzwang*. Frankfurt a. M.: Suhrkamp.

Flick, M. (2008). Landesverfassungen und ihre Veränderbarkeit. In M. Freitag & A. Vatter (Hrsg.), *Die Demokratien der deutschen Bundesländer. Politische Institutionen im Vergleich* (S. 221–236). Opladen: Budrich.

Flick, U. (2009). Triangulation in der qualitativen Forschung. In U. Flick, E. v. Kardorff, & I. Steinke (Hrsg.), *Qualitative Forschung. Ein Handbuch* (7. Aufl., S. 309–318). Reinbek bei Hamburg: Rowohlt.

Flick, U. (2011). *Triangulation. Eine Einführung* (3. Aufl.). Wiesbaden: VS Verlag.

Fusaro, C., & Oliver, D. (2011). Towards a theory of constitutional change. In D. Oliver & C. Fusaro (Hrsg.), *How constitutions change. A comparative study* (S. 405–433). Oxford: Hart Publishing.

Ganghof, S. (2005). Kausale Perspektiven in der vergleichenden Politikwissenschaft: x-zentrierte und y-zentrierte Forschungsdesigns. In. S. Kropp & M. Minkenberg (Hrsg.), *Vergleichen in der Politikwissenschaft* (S. 76–93), Wiesbaden: VS Verlag.

Ganghof, S. (2016). Forschungsdesign in der Politikwissenschaft – Kausale Perspektiven versus kontrastive Theorietests. *Österreichische Zeitschrift für Politikwissenschaft, 45*(1). https://doi.org/10.15203/ozp.1037.vol45iss1.

Grimm, D. (2007). Ist das Verfahren der Verfassungsänderung selbst änderungsbedürftig? (Interview). *Humboldt-Forum Recht, 20,* 1–8. https://www.humboldt-forum-recht.de/media/Druckansicht/pdf/2007-20.pdf. Zugegriffen: 15. März 2015.

Gschwend, T., & Schimmelfennig, F. (2007). Forschungsdesign in der Politikwissenschaft. Ein Dialog zwischen Theorie und Daten. In T. Gschwend & F. Schimmelfennig (Hrsg.), *Forschungsdesign in der Politikwissenschaft. Probleme, Strategien, Anwendungen* (S. 13–35). Frankfurt a. M.: Campus.

Jeffery, C., Pamphilis, N. M., Rowe, C., & Turner, E. (2014). Regional policy variation in Germany: The diversity of living conditions in a "unitary federal state". *Journal of European Public Policy, 21*(9), 1350–1366.

Johnson, R. B., & Onwuegbuzie, A. J. (2004). Mixed method research: A research paradigm whose time has come. *Educational Researcher, 33*(7), 14–26.

Kaiser, A. (1998). Vetopunkte der Demokratie. Eine Kritik neuerer Ansätze der Demokratietypologie und ein Alternativvorschlag. *Zeitschrift für Parlamentsfragen, 29*(3), 525–541.

Karlsson, C. (2015). Explaining constitutional change: Making sense of cross-national variation among European Union member states. *Journal of European Public Policy, 23*(2), 255–275. https://doi.org/10.1080/13501763.2015.1043323.

Katzenstein, P. J. (1987). *Policy and politics in West Germany. The growth of a semisovereign state*. Philadelphia: Temple University Press.

Kelsen, H. (1960). *Reine Rechtslehre: Einleitung in die rechtswissenschaftliche Problematik* (2., vollständig neu bearbeitete und erweiterte Aufl.). Wien: Deuticke (Erstveröffentlichung 1934).

Kuckartz, U. (2009). Methodenkombination. In B. Westle (Hrsg.), *Methoden der Politikwissenschaft* (S. 352–362). Baden-Baden: Nomos.

Lhotta, R. (1998). Verfassungsreform und Verfassungstheorie: Ein Diskurs unter Abwesenden? *Zeitschrift für Parlamentsfragen, 29*(1), 159–179.

Lijphart, A. (1999). *Patterns of democracy. Government forms and performance in thirty-six countries*. New Haven: Yale University Press.

Loewenstein, K. (1961). *Über Wesen, Technik und Grenzen der Verfassungsänderung*. Berlin: De Gruyter.

Lorenz, A. (2008). *Verfassungsänderungen in etablierten Demokratien. Motivlagen und Aushandlungsmuster*. Wiesbaden: VS Verlag.

Lorenz, A. (2015). Rights of minors and constitutional politics in the German Länder. Legal framework, party strategies, and constitutional amendments. *Perspectives on Federalism, 7*(1), 1–29. http://www.on-federalism.eu/attachments/206_download.pdf. Zugegriffen: 10. Juli 2016.

Lutz, D. S. (1994). Toward a theory of constitutional amendment. *American Political Science Review, 88*(2), 355–370.

McRae, K. D. (1997). Contrasting styles of democratic decision-making: Adversarial versus consensual politics. *International Political Science Review, 18*(3), 279–295.

Pickel, S. (2009). Die Triangulation als Methode der Politikwissenschaft. In S. Pickel, G. Pickel, H.-J. Lauth, & D. Jahn (Hrsg.), *Methoden der vergleichenden Politik- und Sozialwissenschaft. Neue Entwicklungen und Anwendungen* (S. 523–548). Wiesbaden: VS Verlag.

Reutter, W. (2014). Multilevel systems and sub-national constitutional politics in Germany: A qualitative comparative analysis. *Perspectives on Federalism, 6*(2), 215–243. http://www.on-federalism.eu/attachments/186_download.pdf. Zugegriffen: 1. Okt. 2016.

Reutter, W. (2016). Verfassungspolitik in Baden-Württemberg. Ergebnis konsensdemokratischer Zwänge oder normale Politik mit anderen Mitteln? *Zeitschrift für Politikwissenschaft, 26*(2), 131–151. https://doi.org/10.1007/s41358-016-0030-7.

Reutter, W. (2017a). The changeableness of subnational constitutions: A qualitative comparative analysis. *Government and Opposition.* https://doi.org/10.1017/gov.2016.45.

Reutter, W. (2017b). Landesparlamente im unitarischen Bundesstaat: „Machtlosigkeit" und „unheilige Allianz". *Österreichische Zeitschrift für Politikwissenschaft, 46*(4), 1–15. https://doi.org/10.15203/ozp.2390.vol46iss4.

Reutter, W. (2018). Parlamentarische Opposition und Verfassungspolitik in den Bundesländern. Politische Minderheiten in einem konsensdemokratischen Politikfeld. In S. Bröchler, M. Glaab, & H. Schöne (Hrsg.), *Kritik, Kontrolle, Alternative. Was leistet die Opposition?* Wiesbaden: Springer (im Druck).

Reutter, W., & Lorenz, A. (2016). Explaining the frequency of constitutional change in the german Länder: Institutional and party factors. *Publius: The Journal of Federalism, 46*(1), 103–127. https://doi.org/10.1093/publius/pjv041.

Schmidt, M. G. (1987). West Germany: The politics of the middle way. *Journal of Public Policy, 7*(2), 139–177.

Schmidt, M. G. (1996). When parties matter: A review of possibilities and limits of partisan influence on public policy. *European Journal of Political Research, 30*(2), 155–183.

Schmidt, M. G. (2008). Germany. The grand coalition state. In J. M. Colomer (Hrsg.), *Comparative European Politics* (3. Aufl, S. 58–92). London: Routledge.

Schmidt, M. G. (2011). *Das politische System Deutschlands. Institutionen, Willensbildung und Politikfelder*. München: Beck.

Schmitt, C. (1993). *Verfassungslehre* (8. Aufl.). Berlin: Duncker & Humblot (Erstveröffentlichung 1928).

Smend, R. (2010). *Staatsrechtliche Abhandlungen und andere Aufsätze* (4. Aufl.). Berlin: Duncker & Humblot.

Tsebelis, G. (1995). Decision making in political systems: Veto players in presidentialism, parliamentarism, multi-cameralism and multi-partyism. *British Journal of Political Science, 25*(3), 289–325.

Tsebelis, G. (2002). *Veto players. How political institutions work.* New York: Princeton University Press.

Turner, E. (2011). Territory and party: Explaining public policy variation the German Länder. Paper presented to the American Political Science Association Annual Conference. 1st–4th September 2011, Seattle. http://ssrn.com/abstract=1902861. Zugegriffen: 10. Juli 2015.

Westle, B. (2009). Forschungsdesigns. In B. Westle (Hrsg.), *Methoden der Politikwissenschaft* (S. 133–155). Baden-Baden: Nomos.

Bibliografie[1]

Aarebrot, F. H., & Bakka, P. H. (1997). Die Vergleichende Methode in der Politikwissenschaft. In D. Berg-Schlosser & F. Müller-Rommel (Hrsg.), *Vergleichende Politikwissenschaft* (3. Aufl., S. 49–66). Opladen: Leske + Budrich.

Abels, G. (2011). Wandel oder Kontinuität? Europapolitische Reformen der deutschen Landesparlamente in der Post-Lissabon-Phase. In G. Abels & A. Eppler (Hrsg.), *Auf dem Weg zum Mehrebenenparlamentarismus? Funktionen von Parlamenten im politischen System der EU* (S. 279–294). Baden-Baden: Nomos.

Abels, G. (2013). Parlamentarische Kontrolle im Mehrebenensystem der EU – Ein unmögliches Unterfangen? In B. Eberbach-Born, S. Kropp, A. Stuchlik, & W. Zeh (Hrsg.), *Parlamentarische Kontrolle und Europäische Union. Studien zum Parlamentarismus* (S. 79–102). Baden-Baden: Nomos.

Abels, G. (2015). Subnational parliaments as „latecomers" in the EU multi-level parliamentary system – Introduction. In G. Abels & A. Eppler (Hrsg.), *Subnational parliaments in the EU multilevel parliamentary system: Taking stock of the post-Lisbon era* (S. 23–60). Innsbruck: Studienverlag.

Abendroth, W. (1966). *Das Grundgesetz. Eine Einführung in seine politischen Probleme.* Pfullingen: Neske.

Abendroth, W. (1974). 1849–1919–1949: Drei Kapitel deutscher Verfassungsgeschichte. In Vereinigung Demokratischer Juristen (Hrsg.), *Das Grundgesetz. Verfassungsentwicklung und demokratische Bewegung in der BRD* (S. 139–145). Köln: Pahl-Rugenstein.

Abromeit, H. (1992). *Der verkappte Einheitsstaat.* Opladen: Westdeutscher Verlag.

---

[1]In dieser abschließenden Bibliografie sind alle Quellen verzeichnet, die im Laufe des Forschungsprojektes zum Thema der Untersuchung herangezogen wurden; sie umfasst somit auch Einträge, die in den Einzelkapiteln nicht erwähnt sind. Die in den jeweiligen Kapiteln zitierten Quellen sind über die Literaturverzeichnisse am Ende der Kapitel zu erschließen. Parlamentaria wurden weder in die Bibliographie noch in die Literaturverzeichnisse am Ende der jeweiligen Kapitel aufgenommen.

© Springer Fachmedien Wiesbaden GmbH, ein Teil von Springer Nature 2018   173
W. Reutter, *Verfassungspolitik in Bundesländern,*
https://doi.org/10.1007/978-3-658-21861-4

Albert, R. (2013). The expressive function of constitutional amendment rules. *McGill Law Journal, 59*(2), 225–281.

Albert, R. (2014). The structure of constitutional amendment rules. *Wake Forest Law Review, 49*, 913–975.

Alemann, U. v, & Tönnesmann, W. (1995). Grundriß: Methoden in der Politikwissenschaft. In U. v Alemann (Hrsg.), *Politikwissenschaftliche Methoden. Grundriß für Studium und Forschung* (S. 17–140). Opladen: Westdeutscher Verlag.

Andersen, U., & Bovermann, R. (2012). Der Landtag von Nordrhein-Westfalen. In S. Mielke & W. Reutter (Hrsg.), *Landesparlamentarismus. Geschichte – Struktur – Funktionen* (2. Aufl., S. 399–430). Wiesbaden: VS Verlag.

Arvind, T. T., & Stirton, L. (2010). Explaining the reception of the Code Napoleon in Germany: A fuzzy-set qualitative comparative analysis. *Legal Studies, 30*(1), 1–29.

Atteslander, P. (2009). *Methoden der empirischen Sozialforschung* (12. Aufl.). Berlin: Schmidt.

Bachrach, P., & Baratz, M. S. (1962). Two faces of power. *American Political Science Review, 56*(4), 947–952.

Banting, K. G., & Simeon, R. (1985). Introduction: The politics of constitutional change. In K. G. Banting & R. Simeon (Hrsg.), *The politics of constitutional change in industrial nations* (S. 1–29). London: Macmillan.

Bayerischer Landtag. (1950 ff). Tätigkeitsberichte. 1.–16. Wahlperiode. München. https://www.bayern.landtag.de/dokumente/taetigkeitsbericht/.

Bayerischer Landtag. (2017). Drucksachen und Protokolle. http://www1.bayern.landtag.de/webangebot1/dokumente.suche.maske.jsp.

Behnke, N., & Benz, A. (2009). The politics of constitutional change between reform and evolution. *Publius: The Journal of Federalism, 39*(2), 213–240.

Behnke, N., & Kropp, S. (2016). Arraying institutional layers in federalism reforms: Lessons from the German case. *Regional and Federal Studies, 26*(5), 585–602. https://doi.org/10.1080/13597566.2016.1236026.

Bennett, A., & George, A. L. (1997). Process tracing in case study research. Paper presented at the MacArthur Foundation Workshop on case study methods, October 17–19, 1997. http://users.polisci.wisc.edu/kritzer/teaching/ps816/ProcessTracing.htm. Zugegriffen: 15. Dez. 2014.

Benz, A. (1985). *Föderalismus als dynamisches System*. Opladen: Westdeutscher Verlag.

Benz, A. (1993). Verfassungsreform als politischer Prozeß. Politikwissenschaftliche Anmerkungen zur aktuellen Reform des Grundgesetzes. *Die öffentliche Verwaltung, 46*(20), 881–889.

Benz, A. (2011). Das Zusammenspiel der Ebenen beim expliziten und impliziten Verfassungswandel. In C. Hönnige, S. Kneip, & A. Lorenz (Hrsg.), *Verfassungswandel im Mehrebenensystem* (S. 21–40). Wiesbaden: VS Verlag.

Benz, A. (2013). Balancing rigidity and flexibility: Constitutional dynamics in federal systems. *West European Politics, 26*(4), 726–749.

Benz, A., & Behnke, N. (Hrsg.). (2009). Federalism and constitutional change. Special issue of *Publius: The Journal of Federalism, 39*(2), 213–240.

Benz, A., & Colino, C. (2011). Constitutional change in federations – A framework for analysis. *Regional & Federal Studies, 21*(4–5), 381–406.

Berg-Schlosser, D., & De Meur, G. (2009). Case and variable selection. In B. Rihoux & C. C. Ragin (Hrsg.), *Configurational comparative methods. Qualitative Comparative Analysis (QCA) and related techniques* (S. 19–32). Los Angeles: Sage.

Berg-Schlosser, D., De Meur, G., Rihoux, B., & Ragin, C. C. (2009). Qualitative Comparative Analysis (QCA) as an approach. In B. Rihoux & C. C. Ragin (Hrsg.), *Configurational comparative methods. Qualitative Comparative Analysis (QCA) and related techniques* (S. 1–18). Los Angeles: Sage.

Berlitt, U. (2011). Die Umsetzung der Schuldenbremse in den Ländern – Erste Ansätze und erste Probleme. In M. Junkernheinrich, S. Korioth, T. Lenk, H. Scheller, & M. Woisin (Hrsg.), *Jahrbuch für öffentliche Finanzen 2011* (S. 311–342). Berlin: Berliner Wissenschaftsverlag.

Beutler, B. (1977a). Die Länderverfassungen in der gegenwärtigen Verfassungsdiskussion. In G. Leibholz (Hrsg.), *Jahrbuch des öffentlichen Rechts der Gegenwart (N.F.), (26,* S. 1–38). Tübingen: Mohr Siebeck.

Beutler, B. (1977b). *Das Staatsbild in den Länderverfassungen nach 1945.* Berlin: Duncker & Humblot.

Beyme, K. v. (1997). *Der Gesetzgeber. Der Bundestag als Entscheidungszentrum.* Opladen: Westdeutscher Verlag.

Beyme, K. v. (1999). *Die parlamentarische Demokratie. Entstehung und Funktionsweise 1789–1999* (3. Aufl.). Opladen: Westdeutscher Verlag.

Blokker, P., & Reutter, W. (Hrsg.). (2015a). Sub-national constitutional politics: Contesting or complementing, replicating or innovating traditional constitutionalism? *Perspectives on Federalism, 7*(1). http://www.on-federalism.eu/index.php/archives. Zugegriffen: 10. Mai 2015.

Blokker, P., & Reutter, W. (2015b). Sub-national constitutional politics: Contesting or complementing, replicating or innovating traditional constitutionalism? *Perspectives on Federalism, 7*(1), I–IX. http://www.on-federalism.eu/index.php/archives. Zugegriffen: 10. Mai 2015.

Blumenthal, J. v. (2009). *Das Kopftuch in der Landesgesetzgebung Governance im Bundesstaat zwischen Unitarisierung und Föderalisierung.* Baden-Baden: Nomos.

Böckenförde, E.-W. (1992). *Staat, Verfassung. Demokratie. Studien zur Verfassungstheorie und zum Verfassungsrecht.* Frankfurt a. M.: Suhrkamp.

Böckenförde, E.-W. (1999). Anmerkungen zum Begriff Verfassungswandel. In E.-W. Böckenförde (Hrsg.), *Staat, Nation, Europa. Studien zur Staatslehre, Verfassungstheorie und Rechtsphilosophie* (S. 127–140). Frankfurt a. M.: Suhrkamp.

Bogner, A., & Menz, W. (2002). Das theoriegenerierende Experteninterview. Erkenntnisinteresse, Wissensformen, Interaktion. In A. Bogner, B. Littig, & W. Menz (Hrsg.), *Das Experteninterview. Theorie, Methode, Anwendung* (S. 33–70). Opladen: Leske+Budrich.

Bogner, A., Littig, B., & Lenz, W. (2014). *Interviews mit Experten. Eine praxisorientierte Einführung.* Wiesbaden: Springer VS.

Braun, K. (1984). *Kommentar zur Verfassung des Landes Baden-Württemberg.* Stuttgart: Boorberg.

Braunschweig, S. v. (1993). *Verfassungsentwicklung in den westlichen Ländern.* Pfaffenweiler: Centaurus.

Brünneck, A. v. (2004). Die Verfassung des Landes Brandenburg von 1992. In P. Häberle (Hrsg.), *Jahrbuch des öffentlichen Rechts der Gegenwart (N.F.), (52,* S. 259–298). Tübingen: Mohr Siebeck.

Buchanan, J. M., & Tullock, G. (1986). *The calculus of consent. Logical foundations of constitutional democracy.* Ann Arbor: University of Michigan Press (Erstveröffentlichung 1962).

Bull, H.-P. (2003). Die Verfassungsentwicklung in Schleswig-Holstein seit 1980. In P. Häberle (Hrsg.), *Jahrbuch des öffentlichen Rechts der Gegenwart (N.F.), (51,* S. 489–512). Tübingen: Mohr Siebeck.

Burgess, M., & Tarr, G. A. (2012). Introduction: Sub-national constitutionalism and constitutional development. In M. Burgess & G. Alan Tarr (Hrsg.), *Constitutional dynamics in federal systems* (S. 3–29). Montreal: McGill-Queen's University Press.

Busch, A. (1999). Das oft geänderte Grundgesetz. In A. Busch & W. Merkel (Hrsg.), *Demokratie in Ost und West. Festschrift für Klaus von Beyme* (S. 549–574). Frankfurt a. M.: Suhrkamp.

Busch, A. (2006). Verfassungspolitik: Stabilität und permanentes Austarieren. In M. G. Schmidt & R. Zohlnhöfer (Hrsg.), *Regieren in der Bundesrepublik Deutschland* (S. 33–56). Wiesbaden: VS Verlag.

Buscher, D., & Fries, J. (2013). Gestaltungsmöglichkeiten der Bundesländer bei der Schuldenbremse. In M. Junkernheinrich et al. (Hrsg.), *Jahrbuch für öffentliche Finanzen 2012* (S. 367–383). Berlin: Berliner Wissenschaftsverlag.

Bushart, C. (1989). *Verfassungsänderung in Bund und Ländern.* München: Vahlen.

BVerfG, Urteil des Zweiten Senats vom 30. Juni 2009 – 2 BvE 2/08 – Rn. (1–421), http://www.bverfg.de/e/es20090630_2bve000208.html (=BVerfGE 123, 267–437). Zugegriffen: 10. Jan. 2016.

BVerfG, Beschluss des Zweiten Senats vom 19. August 2011 – 2 BvG 1/10 – Rn. (1–63), http://www.bverfg.de/e/gs20110819_2bvg000110.html. Zugegriffen: 15. März 2016.

BVerfG, Urteil des Zweiten Senats vom 03. Mai 2016 – 2 BvE 4/14 – Rn. (1–139). http://www.bverfg.de/e/es20160503_2bve000414.html. Zugegriffen: 4. Mai 2017.

Cameron, D. (1984). Social democracy, corporatism, labour quiescence, and the representation of economic interest in advanced capitalist society. In J. Goldthorpe (Hrsg.), *Order and conflict in contemporary capitalism* (S. 143–178). Oxford: Oxford University Press.

Campbell, A., Converse, P. E., Miller, W. E., & Stokes, D. E. (1960). *The American voter.* New York: University of Chicago Press.

Cancik, P. (2003). Die Verfassungsentwicklung in Hessen. In P. Häberle (Hrsg.), *Jahrbuch des öffentlichen Rechts der Gegenwart (N.F.), (51,* S. 271–300). Tübingen: Mohr Siebeck.

Cancik, P. (2007). Die Rezeption neuer Verfassungsregelungen. Ein Beitrag zur „Wirkung" der Oppositionsregelungen in den Landesverfassungen. In P. Häberle (Hrsg.), *Jahrbuch des öffentlichen Rechts der Gegenwart (N.F.), (55,* S. 152–194). Tübingen: Mohr Siebeck.

Ciagla, S., & Heinemann, F. (2012). Debt rule federalism: The case of Germany. Centre for European economic research. Discussion Paper No. 12-067, Mannheim. http://www.ftp-zew.de/pub/zew-docs/dp/dp-12067.pdf. Zugegriffen: 10. Aug. 2014.

Cohen, J. (1992). A power primer. *Psychological Bulletin, 112*(1), 155–159.

Contiades, X. (2013a). Constitutional change engineering. In X. Contiades (Hrsg.), *Engineering constitutional change. A comparative perspective on Europe, Canada and the USA* (S. 1–6). London: Routledge.

Contiades, X. (Hrsg.). (2013b). *Engineering constitutional change. A comparative perspective on Europe, Canada and the USA*. London: Routledge.

Contiades, X., & Fotiadou, A. (2013). Models of constitutional change. In X. Contiades (Hrsg.), *Engineering constitutional change. A comparative perspective on Europe, Canada, and the USA* (S. 417–468). London: Routledge.

Coppedge, M. (1999). Thickening thin concepts and theories. *Comparative Politics, 31*(4), 465–476.

Creswell, J. (2014). *Research design. Qualitative, quantitative and mixed methods approaches* (4. Aufl.). Thousand Oaks: Sage.

Dahl, R. A. (1966). Patterns of opposition. In R. A. Dahl (Hrsg.), *Political oppositions in western democracies* (S. 332–347). New Haven: Yale University Press.

Dästner, C. (2002). *Die Verfassung des Landes Nordrhein-Westfalen. Kommentar* (2. Aufl.). Stuttgart: Boorberg.

Delledonne, G. (2012). Subnational constitutionalism: A matter of review. *Perspectives on Federalism, 4*(2), 294–316. http://www.on-federalism.eu/attachments/134_download. pdf. Zugegriffen:15. Mai 2014.

De Meur, G., Rihoux, B., & Yamasaki, S. (2009). Addressing the critiques of QCA. In B. Rihoux & C. C. Ragin (Hrsg.), *Configurational comparative methods. Qualitative Comparative Analysis (QCA) and related techniques* (S. 147–165). Los Angeles: Sage.

Denzin, N. K. (1989). *The research act. A theoretical introduction to sociological methods.* (3. Aufl.). Englewood Cliffs: Prentice Hall.

Dietlein, J. (1993). *Die Grundrechte in den Verfassungen der neuen Bundesländer. Zugleich ein Beitrag zur Auslegung der Art. 31 und 142 GG.* München: Vahlen.

Dietlein, J. (2003). Die Verfassungsentwicklung in Nordrhein-Westfalen in den vergangenen 25 Jahren. In P. Häberle (Hrsg.), *Jahrbuch des öffentlichen Rechts der Gegenwart (N.F.), (51,* S. 344–384). Tübingen: Mohr Siebeck.

Dinan, J. (2008). Patterns of subnational constitutionalism in federal countries. *Rutgers Law Journal, 39*(4), 837–863.

Dinan, J. (2012). State constitutions and American political development. In M. Burgess & G. A. Tarr (Hrsg.), *Constitutional dynamics in federal states. Sub-national perspectives* (S. 43–60). Montreal: Mc-Gill'-Queen's University Press.

Dixon, R., & Holden, R. (2012). Constitutional amendment rules: The denominator problem. In T. Ginsburg (Hrsg.), *Comparative constitutional design* (S. 195–218). Cambridge: University Press.

Dobner, P. (2012). Der Landtag von Sachsen-Anhalt. In S. Mielke & W. Reutter (Hrsg.), *Landesparlamentarismus. Geschichte – Struktur – Funktionen* (2. Aufl., S. 549–588). Wiesbaden: VS Verlag.

Dombert, M. (2012). §27 Landesverfassungen und Landesverfassungsgerichte in ihrer Bedeutung für den Föderalismus. In I. Härtel (Hrsg.), *Handbuch Föderalismus – Föderalismus als demokratische Rechtsordnung und Rechtskultur in Deutschland, Europa und der Welt* (S. 19–38). Berlin: Springer.

Drass, K. A. (1998). QCA 3.1. Qualitative Comparative Analysis. 1992–1998. http:// www.u.arizona.edu/~cragin/fsQCA/download/qca.rtf. Zugegriffen: 10. Aug. 2014.

Duchacek, I. D. (1988). State constitutional law in comparative perspective. *Annals of the American Academy of Political and Social Science, 496,* 128–139.

Eder, C., & Magin, R. (2008). Direkte Demokratie. In M. Freitag & A. Vatter (Hrsg.), *Die Demokratien der deutschen Bundesländer* (S. 257–308). Leverkusen: Budrich.

Eisele, H. (2006). *Landesparlamente – (k)ein Auslaufmodell?* Baden-Baden: Nomos.

Elster, J. (1994). Die Schaffung von Verfassungen: Analyse der allgemeinen Grundlagen. In U. K. Preuß (Hrsg.), *Zum Begriff der Verfassung. Die Ordnung des Politischen* (S. 37–57). Frankfurt a. M.: Fischer.

Ferejohn, J. (1997). The politics of imperfection: The amendments of constitutions. *Law and Social Inquiry, 22*(2), 501–531.

Feyerabend, P. (1986). *Wider den Methodenzwang.* Frankfurt a. M.: Suhrkamp.

Flick, M. (2008a). Landesverfassungen und ihre Veränderbarkeit. In M. Freitag & A. Vatter (Hrsg.), *Die Demokratien der deutschen Bundesländer. Politische Institutionen im Vergleich* (S. 221–236). Opladen: Budrich.

Flick, M. (2008b). Parlamente und ihre Beziehungen zu den Regierungen. In M. Freitag & A. Vatter (Hrsg.), *Die Demokratien der deutschen Bundesländer. Politische Institutionen im Vergleich* (S. 161–194). Opladen: Budrich.

Flick, U. (2009a). Design und Prozess qualitativer Forschung. In U. Flick, E. v. Kardorff, & I. Steinke (Hrsg.), *Qualitative Forschung. Ein Handbuch* (7. Aufl., S. 252–264). Reinbek bei Hamburg: Rowohlt.

Flick, U. (2009b). Triangulation in der qualitativen Forschung. In U. Flick, E. v. Kardorff, & I. Steinke (Hrsg.), *Qualitative Forschung. Ein Handbuch* (7. Aufl., S. 309–318). Reinbek bei Hamburg: Rowohlt.

Flick, U. (2011). *Triangulation. Eine Einführung.* (3. Aufl.). Wiesbaden: VS Verlag.

Freitag, M., & Vatter, A. (2008a). Die Bundesländer zwischen Konsens- und Mehrheitsdemokratie: Eine Verortung entlang ihrer politisch-institutionellen Konfigurationen. In M. Freitag & A. Vatter (Hrsg.), *Die Demokratien der deutschen Bundesländer. Politische Institutionen im Vergleich* (S. 309–328). Opladen: Budrich.

Freitag, M., & Vatter, A. (Hrsg.). (2008b). *Die Demokratien der deutschen Bundesländer. Politische Institutionen im Vergleich.* Opladen: Budrich.

Fritsch, G. (Hrsg.). (2012). *20 Jahre Landesverfassung. Festschrift des Landtages Brandenburg.* Berlin: Duncker & Humblot.

Fritsche, A. (2013). „Antirassismus-Klausel" für Brandenburgs Verfassung. Neues Deutschland vom 23.05.2013. http://www.neues-deutschland.de/artikel/822173.antirassismusklausel-fuer-branenburgs-verfassung.html. Zugegriffen: 6. Dez. 2013.

Fusaro, C., & Oliver, D. (2011a). Changing constitutions. In D. Oliver & C. Fusaro (Hrsg.), *How constitutions change. A comparative study* (S. 3–6). Oxford: Hart Publishing.

Fusaro, C., & Oliver, D. (2011b). Towards a theory of constitutional change. In D. Oliver & C. Fusaro (Hrsg.), *How constitutions change. A comparative study* (S. 405–433). Oxford: Hart Publishing.

Ganghof, S. (2005a). Normative Modelle, institutionelle Typen und beobachtbare Verhaltensmuster: Ein Vorschlag zum Vergleich parlamentarischer Demokratien. *Politische Vierteljahresschrift, 46*(3), 406–431.

Ganghof, S. (2005b). Kausale Perspektiven in der vergleichenden Politikwissenschaft: X-zentrierte und Y-zentrierte Forschungsdesigns. In S. Kropp & M. Minkenberg (Hrsg.), *Vergleichen in der Politikwissenschaft* (S. 76–93). Wiesbaden: VS Verlag.

Ganghof, S. (2016a). Combining proportional and majoritarian democracy: An institutional design proposal. *Research and Politics, 2017* (July–September), 1–7. https://doi. org/10.1177/2053168016665640.

Ganghof, S. (2016b). Forschungsdesign in der Politikwissenschaft – Kausale Perspektiven versus kontrastive Theorietests. *Österreichische Zeitschrift für Politikwissenschaft, 45*(1), 1–12. https://doi.org/10.15203/ozp.1037.vol45iss1.

Gardner, J. A. (2007). In search of sub-national constitutionalism. Paper prepared for the Seventh World Congress of the International Association of Constitutional Law. Athens, Greece, June 11–15, 2007. University at Buffalo Law School. Baldy Center for Law & Social Policy. Legal Studies Research Paper Series. Paper No. 2007-016. http://ssrn. com/abstract=1017239. Zugegriffen: 10. Juli 2014.

Gärtner, W. (1990). Verfassung im Wandel. Die Verfassung für das Land Nordrhein-Westfalen und ihre Änderungen. In Landtag Nordrhein-Westfalen (Hrsg.), *Kontinuität und Wandel. 40 Jahre Landesverfassung Nordrhein-Westfalen* (S. 141–188). Düsseldorf: Nordrhein-Westfalen Landtag.

Gärtner, W. (2014). Verfassung im Wandel. Der Landtag Nordrhein-Westfalen und die Landesverfassung. *Landtag Intern, 4,* 10.

Geddes, B. (2010). *Paradigms and sand castles: Theory building and research design in comparative politics.* Ann Arbor: University of Michigan Press.

Geertz, C. (2003). *Dichte Beschreibung. Beiträge zum Verstehen kultureller Systeme.* Frankfurt a. M.: Suhrkamp.

George, A. L., & Bennett, A. (2005). *Case studies and theory development in the social sciences.* Cambridge: MIT Press.

Gerring, J. (2007). *Case study research. Principles and practices.* Cambridge: Cambridge University Press.

Ginsburg, T., & Melton, J. (2014). *Does the constitutional amendment rule matter at all? Amendment cultures and the challenges of measuring amendment difficulty.* Coase-Sander Institute for Law & Economics Working Paper No. 682. University of Chicago Law School.

Ginsburg, T., & Posner, E. A. (2010). Subconstitutionalism. *Stanford Law Review, 62*(6), 1583–1628.

Gläser, J., & Laudel, G. (2010). *Experteninterviews und qualitative Inhaltsanalyse* (4. Aufl.). Wiesbaden: VS Verlag.

Grassi, D., & Luppi, F. (2014). Do we live longer and healthier lives under democracy? A configurational comparative analysis of Latin America. Compasss Working Paper 2014-78. http://www.compasss.org/wpseries/GrassiLuppi2014.pdf. Zugegriffen: 10. Aug. 2014.

Grimm, D. (2007). Ist das Verfahren der Verfassungsänderung selbst änderungsbedürftig? (Interview). *Humboldt-Forum Recht, 20,* 1–8. https://www.humboldt-forum-recht.de/media/Druckansicht/pdf/2007-20.pdf. Zugegriffen: 15. März 2015.

Grimm, D. (1994). *Die Zukunft der Verfassung* (2. Aufl.). Frankfurt a. M.: Suhrkamp.

Gschwend, T., & Schimmelfennig, F. (2007). Forschungsdesign in der Politikwissenschaft. Ein Dialog zwischen Theorie und Daten. In T. Gschwend & F. Schimmelfennig (Hrsg.), *Forschungsdesign in der Politikwissenschaft. Probleme, Strategien, Anwendungen* (S. 13–35). Frankfurt a. M.: Campus.

Gunlicks, A. B. (1996). The new constitutions of east Germany. *German Politics, 5*(2), 262–275.

Gunlicks, A. B. (1998). Land constitutions in Germany. *Publius: The Journal of Federalism, 28*(4), 105–125.

Gunlicks, A. B. (2003). *The Länder and German Federalism.* Manchester: Manchester University Press.

Gunlicks, A. B. (2012). Legislative competences, budgetary constraints, and the reform of federalism in Germany from the top down and the bottom up. In M. Burgess & G. A. Tarr (Hrsg.), *Constitutional dynamics in federal systems* (S. 61–87). Montreal: McGill Queen's University Press.

Haas, M., Jun, U., & Niedermayer, O. (2008). Die Parteien und Parteiensysteme der Bundesländer. In U. Jun, M. Haas, & O. Niedermayer (Hrsg.), *Parteien und Parteiensysteme in den deutschen Ländern* (S. 9–38). Wiesbaden: VS Verlag.

Habermas, J. (1991). *Erläuterungen zur Diskurstheorie.* Frankfurt a. M.: Suhrkamp.

Habermas, J. (1994). *Faktizität und Geltung. Beiträge zur Diskurstheorie des Rechts und des demokratischen Rechtsstaats* (2. Aufl.). Frankfurt a. M.: Suhrkamp.

Habermas, J. (1996). *Die Einbeziehung des Anderen. Studien zur politischen Theorie.* Frankfurt a. M.: Suhrkamp.

Hamer, K. (1990). Von der „Ministerpräsidenten-Verfassung" zur „Parlaments-Verfassung". In Landeszentrale für politische Bildung Schleswig-Holstein (Hrsg.), *Eine neue Verfassung für Schleswig-Holstein* (S. 9–20). Kiel: Schmidt & Klaunig.

Hesse, J. J., & Ellwein, T. (2012). *Das Regierungssystem der Bundesrepublik Deutschland* (10. Aufl.). Baden-Baden: Nomos.

Hesse, K. (1962). *Der unitarische Bundesstaat.* Heidelberg: C.F. Müller.

Hesse, K. (1993). *Grundzüge des Verfassungsrechts der Bundesrepublik Deutschland* (19. Aufl.). Heidelberg: C.F. Müller.

Hibbs, D. A. (1977). Political parties and macroeconomic policy. *American Political Science Review, 71*(4), 1467–1487.

Hildebrandt, A., & Wolf, F. (Hrsg.). (2008a). *Die Politik der Bundesländer. Staatstätigkeit im Vergleich.* Wiesbaden: VS Verlag.

Hildebrandt, A., & Wolf, F. (2008b). Die Potenziale des Bundesländervergleichs. In A. Hildebrandt & F. Wolf (Hrsg.), *Die Politik der Bundesländer. Staatstätigkeit im Vergleich* (S. 11–20). Wiesbaden: VS Verlag.

Hirschl, R. (2005). The question of case selection in comparative constitutional law. *American Journal of Comparative Law, 53*(1), 125–155. http://ssrn.com/abstract=901700. Zugegriffen: 20. März 2014.

Hirschl, R. (2014). *Comparative matters. The renaissance of comparative constitutional law.* Oxford: University Press.

Holmes, S. (1994). Verfassungsförmige Vorentscheidungen und das Paradox der Demokratie. In U. K. Preuß (Hrsg.), *Zum Begriff der Verfassung. Die Ordnung des Politischen* (S. 133–170). Frankfurt a. M.: Fischer.

Hölscheidt, S. (1995). Die Praxis der Verfassungsverabschiedung und der Verfassungsänderung in der Bundesrepublik. *Zeitschrift für Parlamentsfragen, 26*(1), 58–84.

Holtmann, E., & Patzelt, W. J. (Hrsg.). (2004). *Kampf der Gewalten. Parlamentarische Regierungskontrolle – Gouvernementale Parlamentskontrolle. Theorie und Empirie.* Wiesbaden: VS Verlag.

Holtmann, E., & Voelzkow, H. (Hrsg.). (2000). *Zwischen Wettbewerbs- und Verhandlungsdemokratie. Analysen zum Regierungssystem der Bundesrepublik Deutschland.* Wiesbaden: VS Verlag.

Hönnige, C., Kneip, S., & Lorenz, A. (Hrsg.). (2011). *Verfassungswandel im Mehrebenen-system.* Wiesbaden: VS Verlag.

Ipsen, J. (2011a). 60 Jahre Niedersächsische Verfassung – Anmerkungen zu einem wenig beachteten Jubiläum. *Niedersächsisches Verwaltungsblatt, 18*(5), 121–125.

Ipsen, J. (2011b). 60 Jahre Niedersächsische Verfassung. Ein Landesgesetz im Wandel der politischen Geschichte. *Publicus, 5,* 36–37. http.//www.publicus-boorberg.de. Zugegriffen: 9. Mai 2017.

Ismayr, W. (2012). *Der Deutsche Bundestag* (3. Aufl.). Wiesbaden: Springer VS.

Jackson, V. C. (2010). Methodological challenges in comparative constitutional law. *Penn State International Law Review, 28*(3), 319–326.

Jahn, D. (2005). Fälle, Fallstricke und die komparative Methode in der vergleichenden Politikwissenschaft. In S. Kropp & M. Minkenberg (Hrsg.), *Vergleichen in der Politik-wissenschaft* (S. 55–75). Wiesbaden: VS Verlag.

Janssen, A., & Winkelmann, U. (2003). Die Entwicklung des niedersächsischen Verfassungs- und Verwaltungsrechts in den Jahren 1990–2002. In P. Häberle (Hrsg.), *Jahrbuch des öffentlichen Rechts der Gegenwart (N.F.), (51,* S. 301–342). Tübingen: Mohr Siebeck.

Jefferson, T. (1884). *The works of Thomas Jefferson* (9 Bde.). New York: MacCoun.

Jefferson, T. (1955). *The political writings of Thomas Jefferson. Representative selection.* Edited by Edward Dumbauld. New York: The Liberal Arts.

Jefferson, T. (1993). *The political writings of Thomas Jefferson.* Edited by Merrill D. Peterson. Charlottesville: Thomas-Jefferson-Memorial-Foundation.

Jeffery, C., Pamphilis, N. M., Rowe, C., & Turner, E. (2014). Regional policy variation in Germany: The diversity of living conditions in a "unitary federal state". *Journal of European Public Policy, 21*(9), 1350–1366.

Jesse, E., Schubert, T., & Thieme, T. (2014). *Politik in Sachsen.* Wiesbaden: Springer VS.

Johnson, R. B., & Onwuegbuzie, A. J. (2004). Mixed method research: A research paradigm whose time has come. *Educational Researcher, 33*(7), 14–26.

Jung, O. (1995). Landesverfassungspolitik im Bundesstaat. *Zeitschrift für Parlaments-fragen, 26*(1), 41–57.

Jung, O. (2005). Regieren mit obligatorischen Verfassungsreferenden: Wirkung, Konter-strategie, Nutzungsversuche und Umgehungsweise. *Zeitschrift für Parlamentsfragen, 16*(1), 161–187.

Kaiser, A. (1998). Vetopunkte der Demokratie. Eine Kritik neuerer Ansätze der Demo-kratietypologie und ein Alternativvorschlag. *Zeitschrift für Parlamentsfragen, 29*(3), 525–541.

Karlsson, C. (2015). Explaining constitutional change: Making sense of cross-national variation among European Union member states. *Journal of European Public Policy, 23*(2), 255–275. https://doi.org/10.1080/13501763.2015.1043323.

Katzenstein, P. J. (1987). *Policy and politics in West Germany. The growth of a semi-sovereign state.* Philadelphia: Temple University Press.

Kelsen, H. (1960). *Reine Rechtslehre: Einleitung in die rechtswissenschaftliche Problematik* (2., vollständig neu bearbeitete und erweiterte Aufl.). Wien: Deuticke (Erstveröffentlichung 1934).

King, G., Keohane, R., & Verba, S. (1994). *Designing social inquiry: Scientific inference in qualitative research.* Princeton: Princeton University Press.

Kirchheimer, O. (1967a). Deutschland oder der Verfall der Opposition. In O. Kirchheimer (Hrsg.) *Politische Herrschaft* (S. 58–91). Frankfurt a. M.: Suhrkamp.

Kirchheimer, O. (1967b). Wandlungen der politischen Opposition. In K. Kluxen (Hrsg.), *Parlamentarismus* (S. 410–424). Köln: Kiepenheuer & Witsch.

Kleinrahm, K. (1962). Verfassung und Verfassungswirklichkeit in Nordrhein-Westfalen. In G. Leibholz (Hrsg.), *Jahrbuch des öffentlichen Rechts der Gegenwart (N.F.), (11,* S. 313–354). Tübingen: Mohr Siebeck.

Koole, K., & Vis, B. (2012). Working mothers and the state: Under which conditions do governments spend much on maternal employment supporting policies? VU University Amsterdam. COMPASSS Working Paper 2012-71. http://www.compasss.org/wpseries/KooleVis2012.pdf. Zugegriffen: 15. Mai 2015.

Korte, H. (1956). Verfassung und Verwaltung des Landes Niedersachsen. In G. Leibholz (Hrsg.), *Jahrbuch des öffentlichen Rechts der Gegenwart (N.F.), (5,* S. 1–158). Tübingen: Mohr Siebeck.

Kotzur, M. (2013). Constitutional amendments and constitutional changes in Germany. In X. Contiades (Hrsg.), *Engineering constitutional change* (S. 125–150). London: Routledge.

Kringe, W. (1988). *Machtfragen, Die Entstehung der Verfassung für das Land Nordrhein-Westfalen 1946–1950.* Frankfurt a. M.: Lang.

Kropp, S. (1997a). Die Länder in der bundesstaatlichen Ordnung. In O. W. Gabriel & E. Holtmann (Hrsg.), *Handbuch des politischen Systems der Bundesrepublik Deutschland* (S. 247–288). München: Oldenbourg.

Kropp, S. (1997b). Oppositionsprinzip und Mehrheitsregel in den Landesverfassungen: Eine Analyse am Beispiel des Verfassungskonflikts in Sachsen-Anhalt. *Zeitschrift für Parlamentsfragen, 28*(3), 373–390.

Kropp, S. (2001). *Regieren in Koalitionen. Handlungsmuster und Entscheidungsbildung in deutschen Länderregierungen.* Opladen: Westdeutscher Verlag.

Kropp, S. (2010). *Kooperativer Föderalismus und Politikverflechtung.* Wiesbaden: VS Verlag.

Kropp, S., & Sturm, R. (1998). *Koalitionen und Koalitionsvereinbarungen. Theorie, Analyse und Dokumentation.* Opladen: Westdeutscher Verlag.

Krumm, T., Noetzel, T., & Westle, B. (2009). Ausgewählte wissenschaftstheoretische Grundlagen und Grundfragen. In B. Westle (Hrsg.), *Methoden der Politikwissenschaft* (S. 49–114). Baden-Baden: Nomos.

Kuckartz, U. (2009). Methodenkombination. In B. Westle (Hrsg.), *Methoden der Politikwissenschaft* (S. 352–362). Baden-Baden: Nomos.

Laakso, M., & Taagepera, R. (1979). 'Effective' number of parties. A measure with applications to West Europe. *Comparative Political Studies, 12*(1), 3–27.

Lamnek, S. (2010). *Qualitative Sozialforschung* (5. Aufl.). Weinheim: Beltz.

Landeszentrale für politische Bildung Schleswig-Holstein. (Hrsg.). (1990). *Eine neue Verfassung für Schleswig-Holstein.* Kiel: Schmidt & Klaunig.

Landtag Baden-Württemberg. (2017). Parlamentsdokumentation. http://www.statistik-bw.de/OPAL/.

Landtag Brandenburg. (Hrsg.). (2012). Festveranstaltung. 20 Jahre Verfassung des Landes Brandenburg. 8. Juni 2012, Potsdam.

Landtag Brandenburg. (2017). Parlamentsdokumentation des Landtages Brandenburg (ELVIS). https://www.parlamentsdokumentation.brandenburg.de.

Landtag Mecklenburg-Vorpommern. (2017). Parlamentsdokumentation. http://www.dokumentation.landtag-mv.de/Parldok/.

Landtag Niedersachsen. (2017). Landtagsdokumentationssystem. http://www.nilas.niedersachsen.de/starweb/NILAS/start.html.

Landtag Sachsen. (2017). Parlamentsdokumente (EDAS). http://edas.landtag.sachsen.de/.

Landtag Sachsen-Anhalt. (2017). Parlamentsdokumentation PADOKA. http://padoka.landtag.sachsen-anhalt.de/starweb/PADOKA/index.htm.

Landtag Schleswig-Holstein. (2017). Landtagsinformationssystem. http://lissh.lvn.parlanet.de/shlt/start.html.

Landtag Thüringen. (2017). Parlamentsdokumentation. http://www.parldok.thueringen.de/parldok.

Lassalle, F. (1987). Über Verfassungswesen. Ein Vortrag gehalten in einem Berliner Bürger-Bezirksverein, 16. April 1862, hier zit. nach: F. Lassalle, *Reden und Schriften* (S. 120–147). Leipzig: Reclam (Erstveröffentlichung 1862).

Laufer, H., & Münch, U. (2010). *Das föderale System der Bundesrepublik Deutschland* (8. Aufl.). München: Bayerische Landeszentrale für politische Bildungsarbeit.

Leber, F. (2013). *Landesgesetzgebung im neuen Bundesstaat. Handlungsmuster landespolitischer Akteure nach der Föderalismusreform 2006.* Baden-Baden: Nomos.

Legewie, N. (2013). An introduction to applied data analysis with Qualitative Comparative Analysis (QCA). *Forum Qualitative Sozialforschung/Forum: Qualitative Social Research, 14*(3). http://www.qualitative-research.net/index.php/fqs/article/view/1961/3595. Zugegriffen: 15. Okt. 2017.

Lehmbruch, G. (2000). *Parteienwettbewerb im Bundesstaat. Regelsysteme und Spannungslagen im politischen System der Bundesrepublik Deutschland* (3. Aufl.). Opladen: Westdeutscher Verlag.

Lepsius, O. (2015). Souveränität und Identität als Frage des Institutionen-Settings. In S. Baer, O. Lepsius, C. Schönberger, C. Waldhoff, & C. Walter (Hrsg.), *Jahrbuch des öffentlichen Rechts der Gegenwart (N.F.), (63,* S. 63–90). Tübingen: Mohr Siebeck.

Leusser, C. (1954). Die Verfassung des Freistaates Bayern vom 2. Dezember 1946. In G. Leibholz (Hrsg.), *Jahrbuch des öffentlichen Rechts der Gegenwart (N.F.), (3,* S. 149–177). Tübingen: Mohr Siebeck.

Lhotta, R. (1998). Verfassungsreform und Verfassungstheorie: Ein Diskurs unter Abwesenden? *Zeitschrift für Parlamentsfragen, 29*(1), 159–179.

Lijphart, A. (1971). Comparative politics and the comparative method. *The American Political Science Review, 65*(3), 682–693.

Lijphart, A. (1975). The comparable cases strategy in comparative research. *Comparative Political Studies, 8*(2), 158–177.

Lijphart, A. (1999). *Patterns of democracy. Government forms and performance in thirty-six countries.* New Haven: Yale University Press.

Locke, J. (1992). *Two treatises of government.* Edited with an introduction and notes by Peter Laslett. Cambridge: Cambridge University Press (Erstveröffentlichung 1690).

Loewenstein, K. (1961). *Über Wesen, Technik und Grenzen der Verfassungsänderung.* Berlin: De Gruyter.

Lorenz, A. (2004). Stabile Verfassungen? Konstitutionelle Reformen in Demokratien. *Zeitschrift für Parlamentsfragen, 35*(2), 448–468.

Lorenz, A. (2005). How to measure constitutional rigidity. Four concepts and two alternatives. *Journal of Theoretical Politics, 17*(3), 339–361.

Lorenz, A. (2007). *Föderalismusreform & Co. Warum ändert sich das Grundgesetz? Antrittsvorlesung. 1. November 2006.* Berlin: Humboldt-Universität zu Berlin.

Lorenz, A. (2008). *Verfassungsänderungen in etablierten Demokratien. Motivlagen und Aushandlungsmuster.* Wiesbaden: VS Verlag.

Lorenz, A. (2011). Die ostdeutschen Landesverfassungen als dynamische Integrationsstifter. In A. Lorenz (Hrsg.), *Ostdeutschland und die Sozialwissenschaften. Bilanz und Perspektiven 20 Jahre nach der Wiedervereinigung* (S. 75–98). Leverkusen: Budrich.

Lorenz, A. (2013). *Demokratisierung in Ostdeutschland. Verfassungspolitische Weichenstellungen in den neuen Ländern und Berlin.* Wiesbaden: Springer VS.

Lorenz, A. (2015). Rights of minors and constitutional politics in the German Länder. Legal framework, party strategies, and constitutional amendments. *Perspectives on Federalism, 7*(1), 1–29. http://www.on-federalism.eu/attachments/206_download.pdf. Zugegriffen: 10. Juli 2016.

Lorenz, A. (2016). Entstehung und Inhalt der brandenburgischen Verfassung. In A. Lorenz, A. Anter, & W. Reutter (Hrsg.), *Politik und Regieren in Brandenburg* (S. 43–48). Wiesbaden: Springer VS.

Lorenz, A., & Reutter, W. (2012). Subconstitutionalism in a multilayered system. A comparative analysis of constitutional politics in the German Länder. *Perspectives on Federalism, 4*(2), 141–170. http://www.on-federalism.eu/attachments/141_download. pdf. Zugegriffen: 10. Jan. 2013.

Lübker, M., & Schüttemeyer, S. S. (2012). Der Brandenburgische Landtag. In S. Mielke & W. Reutter (Hrsg.), *Landesparlamentarismus. Geschichte, Struktur, Funktionen* (2. Aufl., S. 177–214). Wiesbaden: Springer VS.

Lutz, D. S. (1994). Toward a theory of constitutional amendment. *American Political Science Review, 88*(2), 355–370.

Maggetti, M., & Levi-Faur, D. (2013). Dealing with errors in QCA. *Political Research Quarterly, 66*(1), 198–204.

Mangoldt, H. v. (1993). *Die Verfassungen der neuen Bundesländer. Einführung und synoptische Darstellung. Sachsen, Brandenburg, Sachsen-Anhalt, Verfassungskommission für Mecklenburg-Vorpommern.* Berlin: Duncker & Humblot.

Mangoldt, H. v. (1996). *Entstehung und Grundgedanken der Verfassung des Freistaates Sachsen.* Leipzig: Leipziger Universitätsverlag.

Mannzen, K. (1957). Die Landessatzung für Schleswig-Holstein. In G. Leibholz (Hrsg.), *Jahrbuch des öffentlichen Rechts der Gegenwart (N.F.), (6,* S. 251–283). Tübingen: Mohr Siebeck.

March, J. G., & Olsen, J. P. (1989). *Rediscovering institutions: The organizational basis of politics.* New York: Free Press.

Marschall, S. (2005). *Parlamentarismus. Eine Einführung.* Baden-Baden: Nomos.

Marx, A., & Dusa, A. (2011). Crisp-Set Qualitative Comparative Analysis (csQCA). Contradictions and consistency benchmarks for model specification. *Methodological Innovations Online, 6*(2), 102–148. http://www.methodologicalinnovations.org.uk/wp-content/uploads/2013/11/6.-Marx-and-Dusa-pp103-148.pdf. Zugegriffen: 30. Aug. 2014.

Mayring, P. (2003). *Qualitative Inhaltsanalyse. Grundlagen und Techniken* (8. Aufl.). Weinheim: Beltz.

McRae, K. D. (1997). Contrasting styles of democratic decision-making: Adversarial versus consensual politics. *International Political Science Review, 18*(3), 279–295.

Mehr Demokratie Berlin-Brandenburg (2007). Berliner Demokratiebericht. Juli 2007. o. O. https://bb.mehr-demokratie.de/fileadmin/pdf/demokratiebericht.pdf. Zugegriffen: 26. Febr. 2018.

Merkens, H. (2009). Auswahlverfahren, Sampling, Fallkonstruktion. In U. Flick, E. v. Kardorff, & I. Steinke (Hrsg.), *Qualitative Forschung. Ein Handbuch* (7. Aufl., S. 286–299). Reinbek bei Hamburg: Rowohlt.

Meuser, M., & Nagel, U. (1991). ExpertInneninterviews – Vielfach erprobt, wenig bedacht. Ein Beitrag zur Methodendiskussion. In D. Garz & K. Kraimer (Hrsg.), *Qualitativ-empirische Sozialforschung. Konzepte, Methoden, Analysen* (S. 441–471). Opladen: Westdeutscher Verlag.

Meuser, M., & Nagel, U. (1994). Expertenwissen und Experteninterview. In R. Hitzler, A. Honer, & C. Maeder (Hrsg.), *Expertenwissen. Die institutionalisierte Kompetenz zur Konstruktion von Wirklichkeit* (S. 180–193). Opladen. Westdeutscher Verlag.

Meuser, M., & Nagel, U. (2009). Experteninterviews und der Wandel der Wissensproduktion. In A. Bogner, B. Littig, & W. Menz (Hrsg.), *Experteninterviews* (S. 35–60). Wiesbaden: VS Verlag.

Mezey, M. (1979). *Comparative Legislatures.* Durham: Duke University Press.

Michels, R. (1989). *Zur Soziologie des Parteiwesens in der modernen Demokratie. Untersuchungen über die oligarchischen Tendenzen des Gruppenlebens* (4. Aufl., Hrsg. von F. R. Pfetsch). Stuttgart: Kröner (Erstveröffentlichung 1911).

Mielke, S., & Bräuer, C. (2012). Landesparlamentarismus in Schleswig-Holstein: Vom disziplinierten Parlamentarismus zur Parlamentsregierung? In S. Mielke & W. Reutter (Hrsg.), *Landesparlamentarismus. Geschichte – Struktur – Funktionen* (2. Aufl., S. 589–624). Wiesbaden: VS Verlag.

Mielke, S., & Reutter, W. (Hrsg.). (2012). *Landesparlamentarismus. Geschichte – Struktur – Funktionen* (2. Aufl.). Wiesbaden: VS Verlag.

Mill, J. S. (1996). *A system of logic ratiocinative and inductive: Being a connected view of the principles of evidence and the methods of scientific investigation.* London: Longmann (Erstveröffentlichung 1843).

Mintzel, A., & Wasner, B. (2012). Landesparlamentarismus in Bayern. In S. Mielke & W. Reutter (Hrsg.), *Landesparlamentarismus. Geschichte – Struktur – Funktionen* (2. Aufl, S. 105–152). Wiesbaden: VS Verlag.

Mohr, A. (1987). *Die Entstehung der Verfassung für Rheinland-Pfalz.* Frankfurt a. M.: Lang.

Möstl, M. (2005). Landesverfassungsrecht – Zum Schattendasein verurteilt? Eine Positionsbestimmung im bundesstaatlichen und supranationalen Verfassungsverbund. *Archiv des öffentlichen Rechts, 130,* 350–391.

Muno, W. (2003). Fallstudien und die vergleichende Methode. In S. Pickel, G. Pickel, H.-J. Lauth, & D. Jahn (Hrsg.), *Vergleichende politikwissenschaftliche Methoden: Neue Entwicklungen und Diskussionen* (S. 113–131). Wiesbaden: Westdeutscher Verlag.

Noetzel, T., Krumm, T., & Westle, B. (2009). Dokumentenanalyse. In B. Westle (Hrsg.), *Methoden der Politikwissenschaft* (S. 325–334). Baden-Baden: Nomos.

NRWSPD – Bündnis 90/Die Grünen NRW. (2012). Koalitionsvertrag 2012–2017. Verantwortung für ein starkes NRW – Miteinander die Zukunft gestalten. o. O., o. J. https:// gruene-nrw.de/dateien/Koalitionsvertrag_2012-2017.pdf. Zugegriffen: 10. Juni 2014.

Oberreuter, H. (1975). Einleitung. In H. Oberreuter (Hrsg.), *Parlamentarische Opposition. Ein internationaler Vergleich* (S. 8–24). Hamburg: Hoffmann und Campe.

Obrecht, M. & Haas, T. (2012). Der Landtag von Baden-Württemberg. In S. Mielke & W. Reutter (Hrsg.), *Landesparlamentarismus. Geschichte – Struktur – Funktionen* (2. Aufl., S. 67–104). Wiesbaden: VS Verlag.

Paine, T. (1989). *Political Writings*. Edited by Bruce Kucklick. Cambridge: Cambridge University Press (Erstveröffentlichung 1791).

Patzelt, W. J. (1996). Deutschlands Abgeordnete: Profil eines Berufsstandes, der weit besser ist als sein Ruf. *Zeitschrift für Parlamentsfragen, 27*(3), 463–502.

Patzelt, W. J. (1998a). Ein latenter Verfassungskonflikt? Die Deutschen und ihr parlamentarisches Regierungssystem. *Politische Vierteljahresschrift, 39*(4), 725–727.

Patzelt, W. J. (1998b). Wider das Gerede vom „Fraktionszwang"! Funktionslogische Zusammenhänge, populäre Vermutungen und die Sicht der Abgeordneten. *Zeitschrift für Parlamentsfragen, 29*(2), 324–346.

Patzelt, W. J. (2012). Landesparlamentarismus in Deutschland: Sachsen. In S. Mielke & W. Reutter (Hrsg.), *Landesparlamentarismus. Geschichte – Struktur – Funktionen* (2. Aufl., S. 509–548). Wiesbaden: VS Verlag.

Pestalozza, C. (2014a). Einführung. In C. Pestalozza (Hrsg.), *Verfassungen der deutschen Bundesländer mit dem Grundgesetz* (10. Aufl., S. XVII–CXLVII). München: Beck.

Pestalozza, C. (Hrsg.). (2014b). *Verfassungen der deutschen Bundesländer mit dem Grundgesetz* (10. Aufl.). München: Beck.

Pfetsch, F. R. (1990). *Ursprünge der Zweiten Republik. Prozesse der Verfassungsgebung in den Westzonen und in der Bundesrepublik.* Opladen: Westdeutscher Verlag.

Pickel, S. (2009). Die Triangulation als Methode der Politikwissenschaft. In S. Pickel, G. Pickel, H.-J. Lauth, & D. Jahn (Hrsg.), *Methoden der vergleichenden Politik- und Sozialwissenschaft. Neue Entwicklungen und Anwendungen* (S. 523–548). Wiesbaden: VS Verlag.

Popelier, P. (2014). Subnational multilevel constitutionalism. *Perspectives on Federalism, 6*(2), 1–23. http://www.on-federalism.eu/attachments/178_download.pdf. Zugegriffen: 20. Nov. 2014.

Popper, K. R. (2005). *Die Logik der Forschung* (11. Aufl). Tübingen: Mohr Siebeck (Erstveröffentlichung 1934).

Preuß, U. K. (1994). Einleitung: Der Begriff der Verfassung und ihre Beziehungen zur Politik. In U. K. Preuß (Hrsg.), *Zum Begriff der Verfassung. Die Ordnung des Politischen* (S. 7–33). Frankfurt a. M.: Fischer.

Priebus, S. (2017). Verfassungspolitik in Sachsen-Anhalt: verfassungspolitische Kompromisse als Leitprinzip. In H. Träger & S. Priebus (Hrsg.), *Politik und Regieren in Sachsen-Anhalt* (S. 73–88). Wiesbaden: Springer VS.

Przeworski, A., & Teune, H. (1970). *The logic of comparative social inquiry*. Malabar: Krieger Publishing.

Ragin, C. C. (1987). *The comparative method. Moving beyond qualitative and quantitative strategies*. Berkeley: University of California Press.

Ragin, C. C. (1992). Introdution: Cases of "What is a case?". In C. C. Ragin & H. S. Becker (Hrsg.), *What is a case? Exploring the foundations of social inquiry* (S. 1–18). Cambridge: University Press.

Ragin, C. C. (2000). *Fuzzy-set social science*. Chicago: University of Chicago Press.

Ragin, C. C. (2008). User's guide to fuzzy-set/Qualitative Comparative Analysis 2.0. Irvine. California: Department of Sociology, University of Arizona. http://www.u.arizona. edu/~cragin/fsQCA/download/fsQCAManual.pdf. Zugeriffen: 15. Juli 2015.

Ragin, C. C. (2009). Qualitative Comparative Analysis Using Fuzzy Sets (fsQCA). In B. Rihoux & C. C. Ragin (Hrsg.), *Configurational comparative methods. Qualitative Comparative Analysis (QCA) and related techniques* (S. 87–122). Los Angeles: Sage.

Ragin, C. C. (2010). *User's guide to fuzzy-set/Qualitative Comparative Analysis 2.0*. Tucson: Department of Sociology, University of Arizona. http://www.u.arizona. edu/~cragin/fsQCA/download/fsQCAManual.pdf. Zugegriffen: 15. Mai 2015.

Ragin, C. C., & Davey, S. (2014). *Fuzzy-set/Qualitative Comparative Analysis 2.5*. Irvine: Department of Sociology, University of Arizona.

Ragin, C. C., Drass, K. A., & Davey, S. (2006). *Fuzzy-set Qualitative Comparative Analysis 2.0*. Tucson: Department of Sociology, University of Arizona. http://www.fsqca.com. Zugegriffen: 14. Mai 2014.

Rasch, B. E., & Congleton, R. D. (2006). Amendment procedures and constitutional stability. In R. D. Congleton & B. Swedenborg (Hrsg.), *Democratic constitutional design and public policy. Analysis and evidence* (S. 536–561). Cambridge: MIT Press.

Reh, W. (1995). Quellen- und Dokumentenanalyse in der Politikfeldforschung. In U. v. Alemann (Hrsg.), *Politikwissenschaftliche Methoden* (S. 201–260). Opladen: Westdeutscher Verlag.

Rehmet, F. (2013). Volksentscheide in den deutschen Bundesländern seit 1945, die nicht per Volksbegehren ausgelöst wurden = Obligatorische Referenden, Verfassungsreferenden und Sonderabstimmungen, Stand: 5.12.2013. http://www.mehr-demokratie.de/fileadmin/ pdf/VE-Liste_Referenden_Sonderabstimmungen.pdf. Zugegriffen: 29. Mai 2014.

Rehmet, F. (2017). Volksentscheide aufgrund von Volksbegehren in Deutschland. Erstellt von: Frank Rehmet, Mehr Demokratie e. V. – Stand: 26.09.2017. https://www.mehr-demokratie.de/fileadmin/pdf/Uebersicht-Volksentscheide-BL.pdf. Zugegriffen: 20. Dez. 2017.

Rehmet, F., & Weber, T. (2017). *Volksbegehrensbericht 2017. Direkte Demokratie in den deutschen Bundesländern 1946 bis 2016 von Mehr Demokratie e. V.* Berlin: Mehr Demokratie e. V. https://www.mehr-demokratie.de/fileadmin/pdf/volksbegehrensbericht_2017.pdf. Zugegriffen: 12. Jan. 2018.

Reutter, W. (2006). The transfer of power hypothesis and the German Länder: In need of modification. *Publius: The Journal of Federalism, 36*(2), 277–301.

Reutter, W. (2007). Struktur und Dauer der Gesetzgebungsverfahren des Bundes. *Zeitschrift für Parlamentsfragen, 38*(2), 299–315.

Reutter, W. (2008a). *Föderalismus, Parlamentarismus und Demokratie. Landesparlamente im Bundesstaat*. Opladen: Budrich.

Reutter, W. (2008b). Verfassungsgebung und Verfassungsänderungen in den Ländern. In Europäisches Zentrum für Föderalismusforschung (Hrsg.), *Jahrbuch des Föderalismus 2008. Föderalismus, Subsidiarität und Regionen in Europa* (S. 239–253). Baden-Baden: Nomos.

Reutter, W. (2010). Grand Coalition State, Große Koalition und Föderalismusreform. In S. Bukow & W. Seemann (Hrsg.), *Die Große Koalition* (S. 85–101). Wiesbaden: VS Verlag.

Reutter, W. (2013a). Transformation des „neuen Dualismus" in Landesparlamenten: Parlamentarische Kontrolle, Gewaltengliederung und Europäische Union. In B. Eberbach-Born, S. Kropp, A. Stuchlik, & W. Zeh (Hrsg.), *Parlamentarische Kontrolle und Europäische Union* (S. 255–284). Baden-Baden: Nomos.

Reutter, W. (2013b). *Die Zukunft des Landesparlamentarismus. Der Landtag Nordrhein-Westfalen im Bundesländervergleich.* Wiesbaden: Springer VS.

Reutter, W. (2014a). Multilevel systems and sub-national constitutional politics in Germany: A qualitative comparative analysis. *Perspectives on federalism, 6*(2), 215–243. http://www.on-federalism.eu/attachments/186_download.pdf. Zugegriffen: 1. Okt. 2016.

Reutter, W. (2014b). Sächsische Verfassungspolitik. In Europäisches Zentrum für Föderalismusforschung (Hrsg.), *Jahrbuch des Föderalismus 2014. Föderalismus, Subsidiarität und Regionen in Europa* (S. 255–268). Baden-Baden: Nomos.

Reutter, W. (2015a). Bayerische Verfassungspolitik. In Europäisches Zentrum für Föderalismusforschung (Hrsg.), *Jahrbuch des Föderalismus 2015. Föderalismus, Subsidiarität und Regionen in Europa* (S. 215–227). Baden-Baden: Nomos.

Reutter, W. (2015b). The quandary of representation in multilevel systems and German land parliaments. In G. Abels & A. Eppler (Hrsg.), *Foster Europe International Studies Series: Bd. 3. Subnational parliaments in an EU-multi-level parliamentary system: Taking stock of the post-Lisbon era* (S. 211–229). Innsbruck: Studienverlag und Transaction Publishers.

Reutter, W. (2015c). Verfassungsgesetzgebung in Brandenburg. *Zeitschrift für Parlamentsfragen, 46*(1), 116–135.

Reutter, W. (2016a). Constitutional politics in East Germany and the grand coalition state. *Perspectives on Federalism, 8*(3), E23–E44. http://on-federalism.eu/attachments/245_download.pdf. Zugegriffen: 10. Jan. 2017.

Reutter, W. (2016b). Der Landtag Brandenburg: Abgeordnete – Strukturen – Funktionen. In A. Lorenz, A. Anter, & W. Reutter (Hrsg.), *Politik und Regieren in Brandenburg* (S. 73–104). Wiesbaden: Springer VS.

Reutter, W. (2016c). Verfassungspolitik in Baden-Württemberg. Ergebnis konsensdemokratischer Zwänge oder normale Politik mit anderen Mitteln? *Zeitschrift für Politikwissenschaft, 26*(2), 131–151. https://doi.org/10.1007/s41358-016-0030-7.

Reutter, W. (2017a). The changeableness of subnational constitutions: A qualitative comparative analysis. *Government and Opposition.* https://doi.org/10.1017/gov.2016.45.

Reutter, W. (2017b). Landesparlamente im unitarischen Bundesstaat: „Machtlosigkeit" und „unheilige Allianz". *Österreichische Zeitschrift für Politikwissenschaft, 46*(4), 1–15. https://doi.org/10.15203/ozp.2390.vol46iss4.

Reutter, W. (2017c). Landesverfassungsgerichte in der Bundesrepublik Deutschland – Eine politikwissenschaftliche Bestandsaufnahme. In W. Reutter (Hrsg.), *Landesverfassungsgerichte in der Bundesrepublik Deutschland. Entwicklung – Aufbau – Funktionen* (S. 21–48). Wiesbaden: Springer VS.

Reutter, W. (2017d). Verfassungspolitik in Niedersachsen. In Europäisches Zentrum für Föderalismusforschung (Hrsg.), *Jahrbuch des Föderalismus 2017. Föderalismus, Subsidiarität und Regionen in Europa* (S. 310–322). Baden-Baden: Nomos.

Reutter, W. (2018a). Politik und Verfassung in Schleswig-Holstein. In S. Baer, O. Lepsius, C. Schönberger, C. Waldhoff, & C. Walter (Hrsg.), *Jahrbuch des öffentlichen Rechts der Gegenwart (N.F.), (66,* S. 617–638). Tübingen: Mohr Siebeck (im Druck).

Reutter, W. (2018b). Parlamentarische Opposition und Verfassungspolitik in den Bundesländern. Politische Minderheiten in einem konsensdemokratischen Politikfeld. In S. Bröchler, M. Glaab, & H. Schöne (Hrsg.), *Kritik, Kontrolle, Alternative. Was leistet die Opposition?* Wiesbaden: Springer (im Druck).

Reutter, W. (2018c). Verfassungsändernde Gesetzgebung in Nordrhein-Westfalen. *Zeitschrift für Gesetzgebung, 33*(2) (im Druck).

Reutter, W., & Lorenz, A. (2016). Explaining the frequency of constitutional change in the German Länder: Institutional and party factors. *Publius: The Journal of Federalism, 46*(1), 103–127. https://doi.org/10.1093/publius/pjv041.

Rihoux, B., & De Meur, G. (2009). Crisp Set Qualitative Comparative Analysis (csQCA). In B. Rihoux & C. C. Ragin (Hrsg.), *Configurational comparative methods. Qualitative Comparative Analysis (QCA) and related techniques* (S. 33–68). Los Angeles: Sage.

Rihoux, B., & Ragin, C. C. (2009). Introduction. In B. Rihoux & C. C. Ragin (Hrsg.), *Configurational comparative methods. Qualitative Comparative Analysis (QCA) and related techniques* (S. XVII–XXV). Los Angeles: Sage.

Rihoux, B., & Ragin, C. C. (Hrsg.). (2009). *Configurational comparative methods. Qualitative Comparative Analysis (QCA) and related techniques.* Los Angeles: Sage.

Rihoux, B., Álamos-Concha, P., Bol, D., Marx, A., & Rezsöhazy, I. (2013). From niche to mainstream method? A comprehensive mapping of QCA applications in journal articles from 1984 to 2011. *Political Research Quarterly, 66*(1), 175–184.

Rihoux, B., Rezsöhaz, I., & Bol, D. (2011). Qualitative Comparative Analysis (QCA) in public policy analysis: An extensive review. *German Policy Studies, 7*(3), 7–82.

Robbers, G. (1989). Die Änderungen des Grundgesetzes. *Neue Juristische Wochenschrift, 42*(21), 1325–1332.

Roberts, A. (2009). The politics of constitutional amendment in postcommunist Europe. *Constitutional Political Economy, 20*(1), 99–117.

Roßnagel, A. (1981). *Die Änderungen des Grundgesetzes: Eine Untersuchung der politischen Funktion von Verfassungsänderungen.* Frankfurt a. M.: Rita G. Fischer.

Rütters, P. (2012). Landesparlamentarismus – Saarland. In S. Mielke & W. Reutter (Hrsg.), *Landesparlamentarismus. Geschichte – Struktur – Funktionen* (2. Aufl., S. 471–508). Wiesbaden: VS Verlag.

Rux, J. (1992). Die Verfassungsdiskussion in den neuen Bundesländern – Vorbild für die Reform des Grundgesetzes? *Zeitschrift für Parlamentsfragen, 22*(2), 291–315.

Sachs, M. (2002). Die Änderung der Landesverfassung – Kompetenz, Verfahren und Grenzen. In Präsident des Verfassungsgerichtshofs für das Land Nordrhein-Westfalen (Hrsg.), *Verfassungsgerichtsbarkeit in Nordrhein-Westfalen. Festschrift zum 50-jährigen Bestehen des Verfassungsgerichtshofs für das Land Nordrhein-Westfalen* (S. 225–244). Stuttgart: Boorberg.

Sartori, G. (1970). Concept misformation in comparative politics. *American Political Science Review, 64*(4), 1033–1053.

Sartori, G. (1976). *Parties and party systems: A framework for analysis.* New York: Cambridge University Press.

Sartori, G. (1997). *Comparative constitutional engineering: An inquiry into structures, incentives and outcomes* (2. Aufl.). London: Palgrave Macmillan.

Scharpf, F. W. (2000). *Interaktionsformen. Akteurzentrierter Institutionalismus in der Politikforschung.* Opladen: Leske + Budrich.

Scharpf, F. W., Reissert, B., & Schnabel, F. (1976). *Politikverflechtung. Theorie und Empirie des kooperativen Föderalismus in der Bundesrepublik.* Königstein: Scriptor.

Schaub, S. (1984). *Der verfassungsändernde Gesetzgeber 1949–1980. Parlament und Verfassung im Spiegel der Anträge, Beratungen und Gesetzesbeschlüsse zur Änderung des Grundgesetzes für die Bundesrepublik Deutschland.* Berlin: Duncker & Humblot.

Schmid, J. (1988). Die „Kieler Affäre": Symptome eines deformierten Regierungssystems, Tat eines Einzelnen oder Kulminationspunkt einer schleswig-holsteinischen Sonderentwicklung? *Zeitschrift für Parlamentsfragen, 19*(4), 495–505.

Schmid, J. (1995). Expertenbefragung und Informationsgespräch in der Parteienforschung. Wie föderalistisch ist die CDU? In U. v. Alemann (Hrsg.), *Politikwissenschaftliche Methoden. Grundriss für Studium und Forschung* (S. 293–326). Opladen: Westdeutscher Verlag.

Schmidt, M. G. (1980). *CDU und SPD an der Regierung. Ein Vergleich ihrer Politik in den Ländern.* Frankfurt a. M.: Campus.

Schmidt, M. G. (1982). *Wohlfahrtsstaatliche Politik unter bürgerlichen und sozialdemokratischen Regierungen. Ein internationaler Vergleich.* Frankfurt a. M.: Campus.

Schmidt, M. G. (1987). West Germany: The politics of the middle way. *Journal of Public Policy, 7*(2), 139–177.

Schmidt, M. G. (1996). When parties matter: A review of possibilities and limits of partisan influence on public policy. *European Journal of Political Research, 30*(2), 155–183.

Schmidt, M. G. (2008). Germany. The grand coalition state. In J. M. Colomer (Hrsg.), *Comparative European politics* (3. Aufl., S. 58–92). London: Routledge.

Schmidt, M. G. (2011). *Das politische System Deutschlands. Institutionen, Willensbildung und Politikfelder.* München: Beck.

Schmitt, C. (1993). *Verfassungslehre* (8. Aufl.). Berlin: Duncker & Humblot (Erstveröffentlichung 1928).

Schmitt, C. (1996). *Der Hüter der Verfassung* (4. Aufl.). Berlin: Duncker & Humblot (Erstveröffentlichung 1931).

Schneider, C. Q., & Wagemann, C. (2007). *Qualitative Comparative Analysis (QCA) und Fuzzy Sets. Ein Lehrbuch für Anwender und jene, die es werden wollen.* Opladen: Budrich.

Schneider, C. Q., & Wagemann, C. (2010). Standards of good practice in Qualitative Comparative Analysis (QCA) and Fuzzy-Sets. *Comparative Sociology, 9*(3), 397–418. http://www.uni-frankfurt.de/47932932/Schneider_Wagemann_2010.pdf?. Zugegriffen: 1. Sept. 2014.

Schneider, C. Q., & Wagemann, C. (2013). Doing justice to logical remainders in QCA: Moving beyond the standard analysis. *Political Research Quarterly, 66*(1), 211–220.

Schneider, H., & Wehling, H.-G. (Hrsg.). (2006). *Landespolitik in Deutschland.* Wiesbaden: VS Verlag.

Schniewind, A. (2008). Regierungen. In A. Freitag & A. Vatter (Hrsg.), *Die Demokratien der deutschen Bundesländer* (S. 111–160). Opladen: Budrich.

Schuett-Wetschky, E. (1992). Haben wir eine akzeptable Parlamentarismustheorie? In J. Hartmann & U. Thaysen (Hrsg.), *Pluralismus und Parlamentarismus in Theorie und Praxis. Winfried Steffani zum 65. Geburtstag* (S. 91–112). Opladen: Westdeutscher Verlag.

Schultze, R.-O. (1997). Verfassungsreform als Prozeß. *Zeitschrift für Parlamentsfragen, 28*(3), 502–520.

Schultze-Fielitz, H. (1986). Fallstricke der Gesetzgebungsstatistik. *Zeitschrift für Gesetzgebung, 1*(4), 364–368.

Schüttemeyer, S. S., & Lübker, M. (2000). Der Brandenburgische Landtag nach zehn Jahren – ein Parlament wie jedes andere? *Zeitschrift für Parlamentsfragen, 31*(3), 585–598.

Schwarzmeier, M. (2001). *Parlamentarische Mitsteuerung. Strukturen und Prozesse informalen Einflusses im Deutschen Bundestag.* Wiesbaden: Westdeutscher Verlag.

Sebaldt, M. (1992). *Die Thematisierungsfunktion der Opposition. Die parlamentarische Minderheit des Deutschen Bundestages als innovative Kraft im politischen System der Bundesrepublik Deutschland.* Frankfurt a. M.: Lang.

Sehring,J., Korhonen-Kurki, K., & Brockhaus, M. (2013). *Qualitative Comparative Analysis (QCA). An application to compare national REDD+policy processes.* CIFOR, Bogor (Indonesia). http://www.cifor.org/publications/pdf_files/wpapers/wp121sehring.pdf. Zugegriffen: 15. Sept. 2014.

Seifert, J. (1977). *Grundgesetz und Restauration. Verfassungsrechtliche Analyse und dokumentarische Darstellung des Textes des Grundgesetzes vom 23. Mai 1949 mit sämtlichen Änderungen einschließlich des 34. Änderungsgesetzes.* Darmstadt: Luchterhand.

Simon, H. (1991). Wegweisendes Verfassungsmodell aus Brandenburg. *Neue Justiz, 45*(8), 427–429.

Smend, R. (2010). *Staatsrechtliche Abhandlungen und andere Aufsätze* (4. Aufl.). Berlin: Duncker & Humblot.

Steffani, W. (1979). *Parlamentarische und präsidentielle Demokratie. Strukturelle Aspekte westlicher Demokratien.* Opladen: Westdeutscher Verlag.

Steinack, K. (2007a). Auf verlorenem Posten? Eine Untersuchung der Einflussmöglichkeiten der Opposition im Bayerischen Landtag. *Zeitschrift für Parlamentsfragen, 38*(2), 327–348.

Steinack, K. (2007b). *Opposition im Bayerischen Landtag 1994-1998. Ebenen und Strategien politischer Einflussnahme in einem hegemonialen System.* Frankfurt a. M.: Lang.

Steinbach, U., & Rönicke, M. (2013). Umsetzung der Schuldenbremse in Rheinland-Pfalz – Vorreiter und Vorbild? In M. Junkernheinrich et al. (Hrsg.), *Jahrbuch für öffentliche Finanzen 2013* (S. 339–364). Berlin: Berliner Wissenschaftsverlag.

Steinberg, R. (1992). Organisation und Verfahren bei der Verfassungsgebung in den Neuen Bundesländern. *Zeitschrift für Parlamentsfragen, 23*(3), 497–596.

Stiens, A. (1997). *Chancen und Grenzen der Landesverfassungen im deutschen Bundesstaat der Gegenwart.* Berlin: Duncker & Humblot.

Sturm, R. (2011a). Regeln die Länder ihre Haushaltspolitik neu? Reaktionen auf den Zwang zum Haushaltsausgleich durch die Föderalismusreform II. *Gesellschaft – Wirtschaft – Politik, 60*(2), 165–170.

Sturm, R. (2011b). Die Schuldenbremse in den deutschen Ländern. In P. Biwald, P. Bußjäger, H. Pitlik, & M. Schratzenstaller (Hrsg.), *Koordinierung der Finanzpolitik im Bundesstaat. Stabilitätspolitik, Finanzausgleich, Schuldengrenze* (S. 176–186). Wien: NWV.

Sturm, R. (2011c). Verfassungsrechtliche Schuldenbremsen im Föderalismus. *Zeitschrift für Parlamentsfragen, 46*(3), 648–662.

Tarr, G. A. (2000). *Understanding state constitutions.* Princeton: Princeton University Press.

Tarr, G. A. (2007). Subnational constitutional space: An agenda for research. Paper prepared for the World Congress of the International Association of Constitutional Law in Athens Greece, June 11–15, 2007. http://camlaw.rutgers.edu/statecon/workshop11greece07/williams.pdf. Zugegriffen: 15. Okt. 2010.

Tarr, G. A. (2014). Explaining state constitutional change. *Wayne Law Review, 60*(1), 9–30. http://waynelawreview.org/explaining-state-constitutional-change/. Zugegriffen: 10. Juni 2015.

Thaysen, U. (2005). Landesparlamentarismus zwischen deutschem Verbundföderalismus und europäischem Staatenverbund: Lage und Leistung 1990–2005. In Thüringer Landtag (Hrsg.), *Der Thüringer Landtag und seine Abgeordneten 1990–2005. Studien zu 15 Jahren Landesparlamentarismus* (S. 19–68). Weimar: Hain Wissenschaft.

Träger, H. (2012). Der niedersächsische Landtag: Regieren auch mit knapper Mehrheit. In S. Mielke & W. Reutter (Hrsg.), *Landesparlamentarismus. Geschichte – Struktur – Funktionen* (2. Aufl., S. 359–398). Wiesbaden: VS Verlag.

Tsebelis, G. (1995). Decision making in political systems: Veto players in Presidentialism, Parliamentarism, Multi-Cameralism and Multi-Partyism. *British Journal of Political Science, 25*(3), 289–325.

Tsebelis, G. (2002). *Veto players. How political institutions work.* New York: Princeton University Press.

Turner, E. (2011a). *Political parties and public policy in the German Länder – When parties matter.* Basingstoke: Palgrave Macmillan.

Turner, E. (2011b). Territory and party: Explaining public policy variation the the German Länder. Paper presented to the American Political Science Association Annual Conference. 1st–4th September 2011, Seattle. http://ssrn.com/abstract=1902861. Zugegriffen: 10. Juli 2015.

Vorländer, H. (2002). Integration durch Verfassung? Die symbolische Bedeutung der Verfassung im politischen Prozess. In H. Vorländer (Hrsg.), *Integration durch Verfassung* (S. 9–40). Wiesbaden: VS Verlag.

Vorländer, H. (2011). Verfassungstheorie und demokratischer Transitionsprozess. Der (ost-)deutsche Konstitutionalismus. In A. Lorenz (Hrsg.), *Ostdeutschland und die Sozialwissenschaften. Bilanz und Perspektiven 20 Jahre nach der Wiedervereinigung* (S. 245–250). Leverkusen: Budrich.

Wagemann, C., & Schneider, C. Q. (2007). Standards of good practice in Qualitative Comparative Analysis (QCA) and fuzzy sets. COMPASSS Working Paper 2007-51. http://www.compasss.org/wpseries/WagemannSchneider2007.pdf. Zugegriffen: 15. Dez. 2015.

Waller, W. (1988). *Die Entstehung der Landessatzung von Schleswig-Holstein vom 13.12.1949.* Frankfurt a. M.: Campus.

Weber, M. (1988). Die „Objektivität" sozialwissenschaftlicher und sozialpolitischer Erkenntnis. In M. Weber (Hrsg.), *Gesammelte Aufsätze zur Wissenschaftslehre* (S. 146–214). Tübingen: Mohr (Erstveröffentlichung 1904).

Westle, B. (2009a). Auswahl einer Forschungsfrage und Konzeptspezifikation. In B. Westle (Hrsg.), *Methoden der Politikwissenschaft* (S. 125–131). Baden-Baden: Nomos.

Westle, B. (2009b). Einleitung. In B. Westle (Hrsg.), *Methoden der Politikwissenschaft* (S. 7–48). Baden-Baden: Nomos.

Westle, B. (2009c). Forschungsdesigns. In B. Westle (Hrsg.), *Methoden der Politikwissenschaft* (S. 133–155). Baden-Baden: Nomos.

Williams, R. F. (1999). Comparative subnational constitutional law: South Africa's provincial constitutional experiments. *South Texas Law Review, 40*(3), 625–660.

Williams, R. F. (2011). Teaching and researching comparative subnational constitutional law. *Penn State Law Review, 115*, 1109–1132.

Williams, R. F., & Tarr, G. A. (2004). Subnational constitutional space: A view from the states, provinces, regions, Länder, and cantons. In G. A. Tarr, R. F. Williams, & J. Marko (Hrsg.), *Federalism, subnational constitutionalism, and minority rights* (S. 3–24). Westport: Praeger.

Witzig, M. F. (2017). Das Schleswig-Holsteinische Landesverfassungsgericht. In W. Reutter (Hrsg.), *Landesverfassungsgerichte. Entwicklung – Aufbau – Funktionen* (S. 371–388). Wiesbaden: Springer VS.

Wuttke, H. (1972). Die verfassungsrechtliche Entwicklung des Landes Schleswig-Holstein 1957 bis 1971. In G. Leibholz (Hrsg.), *Jahrbuch des öffentlichen Rechts der Gegenwart (N.F.)*, *(21*, S. 361–382). Tübingen: Mohr Siebeck.

Wuttke, H. (1979). Die verfassungsrechtliche Entwicklung des Landes Schleswig-Holstein vom 1.1.1972 bis zum 26.5.1979 (Ende der 8. Wahlperiode). In G. Leibholz (Hrsg.), *Jahrbuch des öffentlichen Rechts der Gegenwart (N.F.)*, *(28*, S. 449–468). Tübingen: Mohr Siebeck.

Zimmer, A. (1987). *Demokratiegründung und Verfassungsgebung in Bayern. Die Entstehung der Verfassung des Freistaates Bayern von 1946.* Frankfurt a. M.: Lang.

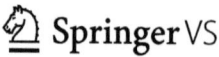

springer-vs.de

Werner Reutter *Hrsg.*

Landes-
verfassungsgerichte

Entwicklung – Aufbau – Funktionen

Springer VS